VOYAGES

AUTOUR

DU MONDE.

TOME PREMIER.

RELATION DES VOYAGES

ENTREPRIS PAR ORDRE
DE SA MAJESTÉ BRITANNIQUE,
ACTUELLEMENT REGNANTE;

POUR FAIRE DES DÉCOUVERTES DANS L'HÉMISPHÈRE MÉRIDIONAL,

ET successivement exécutés par le Commodore BYRON, le Capitaine CARTERET, le Capitaine WALLIS & le Capitaine COOK, dans les Vaisseaux le DAUPHIN, le SWALLOW & l'ENDEAVOUR:

RÉDIGÉE d'après les Journaux tenus par les différens Commandans & les Papiers de M. BANKS,

PAR J. HAWKESWORTH, Docteur en Droit,

ET enrichie de Figures, & d'un grand nombre de Plans & de Cartes relatives aux Pays qui ont été nouvellement découverts, ou qui n'étoient qu'imparfaitement connus.

TRADUITE DE L'ANGLOIS.

======================================
TOME PREMIER.
======================================

A PARIS,

Chez { SAILLANT ET NYON, rue Saint-Jean-de-Beauvais.
{ PANCKOUCKE, Hôtel de Thou, rue des Poitevins.

◆━━━━━━━━━━━━━━◆

M. DCC. LXXIV.
AVEC APPROBATION, ET PRIVILÈGE DU ROI.

ÉPÎTRE
DÉDICATOIRE
DE L'EDITEUR ANGLOIS,
A SA MAJESTÉ BRITANNIQUE.

SIRE,

En considérant combien la navigation s'est perfectionnée depuis la découverte de l'Amé-

ÉPITRE

rique, il peut paroître étrange qu'une partie considérable du globe sur lequel nous vivons soit restée inconnue ; qu'on n'ait pas encore pu déterminer si une grande portion de l'Hémisphère Austral est composée de terre ou d'eau, ni fixer l'étendue, & la figure des terres mêmes qui ont été découvertes. La cause en est sensible : c'est que les Princes n'ont guères d'autre motif pour tenter la découverte d'un Pays nouveau que d'en faire la conquête ; mais les avantages qui peuvent résulter de ces conquêtes sont également éloignés & incertains, & l'ambition a toujours plus près d'elle des objets sur lesquels elle peut s'exercer.

VOTRE MAJESTÉ a réglé sa conduite sur des principes plus nobles, & c'est ce

DÉDICATOIRE. iij

qui la distinguera des autres Souverains : commandant aux meilleures flottes, ainsi qu'aux plus braves & aux plus habiles Navigateurs de l'Europe, ce n'a été ni pour acquérir des tréfors, ni pour augmenter vos domaines, mais uniquement pour étendre les progrès des connoissances & du commerce, que vous avez formé, SIRE, des entreprises si long-tems négligées. Il s'est fait en moins de sept ans, sous les auspices de VOTRE MAJESTÉ, des découvertes plus importantes que celles de tous les Navigateurs ensemble depuis l'expédition de Colomb.

LE choix qu'on a daigné faire de moi pour écrire l'Histoire de ces découvertes & la permission que j'ai obtenue de la dédier à VOTRE

a ij

MAJESTÉ, sont une distinction honorable dont je conserverai toujours le souvenir avec la plus vive reconnoissance.

Je suis, avec respect,

SIRE,

DE VOTRE MAJESTÉ,

Le très-humble & très-obligé
serviteur & sujet,
J. HAWKESWORTH.

EXPLICATION
DES CARTES ET DES PLANCHES

Contenues dans le Tome premier.

Planche 1. Carte d'une partie de la mer du Sud, contenant les routes & les découvertes des vaisseaux de Sa Majesté le *Dauphin*, Commodore Byron, & la *Tamar*, Capitaine Mouat, en 1765 ; le *Dauphin*, Capitaine Wallis, & le *Swallow*, Capitaine Carteret, en 1767, & l'*Endeavour*, Lieutenant Cook, en 1769.

2. Carte du détroit de *Magellan*.

3. Une Carte du port *Famine*, de la baie de *Wood*, du port *Gallant* & de la baie *Fortescue*, de la baie & du havre de *Cordes*.

4. Carte de l'anse de *Saint-David*, de la baie de l'*Isle*, du havre de *Swallow*, de la baie de *Puzzling*, du Cap de la *Providence*, de la baie du Cap *Upright* & de la baie *Dauphin*.

5. Carte de la baie *Elizabeth*, de la baie *Saint-David*, & depuis la rivière d'*York* jusqu'à la baie & au havre des *Trois-Isles*.

Pl. 6. Entrevue du Commodore Byron avec les Patagons.

7. Carte de la *Virginie d'Hawkins* & du canal *Falkland*.

8. Vue du côté N. O. de *Mafafuero*.

9. Carte & vues des Ifles *Pitcairn*.

10. Ifle de la *Reine Charlotte*.

11. Côte feptentrionale de la plus grande des Ifles de la *Reine Charlotte*. Baie *Swallow* & havre de *Byron*.

12. *Nouvelle-Irlande* : vue de l'Ifle *Saint-Jean* & de fix autres Ifles.

13. Carte des découvertes du Capitaine Carteret dans la *Nouvelle-Bretagne*.

14. Trois vues des Ifles de l'*Amirauté* & de quelques autres.

15. Banc de fable dangereux de Jofeph Freewill ; extrémité méridionale de *Mindanao*.

16. Baie de *Bonthain*.

PRÉFACE

PRÉFACE
DES
ÉDITEURS FRANÇOIS.

Nous ne nous étendrons point sur l'objet & l'importance des Voyages dont nous donnons la traduction. Tous les Journaux les ont annoncés dès long-tems, & l'empressement que le Public a témoigné pour les voir paroître dans notre Langue, nous dispense de chercher à exciter sa curiosité ou à solliciter ses suffrages ; nous nous bornerons donc à quelques observations.

On désiroit depuis long-tems que quelque Puissance de l'Europe envoyât des Navigateurs pour examiner cette portion du globe qui est entre la pointe méridionale de l'Amérique, le

Cap de *Bonne-Espérance* & le pôle auſtral. Mais l'eſprit d'aventure & de conquête qui a dirigé les premières expéditions maritimes, s'eſt affoibli dès long-tems ; on eſt devenu aſſez éclairé pour juger qu'il y avoit peu à gagner pour le commerce par des découvertes de ce genre, & les Gouvernemens ſont rarement diſ-poſés à faire ſervir leurs tréſors & leurs flottes à des entrepriſes dont on ne croit guères pou-voir recueillir d'autres fruits que des lumières nouvelles ſur la géographie, la phyſique & la morale.

Malgré ces obſtacles, le goût des décou-couvertes ſemble ſe ranimer en Europe. Il étoit naturel que l'Angleterre donnât l'exemple ; ſa ſituation, la nature de ſon gouvernement, l'é-tendue de ſon commerce, lui donnent à cet égard de grands avantages ſur les autres Puiſſances maritimes. Le Souverain qui la gouverne, éga-lement vertueux & éclairé, ami de la paix, de la philoſophie & des arts, a ſu mettre à profit ses moyens & ses forces, pour ordonner & diriger des entreprises dont le succès a parfaitement répondu à ses vues.

LES quatre Voyages dont on va lire la relation ont été exécutés par ses ordres dans l'espace de six ans ; les vaisseaux destinés à ces expéditions étoient commandés par des Officiers choisis dans un Corps de marine où le courage & les talens sont communs. Le quatrième Voyage surtout a été fait avec un appareil & des moyens extraordinaires ; c'est une expédition vraiment philosophique. Le Capitaine Cook étoit accompagné de plusieurs Savans & Artistes, qui réunissoient au plus grand zèle des connoissances de tous les genres. Jamais Voyageurs, en découvrant des terres nouvelles & des peuples inconnus, n'ont examiné les lieux, décrit les productions naturelles, observé les hommes, avec plus d'attention, de circonspection, de sagesse & de lumières.

CE qu'il est sur-tout intéressant de remarquer, c'est l'esprit d'humanité & de justice avec lequel ces Navigateurs se sont fait un devoir de traiter les peuples sauvages qu'ils ont trouvés ; c'est la bonne-foi qu'ils mettent dans le trafic, la patience avec laquelle ils supportent les insultes & les menaces, la douceur avec laquelle ils pardonnent des violences & des infidélités qu'il leur est si aisé de punir ; quand on compare cette conduite avec la férocité & l'inhumanité des premiers Conquérans du nouveau monde, on aime à sentir ce qu'on doit à cet esprit philosophique qui distingue notre siècle, que protégent aujourd'hui tous les Souverains de l'Europe, & qui n'a guère pour ennemis que ceux qui ont quelque chose à craindre des progrès de la raison & des lumières.

On s'étonne qu'une si grande partie de ce globe que nous habitons soit encore inconnue ; mais ne seroit-il pas plus naturel de s'étonner au contraire que nous le connûssions déja si bien ?

Quand

Quand on fait attention aux fouffrances & aux dangers de toute efpèce qui accompagnent les navigations dans des mers nouvelles, & quand on confidère combien font éloignés & incertains les avantages qu'on peut en retirer, on ne fauroit refufer fon admiration & fa reconnoiffance à des hommes qui ont affez de zèle & de courage pour exécuter ces pénibles & périlleufes entreprifes.

Nous ne préviendrons pas le Public fur les obfervations neuves & intéreffantes que nous devons aux Navigateurs Anglois, tant fur la nature humaine en général & fur l'état des premières fociétés, que fur les différentes branches de l'Hiftoire Naturelle ; mais nous croyons devoir le mettre à portée de juger plus aifément des découvertes géographiques qu'ils ont faites, en rappellant en peu de mots ce qu'on connoiffoit avant eux des pays qu'ils ont examinés.

Les Navigateurs qui jufqu'à eux avoient par-

PRÉFACE

couru la mer du Sud n'avoient pas pu déterminer, si la *Nouvelle-Guinée* & la *Nouvelle-Zélande* ne formoient qu'un seul pays, ou si c'étoient deux contrées séparées. On croyoit que la *Nouvelle-Bretagne* étoit une seule Isle. La côte orientale de la *Nouvelle-Hollande* étoit absolument inconnue. On ne connoissoit guère de la *Nouvelle-Zélande* que le petit canton où débarqua Tasman & qu'il appella *Baie des Assassins*; & l'on supposoit d'ailleurs que cette région faisoit partie du Continent méridional. Les Cartes plaçoient dans l'Océan pacifique des Isles imaginaires qu'on n'a point trouvées, & elles représentoient comme n'étant occupés que par la mer de grands espaces où l'on a découvert plusieurs Isles. Enfin les Physiciens pensoient que depuis le degré de latitude Sud auquel les Navigateurs s'étoient arrêtés, il pouvoit y avoir jusqu'au pôle austral un Continent fort étendu.

LES Navigateurs Anglois, dans les quatre Voyages qu'ils viennent de faire, ont reconnu que la côte orientale de la *Nouvelle-Hollande*, appellée aujourd'hui *Nouvelle-Galles méridionale*, étoit un pays beaucoup plus grand que l'Europe, & le Capitaine Cook a déterminé avec précision le gisement des côtes. La *Nouvelle-Bretagne* est composée de deux Isles & non pas d'une seule comme on l'imaginoit, & ces deux Isles sont séparées par un canal, nommé *Canal Saint-George*. On a fait le tour de la *Nouvelle-Zélande*, & la Carte qu'on en a dressée est peut-être plus exacte que celle de certaines côtes d'Europe : quelques Auteurs avoient pensé que de l'Isle de *George III* à la *Nouvelle-Zélande* il pouvoit y avoir un Continent; le Capitaine Cook assure qu'ils se sont trompés. On a découvert un grand nombre de petites Isles, & l'on a reconnu en même-tems que plusieurs de celles dont on supposoit l'existence étoient imaginaires. Quant au Continent méridional, il est démontré par le dernier Voyage de cette collection qu'il n'y en a point au Nord du quarantième degré de latitude Sud ; nos Navigateurs n'osent pas assurer également qu'il n'y en ait pas un au Sud du quarantième degré.

PRÉFACE

Ce Voyage, sans avoir entièrement résolu la question, a réduit à un si petit espace l'unique portion de l'hémisphère méridional où pourroit se trouver un Continent, qu'il seroit fâcheux qu'on ne fît pas une nouvelle tentative pour s'assurer de la vérité.

Il nous reste à dire quelque chose sur la traduction que nous offrons au Public. M. Hawkesworth, Auteur de plusieurs Ouvrages Anglois, justement (a) estimés, avoit été chargé par le Gouvernement Britannique, de rédiger les Mémoires originaux que les Commandans respectifs des quatre expéditions avoient remis à l'Amirauté. Il a rendu compte dans son Discours préliminaire du plan qu'il a cru devoir suivre. Long-tems avant la publication de son Ouvrage, il avoit proposé à un Homme de

(a) Le meilleur & le plus connu est un Ouvrage périodique, dans le genre du *Spectateur*, intitulé *The Adventurer*. M. Hawkesworth est mort quelques mois après la publication des *Voyages*. Cette dernière entreprise avoit beaucoup contribué à sa fortune. Après avoir fait imprimer cet Ouvrage, dont les Planches avoient été gravées aux frais du Gouvernement, il en a vendu l'Edition & le privilège à un Libraire pour six mille livres sterling. Un Ouvrage intéressant ou utile suffit quelquefois en Angleterre pour faire la fortune de l'Auteur.

Lettres François, qui se trouvoit à Londres, de le traduire, ou du moins de le faire traduire sous ses yeux, & pour cet effet il lui avoit offert de lui remettre les feuilles du Livre à mesure qu'on les imprimeroit. Mais cet Homme de Lettres n'ayant reçu un exemplaire de l'original que peu de tems avant qu'on le publiât à Londres, il ne lui a pas été possible de se charger d'un travail si considérable ; d'ailleurs il étoit important de mettre la plus grande célérité dans l'exécution, afin de répondre à la confiance de M. Hawkesworth & de ne pas se laisser prévenir par des Traducteurs étrangers. Il a donc été nécessaire d'employer à la traduction plusieurs personnes habiles & exercées à ce genre de travail ; quoique la traduction ait été faite & revue avec soin, on n'y trouvera pas l'uniformité de style qui devroit naturellement se trouver dans tout Ouvrage, mais qui heureusement n'est pas si nécessaire dans un Livre de la nature de celui-ci, où le fond l'emporte de beaucoup sur la forme & où l'exactitude & la fidélité sont les qualités les plus importantes.

Quant à ce mérite, on n'a rien épargné pour le donner à la traduction. La partie la plus difficile du travail étoit de rendre clairement les détails relatifs à la navigation, que les Ecrivains Anglois ont répandus avec une profusion peut-être inutile. On a consulté des Anglois, ainsi que plusieurs habiles Officiers de notre marine, versés dans la Langue Angloise; on a eu recours aux Dictionnaires de marine Anglois & François, nommément au plus moderne, celui de *Falconer*; on a tâché d'éclaircir un endroit par l'autre; enfin rien n'a été négligé. On ne se flatte pourtant pas d'avoir évité toutes les fautes & peut-être en a-t-on laissé échapper de très-grossières, que les marins appercevront sans doute bien vîte, mais qu'ils corrigeront avec facilité & qui ne pourront induire personne en erreur. Pour les éviter toutes, il auroit fallu savoir à fond les deux Langues, avoir même une très-grande pratique & une connoissance très-profonde de l'art; encore avec tout cela auroit-on pu se tromper souvent en voulant rendre une manœuvre dans les termes de l'art, foit à raifon de la difficulté de bien entendre la manœuvre, décrite par des termes techniques d'une Langue étrangère, fouvent d'une manière abrégée & par-conféquent obfcure, foit à raifon de l'embarras de trouver les termes techniques françois exactement correfpondans. Ces difficultés, qui font pour ainfi dire de la chofe même, peuvent nous mériter l'indulgence des gens de l'art.

On auroit pu les éviter fans doute en retranchant une très-grande partie des détails nautiques, qui n'intéreffent pas le plus grand nombre des Lecteurs : mais outre qu'on a cru devoir donner une traduction fidèle & complette de l'Ouvrage Anglois, ces Voyages ayant principalement pour objet les progrès de la navigation & la fûreté même des Navigateurs, on a voulu conferver tout ce qui pouvoit être utile ou intéreffant pour les Marins.

Plusieurs perfonnes & les Voyageurs

eux-mêmes ont désapprouvé, dit-on, en Angleterre les réflexions de l'Editeur Anglois, réflexions qui interrompent la narration, & qui souvent n'étant pas celles des Navigateurs au nom desquels la relation est écrite, semblent ne devoir pas entrer dans le récit d'un Voyage qui, pour être exact & fidèle, ne devroit, ajoute-t-on, présenter que le simple récit des faits ou tout au plus les réflexions que les objets mêmes ont fait naître par leur première impression sur l'esprit des Voyageurs. M. Hawkesworth avoit répondu à cette objection dans son Discours préliminaire. Si l'on faisoit la même critique de la traduction, nous répondrions que notre devoir a été d'être fidèles & de ne rien omettre de l'original. Dans un Ouvrage qui doit servir de guide & d'autorité, nous avons craint de changer, même ce que nous ne pouvions pas approuver, afin d'éviter jusqu'au soupçon que nous ayions rien altéré de ce qui peut être important.

NOTA.

NOTA.

Nous avons employé souvent cette expression *une voile balancée*; quelques Officiers de marine nous ont dit que cette expression n'étoit pas connue dans la marine Françoise; mais nous avons suivi le Dictionnaire de Falconer, le meilleur de tous ceux qui existent, & où l'on trouve ces mots Anglois *a fail balanced*, traduits littéralement par *une voile balancée*. Il dit qu'on dispose ainsi la voile, lorsque dans une tempête on la resserre en un petit espace & qu'on en roule une partie par un coin; il ajoute qu'on employe cette manœuvre par opposition à celle de *rifer*, qui est commune à toutes les principales voiles, au lieu qu'on n'en balance que quelques-unes, telles que la misaine, &c.

Comme la traduction de ces Voyages a été faite par differens Ecrivains, il a été impossible, malgré tous les soins que les Editeurs ont pris pour y mettre de l'uniformité, d'éviter quelque différence dans la manière d'exprimer les mêmes choses. Par exemple, dans le Voyage du Capitaine Wallis, on a traduit littéralement la manière dont les Anglois expriment certaines divisions de la rose du compas. Ce que nous entendons par Nord $\frac{1}{4}$ Nord-Est, ils l'expriment Nord par Est, & on a traduit dans le Voyage de Wallis, Nord $\frac{1}{4}$ Est. Ainsi dans tous les endroits de ce Voyage où l'on trouvera N. $\frac{1}{4}$ E. — S. $\frac{1}{4}$ E. — N. $\frac{1}{4}$ O. — S. $\frac{1}{4}$ O. — E. $\frac{1}{4}$ N. — E. $\frac{1}{4}$ S. — O. $\frac{1}{4}$ N. — O. $\frac{1}{4}$ S. &c., Il faudra entendre N. $\frac{1}{4}$ N. E. — S. $\frac{1}{4}$ S. E. — N. $\frac{1}{4}$ N. O. — S. $\frac{1}{4}$ S. O. — E. $\frac{1}{4}$ N. E. — E. $\frac{1}{4}$ S. E. — O. $\frac{1}{4}$ N. O. — O. $\frac{1}{4}$ S. O. &c.

Dans le Voyage du Commodore Byron il y a une portion de phrase omise : on lit, Tome I, pag. 102, ligne 7 : *Le Cap Upright nous restoit au N. E. &c.*, il faut lire : *Le Cap Upright nous restoit à l'E. S. E. à environ trois lieues, & nous avions en même-tems un Cap remarquable de la côte septentrionale au N. E. &c.*

Tome I.

Dans le même Tome, pag. 114, ligne 2, au lieu de *où l'on puiſſe faire*, liſez *où l'on ne puiſſe faire*, &c.

Tome II, 363, ligne 22 : *plus, elles étoient*, effacez *plus*.

INTRODUCTION

INTRODUCTION
GÉNÉRALE.

LE ROI régnant, peu de tems après son avènement au trône, forma le projet d'équiper des vaisseaux pour aller découvrir des pays inconnus, & le Royaume jouissant, en 1764, d'une paix profonde, Sa Majesté s'occupa à mettre ce projet à exécution. Le *Dauphin* & la *Tamar* furent expédiés sous le commandement du Commodore Byron. Pour faire connoître exactement les intentions & les motifs de Sa Majesté, il suffira de transcrire ici le préambule des instructions qui furent données au Commodore, & qui sont datées du 17 Juin de la même année.

« COMME rien n'est plus propre à contri-
» buer à la gloire de cette Nation en qualité de

INTRODUCTION

« puissance maritime, à la dignité de la Cou-
» ronne de la Grande-Bretagne, & aux progrès
» de son commerce & de sa navigation, que
» de faire des découvertes de Régions nouvelles;
» & comme il y a lieu de croire qu'on peut
» trouver dans la mer Atlantique, entre le Cap
» de *Bonne-Espérance* & le détroit de *Magellan*,
» des Terres & des Isles fort considérables in-
» connues jusqu'ici aux Puissances de l'Europe,
» situées dans des latitudes commodes pour la
» navigation & dans des climats propres à la
» production de différentes denrées utiles au
» commerce; enfin comme les Isles de Sa Ma-
» jesté, appellées Isles de *Pepys* & Isles de
» *Falkland*, situées dans l'espace qu'on vient de
» désigner, n'ont pas encore été examinées avec
» assez de soin pour qu'on puisse avoir une idée
» exacte de leurs côtes & de leurs productions,
» quoiqu'elles aient été découvertes & visitées
» par des Navigateurs Anglois; Sa Majesté,
» ayant égard à ces considérations, & n'ima-
» ginant aucune conjoncture aussi favorable à une
» entreprise de ce genre que l'état de paix pro-
» fonde dont jouissent heureusement ses Royau-
» mes, a jugé à propos de la mettre à exécution,
» &c ".

Le *Dauphin* étoit un vaisseau de guerre du sixième rang monté de vingt-quatre canons : son équipage étoit composé de cent cinquante matelots, avec trois Lieutenans & trente-sept bas-Officiers.

La *Tamar* étoit un *sloup* monté de seize canons & commandé par le Capitaine Mouat : son équipage étoit composé de quatre-vingt-dix matelots, avec trois Lieutenans & vingt-deux bas-Officiers.

Le *Commodore Byron* fut de retour en Angleterre au mois de Mai 1766 ; & au mois d'Août suivant, le *Dauphin* fut expédié de nouveau, sous le commandement du Capitaine Wallis, avec le *Swallow*, commandé par le Capitaine Carteret, avec les mêmes instructions générales pour faire des découvertes dans l'hémisphère méridional. Le *Dauphin* fut équippé comme la premiere fois. Le *Swallow* étoit un *sloup* monté de quatorze canons, & ayant pour équipage quatre-vingt-dix matelots, avec un Lieutenant & vingt-deux bas-Officiers.

CE s deux vaisseaux marchèrent ensemble

iv INTRODUCTION

jufqu'à ce qu'ils fuffent arrivés à la vue de la Mer du Sud, à l'entrée occidentale du détroit de Magellan ; de-là ils revinrent en Angleterre par des routes différentes.

VERS la fin de l'année 1767, il fut arrêté par la Société Royale, qu'il feroit convenable d'envoyer des Aftronômes dans quelques parties de la Mer du Sud, pour y obferver le paffage de Vénus fur le difque du Soleil, qui, felon les calculs aftronomiques, devoit fe faire en 1769 ; on jugea en même-tems que les Ifles appellées *Marquefas de Mendoça*, ou celles de *Rotterdam* & *Amfterdam*, étoient les endroits les plus propres que l'on connût alors pour faire cette obfervation.

EN conféquence de ces délibérations, la Société préfenta au Roi un Mémoire, en date du mois de Février 1768, par lequel elle fupplioit Sa Majefté de donner des ordres pour cette expédition. Sa Majefté y ayant égard, fignifia aux Commiffaires de l'Amirauté que fon intention étoit de faire équipper un vaiffeau pour tranfporter des Obfervateurs dans la partie des Mers du Sud, que la Société Royale jugeroit la plus convenable à son objet. Au commencement du mois d'Avril suivant, la Société reçut une lettre du Secrétaire de l'Amirauté, qui lui donnoit avis qu'on avoit choisi une barque de trois cens soixante-dix tonneaux pour cette expédition : ce bâtiment étoit appellé *l'Endeavour*; le commandement en fut donné au Lieutenant de vaisseau Jacques Cook, Officier dont les talens pour l'Astronomie & la Navigation étoient connus, & qui fut en même-tems nommé par la Société Royale pour observer le passage de Vénus, de concert avec M. Charles Green, Astronôme qui avoit été pendant long-tems aide du Docteur Bradley à l'Observatoire royal de Greenwich.

Tandis qu'on travailloit à l'équippement de ce vaisseau, le Capitaine Wallis revint en Angleterre ; comme, à son départ, le Lord Morton lui avoit recommandé de déterminer un lieu propre à l'observation du passage de Vénus, ce Capitaine indiqua pour cet objet le havre de *Port-Royal*, dans une Isle qu'il avoit découverte & qu'il avoit appellée *Isle George*, mais à laquelle on a donné depuis le nom d'*Otahiti*. En conséquence, la Société Royale fit choix de cet endroit & en donna avis à l'Amirauté dans une lettre écrite au commencement de Juin, en réponse à celle que ce Bureau lui avoit adressée pour lui demander où elle desiroit qu'on transportât ses Observateurs.

L'ENDEAVOUR avoit été construit pour le commerce du charbon de terre : on avoit préferé un bâtiment de cette construction pour plusieurs raisons : c'étoit ce que nos matelots appellent *a good sea boat*, (un bon bateau marin) qui étoit plus spacieux, plus propre à s'approcher de terre, & qui pouvoit être manœuvré avec moins de monde que d'autres bâtimens de même charge.

SON équipage étoit composé du Lieutenant Cook, qui avoit le commandement, avec deux Lieutenants sous lui; d'un maître & un bosman, ayant chacun deux aides ; d'un chirurgien & un charpentier, ayant chacun un aide ; d'un canonnier, un cuisinier, un écrivain, deux quartier - maîtres, un armurier, un voilier, trois Officiers de poupe, quarante-un bons matelots, douze soldats de marine & neuf domestiques, formant en tout quatre-vingt-quatre personnes, outre le Commandant. On lui donna des vivres pour dix-huit mois, & il prit à bord dix canons & douze pierriers, avec une quantité suffisante de munitions & d'autres choses nécessaires. Il fut réglé aussi qu'après que l'observation du passage de Vénus seroit faite, l'*Endeavour* suivroit le projet général de faire des découvertes dans les Mers du Sud. On trouvera le résultat des différentes expéditions de ces vaisseaux dans le cours de cet Ouvrage, dont il est à présent nécessaire de donner quelque idée.

Il a été composé d'après les journaux tenus par les Commandans des différens vaisseaux, lesquels ont été remis entre mes mains par les Commissaires de l'Amirauté. Quant au voyage de l'*Endeavour*, j'ai eu d'autres papiers également autentiques, & j'ai rendu compte des secours que j'en ai tirés dans l'Introduction qu'on trouvera à la tête de la relation de ce voyage.

Lorsque j'entrepris la rédaction de cet Ouvrage, on mit en question s'il devoit être écrit à la premiere ou à la troisieme personne ; mais après y avoir réfléchi, tout le monde convint qu'une narration faite à la premiere perfonne, en rapprochant davantage le Lecteur du Voyageur fans l'intervention d'un Hiftorien étranger, attacheroit plus fortement l'attention, & par-conféquent feroit plus intéreffante & plus agréable. On objectoit cependant qu'en écrivant au nom des différens Commandans, je ferois obligé de me borner à une narration sèche, où je ne pourrois ni joindre des réflexions quelques naturelles qu'elles fuffent ; ni obferver les reffemblances & les oppofitions qui fe trouvent entre les opinions, les mœurs & les ufages des peuples nouvellement découverts, & ceux des peuples connus ; ni me permettre enfin aucunes remarques fur les faits & les circonftances les plus fingulières de ces voyages : mais on répondit à cette objection, qu'en écrivant la narration à la premiere perfonne, le manufcrit feroit toujours foumis à l'examen des Officiers au nom defquels j'écrirois ; que rien ne feroit publié fans leur approbation ; que dès-lors il importeroit fort peu que les idées qui y feroient inférées euffent été conçues par eux-mêmes ou par moi, pourvu qu'ils les adoptaffent. Tous les avis fe réunirent pour ce dernier parti ; il fut donc arrêté que la narration feroit à la premiere perfonne, personne, & que je pourrois y joindre les idées & les réflexions que le sujet m'inspireroit ; mais je ne m'en suis permis que rarement, & elles sont courtes & rapides ; rien, en effet, n'auroit été plus absurde que d'interrompre un récit intéressant, ou des descriptions d'objets nouveaux, par des dissertations & des hypothèses. On trouvera cependant des réflexions plus fréquentes dans la relation du voyage de l'*Endeavour* ; la raison principale en est que quoiqu'il soit le dernier des quatre, il y en avoit une grande partie d'imprimé avant que les autres fussent même rédigés ; de sorte que les différentes remarques qu'auroient fait naître naturellement les incidens & les descriptions des voyages précédens, se trouvoient déja faites à l'occasion d'incidens & de descriptions semblables insérés dans celui de l'*Endeavour*.

On observera peut-être que plusieurs particularités rapportées dans un des voyages se trouvent répétées dans un autre ; mais chaque Commandant ayant écrit le journal de son propre voyage, cet inconvénient étoit inévitable ; car il n'étoit pas possible de fondre le tout ensemble sans violer le droit qu'avoit chaque navigateur à s'approprier le récit de ce qu'il avoit vu : au reste toutes ces répétitions prises ensemble, n'occupent que quelques pages du livre.

COMME il étoit important de prévenir toute espèce de doute sur la fidélité avec laquelle j'ai rapporté les évènemens insérés dans les matériaux qui m'ont été fournis, la relation de chaque voyage a été lue en manuscrit devant les Commandans respectifs, au Bureau de l'Amirauté, de l'agrément de Milord Sandwich, qui a assisté à la plus grande partie de ces lectures. La relation du voyage de l'*Endeavour* a été lue aussi à M. Banks & au Docteur Solander, & le manuscrit leur en a même été confié pendant assez long-tems, ainsi qu'au Capitaine Cook. Les trois autres Commandans ont eu de même le manuscrit de leur voyage entre leurs mains, après en avoir entendu la lecture à l'Amirauté ; & j'ai fait partout les changemens qu'ils ont demandés. C'étoit pour donner au voyage du Capitaine Cook toute l'autenticité dont il étoit susceptible, que la relation en avoit été écrite la premiere, parce que, lorsqu'on me remit son journal, il y avoit lieu de croire qu'un Officier partiroit avant un mois pour l'expédition qu'il a entreprife depuis.

JE ne doute pas qu'un grand nombre de Lecteurs ne me reprochent d'avoir rapporté trop minutieufement les détails nautiques; mais il faut faire attention que ces détails mêmes font l'objet principal de l'Ouvrage. Il étoit particulierement néceffaire de décrire la fituation des vaiffeaux dans les différentes heures du jour, ainfi que les relèvemens des différentes parties de la terre, tandis qu'ils parcouroient des Mers & examinoient des Côtes jufqu'alors inconnues; parce qu'il falloit déterminer leur route avec plus de précifion qu'on ne pouvoit le faire dans une carte, quelque grande que fût l'échelle; il falloit de plus décrire avec une exactitude fcrupuleufe les Baies, les Caps, & les autres irrégularités de la côte, l'afpect du pays, les collines, les vallées, les montagnes & les bois, ainfi que la profondeur de l'eau, & toutes les autres particularités qui pouvoient mettre dans la fuite les Navigateurs en état de trouver aifément & de reconnoître avec fûreté chaque partie indiquée. Moi-même je ne fentois pas d'abord affez toute l'importance de ces détails ; de sorte qu'après avoir rédigé mon Ouvrage, j'ai été obligé d'y faire plusieurs additions. Il y a cependant lieu d'espérer que ceux qui ne lisent que pour leur amusement, trouveront à s'en dédommager dans la description de plusieurs contrées qu'aucun Européen n'avoit encore visitées, & dans la peinture de mœurs qui présentent la nature humaine sous des aspects nouveaux. A cet égard, la relation des petites circonstances n'a pas besoin d'apologie ; car ce n'est que par les petites circonstances que le récit même des grands évènemens agit fortement sur l'esprit des hommes. Ecrivez simplement que dix mille hommes ont péri dans une bataille, que vingt mille ont été engloutis par un tremblement de terre, ou qu'une nation entiere a été détruite par la peste ; ce fait, dépourvu de circonstances, n'excitera pas la moindre émotion dans l'ame de vos Lecteurs, tandis que vous les verrez s'intéresser avec une vivacité extrême pour Paméla, cette Héroïne imaginaire d'un Roman, remarquable sur-tout par l'énumération de circonstances si frivoles en elles-mêmes, qu'on a peine à concevoir comment elles ont pu se présenter à l'esprit de l'Auteur.

GÉNÉRALE.

L'Ouvrage que nous donnons ici est enrichi d'un grand nombre de planches, où les différentes classes de Lecteurs, tant ceux qui cherchent à s'instruire que ceux qui ne veulent que s'amuser, trouveront un égal avantage; elles consistent non-seulement en cartes & plans dressés avec beaucoup d'exactitude & de soin, mais encore en différentes vues & figures, dessinées & exécutées par les meilleurs Artistes de ce pays.

La méthode la plus sûre pour prévenir l'obscurité & la confusion dans le récit des évènemens, c'est de les disposer par ordre de tems; on ne peut pas cependant en former toujours une chaîne continue, lorsqu'on a des incidens divers & compliqués à rapporter; mais comme chacune des narrations qui composent cet Ouvrage ne présente qu'une succession simple de faits, les évènemens de chaque jour s'y trouvent rapportés dans leur ordre naturel.

On a apporté une grande attention à faire accorder exactement les cartes avec la partie nautique de la narration; mais s'il s'y trouvoit quelque différence, ce que nous ne croyons pas, il faudroit s'en rapporter de préférence aux cartes, dont l'autorité eſt inconteſtable. On verra par la narration, ainſi que par les cartes, ſur-tout par celle qui marque les routes des différens vaiſſeaux, ce qu'on peut penſer de l'exiſtence ou de la nonexiſtence d'un Continent auſtral, & quelles ſont les terres nouvelles qui ont été découvertes par nos Navigateurs. A la ſimple inſpection des cartes on évitera les mépriſes qui pourroient naître de ce que le même nom a été donné à des Iſles différentes, par les différens Commandans; & l'on n'aura pas la peine de comparer pour cela les latitudes & les longitudes indiquées dans la narration.

Comme il n'y a que quelques années que l'exiſtence d'une race d'hommes au-deſſus de la taille ordinaire, habitant la côte des Patagons, a été le ſujet d'une diſpute très-vive, j'ai cru devoir recueillir ici les différens témoignages relatifs à cette queſtion, tels que je les trouve dans un Ouvrage François intitulé: *Hiſtoire des Navigations aux Terres auſtrales.* Voici ce qu'on y lit, *Tome II, pag. 324 & ſuiv.*

» C'est une choſe bien étrange que cette totale contrariété de rapports de tant de témoins oculaires, sur un point de fait si facile à connoître, & en même-tems si singulier que l'est l'existence de tout un peuple de géants. On a vu dans les relations ci-dessus, que pendant cent ans de suite presque tous les Navigateurs, de quelque Nation qu'ils soient, s'accordent pour attester la vérité de ce fait; & que depuis un siècle aussi, le plus grand nombre s'accorde à le nier, traitant de mensonge le récit des précédens, & attribuant ce qu'ils en disent, soit à la frayeur que leur inspiroit la vue de ces hommes féroces, soit au penchant naturel qu'ont les hommes à débiter des choses extraordinaires. On ne peut nier que les hommes n'aient un étrange amour pour le merveilleux, & que l'effet de la peur ne soit aussi de grossir les objets. Je ne prétends pas dire que l'on n'ait pu exagérer sur cet article, & débiter plusieurs fables; examinons cependant si tous ceux qui affirment le fait l'ont vu dans un moment d'effroi, & comment il seroit possible que des Nations qui se haïssent & se contrarient, se fussent accordées sur un point d'une évidente fausseté «.

» Je ne m'arrête pas à la vieille opinion répandue parmi les peuples d'Amérique, auſſi-bien que dans notre ancien monde, qu'il y avoit eu autrefois ſur la terre une race de géants fameuſe par ſes violences, ainſi que par ſes crimes «.

» ON me raconta, dit la Barbinais, que
» pendant un déluge dont le Pérou fut inondé,
» les Indiens ſe retirèrent ſur les plus hautes
» montagnes, pour attendre que toutes les eaux
» fuſſent écoulées. Lorſqu'ils deſcendirent dans
» la plaine, ils y trouvèrent des hommes d'une
» taille démeſurée qui leur firent une guerre
» cruelle. Ceux qui échappèrent à leur bar-
» barie, furent obligés de chercher un aſyle
» dans les cavernes des montagnes. Après s'être
» tenus cachés pendant pluſieurs années, ils
» virent paroître au milieu des airs un jeune
» homme qui foudroya les géants, & par la
» défaite de ces cruels ennemis, ils ſe retrou-
» vèrent maîtres de leurs anciennes demeures.
» Mes guides me montrèrent pluſieurs marques
» de la foudre imprimée ſur un rocher, & des
» os d'une grandeur extraordinaire, qu'ils regar-
» dent comme les reſtes de leurs géants. On
» ne ſait en quel tems ce déluge eſt arrivé «.

L'YNCA

» L'YNCA GARCILASSO, dans son histoire du Pérou, rapporte que selon la tradition commune, on vit arriver dans des bateaux de joncs vers la pointe *Sainte-Helène* une troupe de géants si hauts que les Naturels du pays ne leur alloient qu'aux genoux ; leurs yeux étoient larges comme le fond d'une assiette, & les autres membres à proportion ; ils alloient nuds, ou couverts de peaux de bêtes. Ils s'arrêtèrent en ce canton où ils creusèrent dans le roc un puits d'une étonnante profondeur. Chacun d'eux mangeoit autant que cinquante hommes : de sorte qu'ayant bientôt épuisé les provisions que la terre pouvoit leur fournir, ils furent réduits à vivre de la pêche. Ils enlevoient les femmes du pays ; mais comme ils les tuoient en voulant s'en servir, ils s'adonnèrent entr'eux à la sodomie qui attira sur eux le feu du ciel, par lequel cette horrible race fut enfin détruite ; mais le feu ne consuma ni leurs os ni leurs crânes, afin qu'ils servissent de monument à la vengeance céleste. En effet, on trouve en cet endroit, à ce qu'on prétend, des os d'une grandeur prodigieuse, & des pièces de dents qui font conjecturer qu'une dent entière devoit peser plus d'une demi-livre «.

INTRODUCTION

» Ceux qui feront curieux du détail des traditions de cette espèce répandues chez les Américains; de celui des édifices autrefois construits par les géants, avec des pierres énormes, &c. le trouveront dans Torquemada, *liv. I. ch.* 13 & 14. Toutes ces fables sont à-peu-près semblables à ce que l'on raconte des géants de notre ancien monde. Les os des géants qu'on trouve quelquefois en Amérique, tels qu'on en montroit en 1550 à *Mexico* & ailleurs, ne sont probablement que des os de grands animaux peu connus. Ce n'est qu'à la vue même d'une telle race d'hommes, qu'on doit se décider sur leur existence, ou du-moins qu'à celle d'un squelette entier; ainsi quoique Turner rapporte qu'en 1610 il a fait voir à la Cour de Londres, l'os de la cuisse d'un de ces hommes, à la vue duquel on connoissoit par les proportions, que le géant étoit d'une grandeur démesurée, je regarde encore la preuve donnée par ce Naturaliste comme insuffisante; malgré ce qu'il ajoute qu'il a lui-même vu sur les côtes du Brésil près de la rivière de *Plata*, des géants qui vont entièrement nuds : la partie de leur crâne derrière la tête est applatie & ronde. Leurs femmes ont de longs cheveux noirs, auſſi rudes que le crin d'un cheval. Ils ſont excellens archers, & portent en outre pour armes deux boules maſſives, dont ils ſe ſervent également bien, ſoit à lancer, ſoit à frapper. Il dit en avoir vu un de douze pieds de haut, qui étoit à la vérité le plus grand de toute la contrée «.

„ MAIS faudra-t-il nier auſſi le témoignage de tant d'autres témoins oculaires : parmi les Eſpagnols, Magellan, Loiſe, Sarmiente, Nodal : parmi les Anglois, Candish, Hawkins, Knivet : parmi les Hollandois, Sebald, de Noort, le Maire, Spilberg : parmi les François, nos équipages des vaiſſeaux de Marſeille & de Saint-Malo. Ceux qui les démentent ſont Winter, qui, après avoir vu de ſes propres yeux ce qui en eſt, dit ſans détour que c'eſt un menſonge inventé par les Eſpagnols; l'Hermite, Amiral Hollandois, Froger dans la relation de M. de Gennes, & Narborough, dont il faut avouer que le témoignage en peut contre-balancer bien d'autres, étant celui de tous qui a le mieux vu la *Magellanique*. On doit mettre auſſi dans la même claſſe les Voyageurs qui gardent le silence sur ce point; tels que l'Amiral Drake, puisque c'est une marque que la stature de ces peuples n'avoit rien de frappant pour eux. Mais observons d'abord que la plupart de ceux qui tiennent pour l'affirmative, parlent des peuples Patagons habitans la côte déserte à l'Est & à l'Ouest ; & qu'au contraire la plupart de ceux qui soutiennent la négative parlent des habitans du détroit à la pointe de l'Amérique sur les côtes du Nord & du Sud. Les Nations de l'un & de l'autre canton ne sont pas les mêmes ; que si les premiers ont été vus quelquefois dans le détroit, cela n'a rien d'extraordinaire à un si médiocre éloignement du port *Saint-Julien*, où il paroît qu'est leur habitation ordinaire. L'équipage de Magellan les y a vu plusieurs fois, a commercé avec eux, tant à bord des navires que dans leurs propres cabanes ; Magellan en emmena deux prisonniers sur les vaisseaux, l'un desquels fut baptisé avant sa mort, & enseigna plusieurs mots de sa langue à *Pigafette*, dont celui-ci dressa un petit dictionnaire. Rien de plus positif que tous ces faits, & de moins sujet à l'illusion «.

» J'affirme, dit Knivet, qu'étant au Port
» *Desiré*, j'ai mesuré des cadavres trouvés dans
» des sépultures, & des traces des habitans sur
» le sable, dont la taille est de quatorze, quinze
» & seize empans de hauteur. J'ai souvent vu
» au Brésil un de ces Patagons qu'on avoit pris
» au Port *Saint-Julien* : quoique ce ne fût
» qu'un jeune homme, il avoit déja treize em-
» pans de haut. Nos Anglois, prisonniers au
» Brésil, m'ont assuré qu'ils en avoient vu de
» pareils sur la côte *Magellanique* «. Sebald de
Wert raconte qu'il a vu dans le détroit même,
de ces géants qui arrachoient des arbres d'un
empan de diamètre. Il y a vu des femmes de
grande & de médiocre taille. Olivier de Noort
apperçut au Port *Desiré* des sauvages de haute
stature (il ne dit pas des géants) : il se battit
dans le détroit contre une troupe de géants de
taille médiocre. Il en fit six prisonniers, qu'il
emmena à bord ; l'un d'eux lui raconta dans la
suite qu'il y avoit dans le pays diverses Nations,
quatre desquelles étoient de la grandeur ordinaire ; mais qu'au-dedans du pays, dans un
territoire nommé *Coin*, il y avoit un peuple de
géants nommé *Tiremenen* qui venoit faire la

guerre aux autres races. Spilberg a vu dans la *Terre de Feu* un homme de très-haute stature : les sépultures qu'il y trouva n'étoient que de gens d'une moyenne taille. Aris-Clasz, commis sur la flotte de le Maire, homme très-digne de foi, déclare qu'ayant visité les sépulchres sur la côte des Patagons, on y vit la vérité de ce que les précédens Navigateurs avoient raconté, & que les ossemens enfermés dans ces tombeaux étoient d'hommes de dix ou onze pieds de haut. C'est ici un examen fait de sang-froid, où l'épouvante n'a pu grossir les objets. D'autres, comme Nodal & Richard Hawkins se sont contenté de dire que ces sauvages sont grands de toute la tête plus que les Européens, & de si haute stature que les gens de l'équipage les appelloient des *géants*. Tous ces témoignages sont anciens : en voici quelqu'autres du siècle même où nous vivons, & de notre propre Nation. En 1704, les Capitaines Harington & Carman, commandans deux vaisseaux François, l'un de *Saint-Malo*, l'autre de *Marseille*, virent une fois sept de ces géants dans la baie de *Possession* ; une autre fois six, & une troisième fois une troupe de plus de deux cents hommes

mêlée de ceux-ci & de gens d'une taille ordinaire. Les François eurent une entrevue avec eux, & n'en reçurent aucun mal. Nous tenons ce fait de M. Fréfier, directeur des fortifications de Bretagne, homme fort connu, & fort eftimé. Il n'a pas vu lui-même ces fauvages ; mais il raconte qu'étant au *Chili*, Dom Pedro Molina, gouverneur de l'Ifle *Chiloë* & plufieurs autres témoins oculaires lui ont dit qu'il y avoit dans l'intérieur des terres une Nation d'Indiens nommés par leurs voifins *Caucohues*, qui viennent quelquefois jufqu'aux habitations Efpagnoles, & qui ont prefque jufqu'à neuf ou dix pieds de haut. Ce font, difoient-ils, de ces Patagons qui habitent la côte déferte de l'Eft, dont les anciennes relations ont parlé. » Les Efpagnols
» qui habitent l'Amérique méridionale fur les
» côtes de la mer du Sud, dit Raveneau de
» Luffan, ont pour ennemis certains Indiens
» blancs qui habitent une partie du *Chili* : ce
» font des gens d'une grandeur & d'une groffeur
» prodigieufe. Ils leur font toujours la guerre,
» & quand ils en prennent quelques-uns, ils
» leur lèvent l'eftomac comme on lève le plaf-
» tron d'une tortue, & ils leur arrachent le

» cœur «. Cependant Narborough, en même-tems qu'il convient que les montagnards ennemis & voisins des Espagnols du *Chili* sont de haute stature, nie formellement que leur taille soit gigantesque. Après avoir mesuré la piste & les crânes de sauvages Magellans qui se trouvèrent comme ceux des autres hommes, il rencontra plusieurs fois depuis des troupes d'habitans dans le détroit, même au Port *Saint-Julien*. Il les trouva tous bien faits de corps, mais de la taille ordinaire à l'espèce humaine. Son témoignage, de la vérité duquel on ne peut douter, est précis à cet égard, ainsi que celui de Jacques l'Hermite sur les Naturels de la *Terre de Feu*, qu'il dit être puissans, bien proportionnés, & à-peu-près de la même grandeur que les Européens. Enfin parmi ceux que M. de Gennes vit au Port *Famine*, aucun n'avoit six pieds de haut «.

» J'AI voulu rassembler ici sous un même coup-d'œil les principales dépositions pour & contre sur un fait si curieux. En les voyant, on ne peut guères se défendre de croire que tous ont dit vrai ; c'est-à-dire, que chacun d'eux a rapporté

rapporté les choses telles qu'il les a vues ; d'où il faut conclure que l'existence de cette espèce d'hommes particulière est un fait réel, & que ce n'est pas assez pour le traiter d'apocryphe, qu'une partie des marins n'ait pas apperçu ce que les autres ont fort bien vu. C'est aussi l'opinion de M. Frésier, écrivain judicieux, qui a été à portée de rassembler les témoignages sur les lieux mêmes. On a lu dans mon quatrième Livre ses réflexions sur ce sujet, auxquelles j'en ajouterai quelques-unes ».

« Il paroît constant que les habitans des deux rives du détroit sont de la taille ordinaire, & que l'espèce particulière faisoit il y a deux siècles sa demeure habituelle sur les côtes désertes, soit dans quelques misérables cahutes au fond des bois, soit dans des cavernes de rochers presque inaccessibles, comme nous l'apprenons d'Olivier de Noort. Nous voyons par son récit que dès ce tems, où les navires d'Europe commençoient à fréquenter ce passage, ils s'y tenoient cachés tant qu'ils appercevoient des vaisseaux en mer, raison pour laquelle on ne pouvoit les découvrir, quoiqu'on apperçût à tout moment des marques récentes de leur séjour sur une côte que l'on voyoit déserte. Probablement la trop fréquente arrivée des vaisseaux sur ce rivage les a déterminés depuis à l'abandonner tout-à-fait, ou à n'y venir qu'en certains tems de l'année, & à faire, comme on nous le dit, leur résidence dans l'intérieur du pays. Anson présume qu'ils habitent dans les *Cordelières* vers la côte d'occident, d'où ils ne viennent sur le bord oriental que par intervalles peu fréquens : tellement que si les vaisseaux qui depuis plus de cent ans ont touché sur la côte des *Patagons* n'en ont vu que si rarement, la raison, selon les apparences, est que ce peuple farouche & timide s'est éloigné du rivage de la mer, depuis qu'il y voit venir si fréquemment des vaisseaux d'Europe, & qu'il s'est, à l'exemple de tant d'autres nations Indiennes, retiré dans les montagnes pour se dérober à la vue des étrangers. Voici du moins en ce siècle-ci deux vaisseaux d'Europe qui les ont encore vus plusieurs fois, & même en grosse troupe : ce qui doit dissiper les soupçons qu'on avoit sur la fidélité des relations anciennes à cet égard ".

» Le meilleur moyen de mettre la chose hors d'incertitude, auroit été d'apporter en Europe le corps ou le squelette entier d'un de ces Patagons. Il est extraordinaire qu'on ne l'ait pas fait, puisque les Commandans des vaisseaux en ont enlevé plusieurs fois qui sont morts durant la traversée en approchant des pays chauds. Peut-être en faut-il attribuer la cause à l'opinion superstitieuse des matelots, qui, croyant que la boussole ne va pas bien quand il y a un corps mort sur le vaisseau, ne veulent point souffrir de cadavre à bord ; mais il est aisé de se mettre au-dessus de ce préjugé puérile, si jamais l'équipage d'un vaisseau trouve moyen d'avoir un homme de cette espèce en son pouvoir, & l'occasion mérite assurément d'être cherchée «.

Il y a lieu de croire que les témoignages réunis des derniers navigateurs, particulierement du Commodore Byron, du Capitaine Wallis, & du Capitaine Carteret, Officiers qui sont encore vivans, dont on ne peut attaquer la véracité, & qui non-seulement ont vu les Patagons & conversé avec eux, mais qui les ont même mesurés, dissiperont tous les doutes qui ont pu subsister jusqu'à présent sur leur existence.

Après avoir mis sous les yeux des Lecteurs

tous les témoignages connus, pour & contre un fait qui a été long-tems un objet de curiosité pour le peuple comme pour les Philosophes, je ne préviendrai point les opinions qu'on peut se former sur les navigations qu'on peut entreprendre dans la suite, en suivant la route décrite par les vaisseaux dont on raconte ici les Voyages ; je dirai seulement que, quoique le Commodore Byron, qui a mis sept semaines & deux jours à traverser le détroit de Magellan, soit d'avis qu'on pourroit le passer en trois semaines, en choisissant la saison convenable ; cependant le Capitaine Wallis a mis près de quatre mois à ce passage, quoiqu'il l'eût fait précisément dans le tems indiqué par le Commodore ; car il étoit arrivé à l'entrée orientale du détroit, vers le milieu du mois de Décembre.

Je ne puis terminer ce Discours sans exprimer la peine que j'ai ressentie en racontant le malheur de ces pauvres Sauvages qui, dans le cours des expéditions de nos Navigateurs, ont péri par nos armes à feu, lorsqu'ils vouloient repousser par la force l'invasion des étrangers dans leur pays ; je ne doute pas que mes Lecteurs ne partagent avec moi le même sentiment ; c'est cependant un mal qu'il me paroît impossible d'éviter toutes les fois qu'on cherchera à découvrir de nouveaux pays ; il faut s'attendre à trouver toujours de la résistance, & dans ce cas, il faut ou vaincre ceux qui résistent, ou abandonner l'entreprise. On dira peut-être qu'il n'étoit pas toujours nécessaire d'ôter la vie à ces Indiens pour les convaincre que leur résistance seroit impuissante ; je conviens que cela a pu être quelquefois ; mais il faut considérer que lorsque l'on entreprend de semblables expéditions, il faut bien les confier à des hommes qui ne font point exempts des foiblesses humaines, à des hommes qu'une injure soudaine provoque à la vengeance, que la présence d'un danger imprévu peut porter à un acte de violence pour s'y soustraire, qu'un défaut de jugement ou une passion extrême peut égarer, & qui font toujours disposés à étendre l'empire des loix auxquelles ils font soumis, sur ceux qui ne connoissent même pas ces loix : tous les excès commis par quelque effet de ces imperfections naturelles de l'homme sont des maux inévitables.

On dira peut-être encore que si l'on ne peut éviter de semblables malheurs en allant découvrir des pays inconnus, il vaut mieux renoncer à ces découvertes; je répondrai que d'après les seuls principes sur lesquels cette opinion peut être fondée, il ne pourroit être permis en aucun cas d'exposer la vie des hommes pour des avantages de même espèce que ceux qu'on se propose en découvrant des terres nouvelles. S'il n'est pas permis de s'exposer à tuer un Indien pour venir à bout d'examiner le pays qu'il habite, dans la vue d'étendre le commerce ou les connoissances humaines, il ne le sera pas davantage d'exposer la vie de ses concitoyens pour étendre son commerce avec des peuples déja connus. Si l'on ajoute que le danger auquel ceux-ci se soumettent est volontaire, au-lieu que l'Indien se trouve malgré lui exposé au risque de perdre la vie, la conséquence sera encore la même; car il est universellement convenu, d'après les principes du Christianisme, que nous n'avons pas plus de droit sur notre propre vie que sur la vie des autres, & le suicide étant regardé comme une espèce de meurtre très-criminel, tout homme sera coupable d'exposer sa propre vie pour un motif qui ne lui permettroit pas d'attenter à celle d'un autre. Si l'on peut donc, sans crime, sacrifier la vie des hommes dans des entreprises qui n'ont pour but que de satisfaire des besoins artificiels, ou d'acquérir de nouvelles connoissances, il n'y en aura pas non plus à employer la force pour descendre sur un pays nouvellement découvert, dans la vue d'en examiner les productions; si ce principe n'étoit pas reçu, toute profession où les hommes exposent leur vie pour des avantages de même genre ne devroit pas être permise, & quelle est la profession qui ne compromette pas la vie des hommes ? Examinons cette multitude de peuple occupée aux arts, depuis le forgeron couvert de sueur devant un fourneau sans cesse embrâsé, jusqu'à l'ouvrier sédentaire qui pâlit sur un métier, on verra par-tout la vie des hommes sacrifiée en partie aux besoins factices de la société. Dira-t-on que la société civile, à qui on fait ce sacrifice, est par-là même une combinaison contraire aux grands principes de la morale, qui sont la base de toute espèce de devoir ? Dira-t-on qu'il est contre la nature d'exercer les facultés qui sont les marques de distinction de notre nature même ? Que l'homme étant doué de pouvoirs divers que la société civile peut seule mettre en action, cette société civile est contraire à la volonté du Créateur ; & qu'il lui seroit plus agréable que nous ne fussions pas sortis de l'état sauvage où ces pouvoirs resteroient engourdis dans notre sein comme la vie dans l'embrion, pendant toute la durée de notre existence? Cette conséquence paroîtra certainement extravagante & absurde : car quoique le commerce & les arts nuisent en quelques occasions à la vie des hommes, en d'autres ils servent à la conserver ; ils subviennent aux besoins de la nature sans rapine & sans violence, & en présentant aux habitans d'un même pays un intérêt commun, ils les empêchent de se diviser en ces tribus particulières, qui, chez les peuples sauvages, se font perpétuellement la guerre avec une férocité inconnue par-tout où le gouvernement civil, les connoissances & les arts ont adouci les mœurs des hommes. Il paroît donc raisonnable de conclure que les progrès des sciences & du commerce sont en dernière analyse un avantage pour tous les hommes, & que la perte de la vie qui peut en résulter pour quelques individus, est au nombre des maux particuliers qui concourent au bien général.

F I N.

RELATION

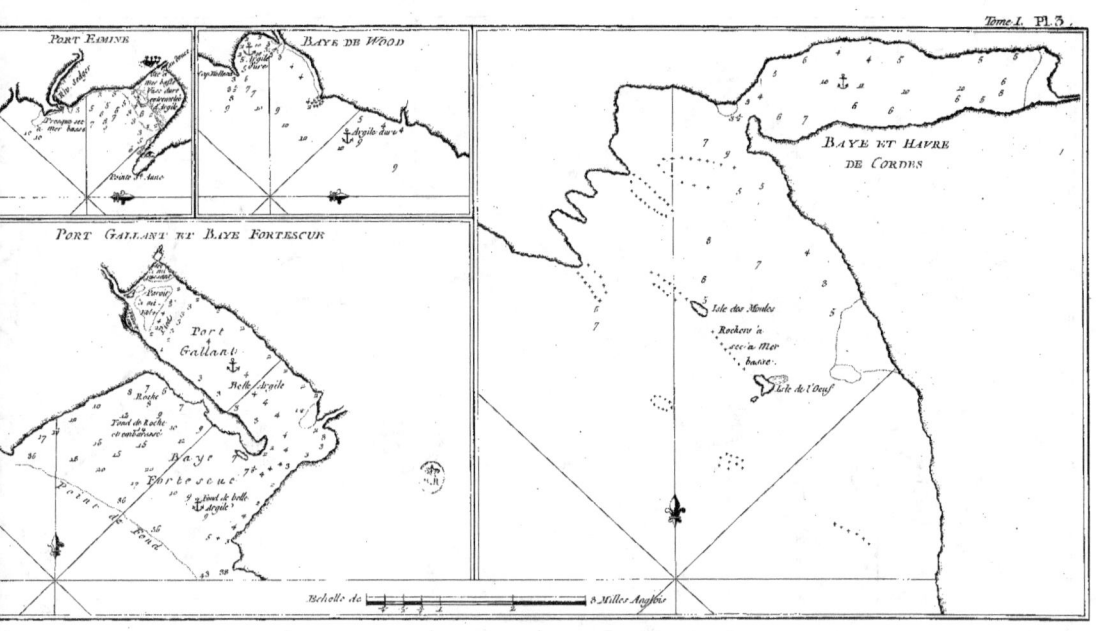

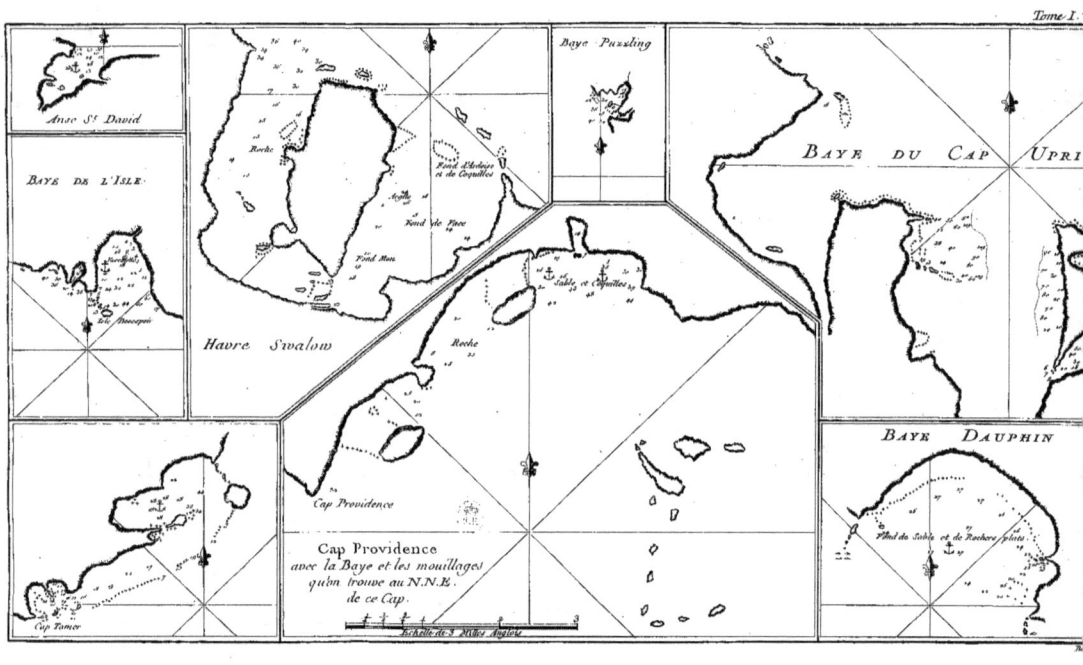

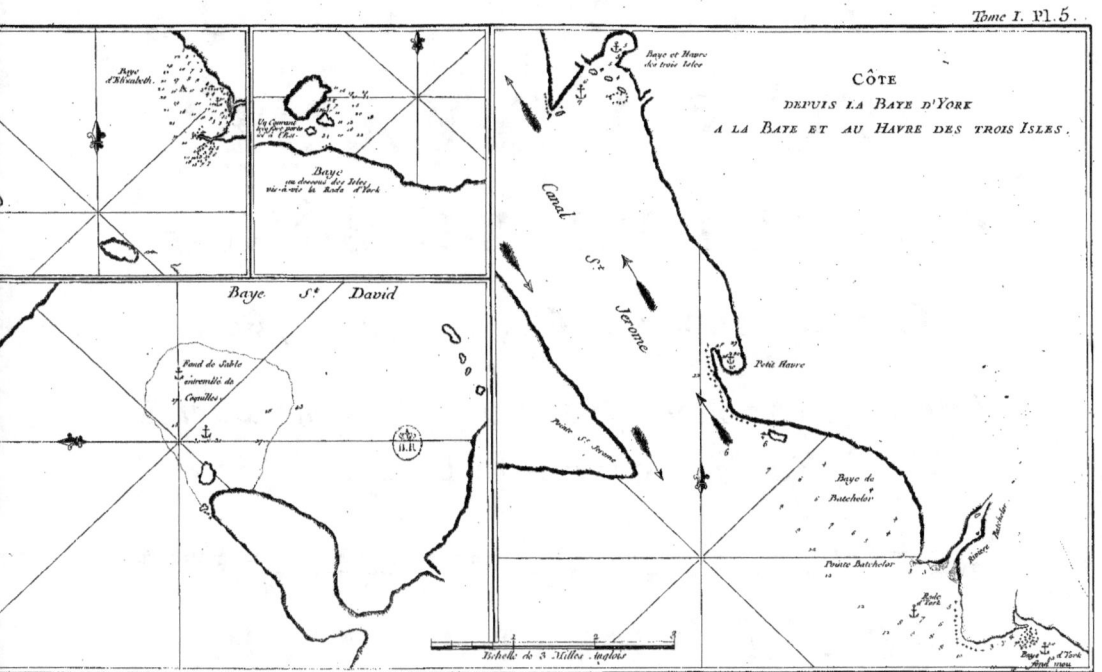

RELATION
D'UN VOYAGE
FAIT AUTOUR DU MONDE,

Dans les Années 1764, 1765 & 1766,

Par le Commodore BYRON, commandant le Vaisseau du Roi le Dauphin.

CHAPITRE PREMIER.

Navigation des Dunes à Rio-Janéiro.

L E 21 de Juin 1764, je partis des Dunes avec le vaisseau de Sa Majesté le *Dauphin*, & la frégate la

ANN. 17
21 Jui

* Dans ce Voyage, la Longitude se compte du Méridien de Londres à l'Ouest jusqu'à 180 degrés, & au-delà à l'Est.

Tome I.   A

Tamar, que j'avois eu ordre de prendre sous mon commandement. En descendant la Tamise, le *Dauphin* toucha : cet accident m'obligea de relâcher à Plymouth, où ce vaisseau fut mis en carène ; mais on ne s'apperçut pas qu'il eut été endommagé.

Durant mon séjour à Plymouth, je fis quelque changement dans les gens de l'équipage ; je leur donnai d'avance deux mois de paye ; & le 3 de Juillet, je fis voile, de cette rade, après avoir arboré la flamme de commandement.

Le 4, nous nous trouvâmes à la hauteur du Cap *Lizard*. Un vent frais favorisoit notre marche ; mais nous vîmes avec chagrin que la frégate portoit mal la voile.

Dans la nuit du 6, l'Officier du premier quart vit un phénomène extraordinaire, assez ressemblant à un vaisseau en feu : ce feu, qu'il distinguoit dans l'éloignement, dura près d'une heure & ensuite disparut.

Le soir du 12, nous découvrîmes les rochers qui sont près de *Madère*, & que nos gens appellent *les Déserteurs*, du nom françois de *Déserts* ou *Désertes*, qui leur a été donné à cause de leur aspect sauvage & stérile. Le jour suivant, nous arrivâmes à la rade de *Fonchal*, où nous mouillâmes vers les trois heures après-midi.

Le 14 au matin, je me rendis chez le Gouverneur, qui me reçut avec politesse & me fit saluer d'onze coups de canon, qui furent rendus de mon bord. Il vint le lendemain, 15, me faire visite dans la maison du Conſul : je le fis ſaluer de onze coups de canon, que le Fort rendit.

A notre arrivée à *Madère*, nous trouvâmes *la Couronne*, vaiſſeau du Roi & le Sloop *le Ferret*, qui étoient à l'ancre : ces deux vaiſſeaux, voyant la flamme de commandement à bord du *Dauphin*, nous ſaluèrent de leur artillerie.

Après avoir pris à bord divers rafraîchiſſemens, & particulièrement une grande quantité d'oignons, nous appareillâmes le 19, & pourſuivîmes notre route. Le 21, nous eûmes connoiſſance de l'iſle de *Palme*, une des Canaries.

Nous obſervâmes que depuis le Cap *Lizard* aucun poiſſon n'avoit ſuivi notre vaiſſeau. J'en attribuai la cauſe à ce que ſa carène étoit doublée de cuivre. Vers le 26, notre eau commença à ſe corrompre : nous la purifiâmes au moyen d'une machine que nous avions embarquée à ce ſujet ; c'eſt une eſpèce de ventilateur, par lequel on force l'air de paſſer à travers l'eau dans un courant continuel & auſſi long-tems qu'il eſt néceſſaire.

Le beſoin d'eau nous fit ſonger à mouiller à une des iſles du *Cap Verd*. Le 27, nous découvrîmes l'iſle de *Sel*. Nous vîmes alors pluſieurs tortues ; je fis mettre l'iole en mer pour en prendre ; mais elles s'échappèrent avant qu'on pût les atteindre.

Dans la matinée du 28, nous nous trouvâmes très-près de l'iſle de *Buona-Viſta* ; le lendemain, à la hauteur de l'isle de *Mai*, & le 30, nous jettâmes l'ancre dans la baie de *Praïa* à l'isle de *Saint-Jago*. On étoit déja dans la saison pluvieuse qui rend ce mouillage très-dangereux : les vents soufflant alors de la partie du Sud, soulèvent la mer en d'énormes lames, qui se brisant avec furie sur le rivage, semblent annoncer à chaque instant des tempêtes, dont les suites seroient funestes aux vaisseaux qui y seroient à l'ancre. La crainte d'échouer éloigne de cette côte tous les navires dans cette terrible saison qui dure depuis le commencement d'Août jusqu'en Novembre. Nous y fîmes notre eau avec toute la diligence possible. Nous y achetâmes trois jeunes bœufs, pour donner de la viande fraîche aux équipages ; mais à peine furent-ils tués que la grande chaleur les corrompit.

Le 2 d'Août, nous remîmes à la voile, ayant avec nous une ample provision de volailles, de chèvres maigres, & de singes que nos gens avoient achetés pour de vieilles chemises & de vieux habits. Les chaleurs accablantes & les pluies continuelles rendoient l'air si malsain, que la plupart de nos gens tombèrent malades de la fièvre, malgré mon extrême attention à les obliger de changer de linge, avant de s'endormir, lorsqu'ils étoient mouillés.

Le 8, la *Tamar* fit signal d'incommodité ; nous diminuâmes de voile pour l'attendre : cette frégate avoit eu sa vergue de hunier emportée, sans avoir éprouvé aucun autre dommage. Nous restâmes les voiles carguées, pour lui faciliter l'opération d'enverguer une autre voile de hunier ; ce qui, joint au vent qui étoit dans la partie du Sud, nous retarda confidérablement dans notre route.

ANN. 1764.
Août.

Nous continuâmes d'obferver, à notre grande mortification, que notre carène doublée de cuivre, écartoit les poiffons de notre bord ; & quoique dans ces latitudes les vaiffeaux fourniffent ordinairement une abondante pêche, nous ne parvînmes à prendre que de l'efpèce connue fous le nom de *Goulu de mer*.

Il ne nous arriva rien qui puiffe intéreffer la curiofité de nos Navigateurs, jufqu'au 11 Septembre, que, fur les trois heures après-midi, nous eûmes la vue du Cap *Frio* fur la côte du Bréfil. Le 13, vers midi, nous vînmes mouiller dans la grande rade de *Rio-Janéiro*, par 18 braffes de profondeur. Cette grande Ville, qui préfente un très-beau coup-d'œil, eft gouvernée par le Viceroi du Bréfil, dont l'autorité eft illimitée. Lorfque je vins lui faire vifite, j'en fus reçu avec le plus grand appareil : environ foixante Officiers étoient rangés devant le palais ; la garde étoit fous les armes ; c'étoit de très-beaux hommes, très-bien tenus. Son Excellence, accompagnée de la première Nobleffe, vint me recevoir fur l'efcalier. Je fus falué par quinze coups de canon, tirés du Fort le plus voifin. Nous entrâmes enfuite dans la falle d'audience, où, après une converfation d'un quart-d'heure, je pris congé, & fus reconduit avec les mêmes cérémonies. Le Viceroi m'offrit de me rendre vifite à une maifon que j'avois louée fur le rivage ; mais je le priai de s'en difpenfer, & bientôt après je revins à bord.

11 Septemb.

ANN. 1764.
Septemb.

L'ÉQUIPAGE du *Dauphin*, à qui on avoit donné tous les jours de la viande fraîche & des herbages, jouissoit d'une parfaite santé ; mais plusieurs Matelots s'étant trouvés malades à bord de la frégate, à notre arrivée, j'ordonnai qu'ils fussent mis à terre, logés & traités convenablement. Tous recouvrèrent promptement la santé. Les coutures de nos deux vaisseaux étant ouvertes en plusieurs endroits, j'engageai un certain nombre de calfats Portugais ; & en très-peu de jours, les vaisseaux furent recalfatés.

TANDIS que nous étions à *Rio-Janéiro*, le *Kent*, vaisseau de notre Compagnie des Indes, qui avoit à bord le Lord Clive, vint relâcher dans cette rade. Ce bâtiment, dont le départ d'Angleterre avoit précédé le nôtre de près d'un mois, & qui n'avoit touché nulle part, n'arriva néanmoins qu'un mois après nous ; de sorte qu'il mit environ soixante jours plus que nous à faire cette route, malgré le tems que nous perdîmes à attendre la *Tamar*, sur laquelle le *Dauphin*, sans être un excellent voilier, avoit un tel avantage de marche, que nous employâmes rarement plus de la moitié de nos voiles. Plusieurs Matelots de l'équipage du *Kent* étoient déja attaqués du scorbut.

LES chaleurs insupportables que nous éprouvions à *Rio-Janéiro* nous rendoient impatiens de remettre en mer. Le 16 Octobre, nous levâmes l'ancre ; mais nous restâmes quatre ou cinq jours au-dessus de la barre, à attendre un vent de terre qui favorisât notre sortie ; il n'y a pas moyen de tenter ce passage avec un vent de mer. L'entrée entre les deux Forts est si

16 Octobre.

étroite, & la mer y brife avec tant de force, que nous ne parvînmes à fortir de la rade qu'avec une extrême difficulté ; & fi nous euffions fuivi l'avis du pilote Portugais, nous nous ferions infailliblement perdus.

Ann. 1764.
Octobre.

La Relation de ce Voyage n'étant publiée que pour l'inftruction des Navigateurs, je crois devoir faire obferver que les Portugais, qui font dans cette place un très-grand commerce, employent tous les moyens poffibles pour débaucher les Matelots qui viennent à terre : fi les voies de la perfuafion ne leur réuffiffent point, ils les font boire & les enivrent : dans cet état, ils les tranfportent dans les terres, & prennent les précautions les plus propres à empêcher leur retour, jufqu'après le départ de leur vaiffeau. Ces manœuvres firent déferter cinq hommes de mon équipage, que je ne pus recouvrer ; la *Tamar* en avoit perdu neuf ; mais le Capitaine, informé du lieu de leur détention, y envoya de nuit un détachement qui les furprit & les ramena à bord.

CHAPITRE II.

Départ de Rio-Janéiro. *Navigation jufqu'au Port Defiré. Defcription de ce lieu.*

ANN. 1764.
Octobre.

Nous étions fous voile le 22. Je crus, avant de pourfuivre notre route, devoir informer les équipages de la nature du Voyage que nous allions entreprendre. Je fis fignal au Commandant de la *Tamar* de fe rendre à mon bord; & je lui déclarai, en préfence de tous les Matelots affemblés fur le pont, que notre deftination n'étoit pas, comme on avoit pu le croire, de nous rendre aux Indes Orientales, mais d'entrer dans la mer du Sud, pour y faire des découvertes qui pourroient devenir d'une grande importance à l'Angleterre; que dans cette vue les Lords de l'Amirauté accordoient aux équipages une double paye, & d'autres gratifications, fi, durant le Voyage, ils rempliffoient leur devoir avec le zèle que doit naturellement infpirer l'amour de la patrie. Cette nouvelle fut reçue avec des acclamations de joie: tous proteftèrent qu'ils étoient difpofés à me fuivre par-tout où je voudrois les conduire; qu'il n'y avoit point de difficultés, ni même de périls auxquels ils ne s'expofaffent pour donner à leur patrie des marques de leur fincère attachement, & que je pouvois compter fur leur obéiffance ponctuelle & fur leur entier dévouement.

Nous

Nous continuâmes de faire voile jufqu'au 29, que les vents fraîchirent & foufflèrent par grains fubits & par violentes raffales, propres à défemparer nos manœuvres. Je fis amener nos mâts de perroquet, & mettre nos bâtons d'hiver à pofte; mais bientôt la mer devint affreufe, & le vent en tourmente: le vaiffeau fatiguoit fi prodigieufement, que craignant de fombrer fous voiles, je fis jetter par-deffus bord deux canons de l'avant & deux de l'arrière du vaiffeau pour le foulager. Ce tems orageux dura le refte du jour, & toute la nuit, que nous pafsâmes à capeyer fous la grande voile, deux ris dedans.

Ann. 1764. Octobre.

Dans la matinée du 30, les vents devinrent plus maniables, & varièrent du N. O. au S. ¼ S. O.: nous en profitâmes pour faire de la voile, le Cap à l'Oueft. Nous étions alors par 35^d 50′ de latitude S., & nous trouvions le tems tout auffi froid qu'il l'eft en Angleterre dans cette même faifon, quoique le mois de Novembre répondît à notre mois de Mai, & que nous fuffions de 20^d plus près de la ligne. Il étoit difficile que nous ne reffentiffions pas vivement cette différence de température, nous, qui huit jours avant, éprouvions d'exceffives chaleurs; & les Matelots, qui, dans la perfuafion de n'avoir à voyager que dans des climats chauds, avoient non-feulement vendu leurs hardes d'hiver, mais encore leurs couvertures, dans les différens ports où nous avions relâché, furent contraints, pour fe garantir du froid qu'ils ne pouvoient fupporter, d'acheter des vêtemens qu'on avoit embarqués par précaution.

Tome I.   B

LE 2 de Novembre, après avoir fait prêter le ferment aux Lieutenans des deux vaisseaux, je leur remis leurs brevets qu'ils ne s'attendoient à recevoir qu'à notre attérage aux Indes Orientales, qu'on avoit d'abord regardées comme notre destination. Nous commençâmes à voir un grand nombre d'oiseaux voltiger autour de nous : il y en avoit de très-gros, dont quelques-uns avoient le plumage noir, d'autres blanc ; nous distinguâmes plusieurs compagnies de pintades ; ces oiseaux, tachetés de blanc & de noir, paroissoient un peu plus gros que des pigeons.

LE 4, nous vîmes une quantité de ces mauvaises herbes que l'eau détache des rochers, & plusieurs veaux marins. Nous étions par les 38^d 53′ de latitude S. & 51^d de longitude O. La déclinaison de la boussole étoit de 13^d à l'Est. Les vents, qui se maintenoient dans la partie de l'Ouest, nous poussoient continuellement vers l'Est, & nous commençâmes à craindre qu'il ne nous fût très-difficile de ranger la côte des *Patagons*.

LE 10, nous observâmes un changement de couleur dans l'eau ; mais une ligne de 140 brasses ne nous donna point de fond : nous comptions 41^d 16′ de latitude S., & 55^d 17′ de longitude O. ; l'aiguille aimantée déclinoit de 18^d 20′ vers l'Est. Le lendemain, nous nous rapprochâmes de la côte jusqu'à huit heures du soir, que la sonde rapporta 45 brasses, fond de sable rouge. Nous gouvernâmes S. O. ¼ d'O. toute la nuit, & le matin, nous eûmes 52 brasses d'eau même fond. Notre position étoit par les 42^d 34′ de latitude

DU CAPITAINE BYRON. 11

S., & les 58 ᵈ 17′ de longitude O. La déclinaison de l'aiguille aimantée de 11 ᵈ ¾ à l'Est.

ANN. 1764.
Novemb.

Le 12, sur les trois heures après-midi, étant à me promener sur le gaillard d'arrière, je ne fus pas peu surpris d'entendre ceux qui étoient sur le gaillard d'avant crier tous ensemble » terre droit à l'avant «; les nuages obscurcissoient presque tout le tour de l'horison, & nous avions eu beaucoup de tonnerre & des éclairs. Je regardai de l'avant par-dessous la misaine, & sous le vent, & je crus remarquer que ce qui avoit d'abord paru être une isle, présentoit deux montagnes escarpées; mais en regardant du côté du vent, il me sembla que la terre, qui se joignoit à ces montagnes, s'étendoit au loin dans le S. E.: en conséquence nous gouvernâmes S. O. Je fis monter des Officiers au haut des mâts pour observer au vent & vérifier cette découverte; tous assurèrent qu'ils voyoient une grande étendue de terre. Je fis immédiatement mettre en panne, & sonder autour de nous; on trouva encore 52 brasses d'eau; mais je commençai à croire que nous étions peut-être engagés dans une baie; & je souhaitois bien plus que je ne l'espérois, que nous pussions en sortir avant la nuit.

Nous fimes de la voile & portâmes à l'E. S. E. La terre sembloit se montrer toujours sous la même apparence; les montagnes paroissoient bleues, comme cela est assez ordinaire dans un tems obscur & pluvieux, lorsqu'on n'en est pas éloigné. Bientôt quelques-uns crurent entendre & voir la mer briser sur un rivage de sable; mais ayant gouverné encore environ une heure avec toute la circonspection possible, ce que nous avions pris pour la terre s'évanouit tout d'un coup, & nous fûmes convaincus, à notre grand étonnement, que ce n'avoit été qu'une terre de brume.

J'ai été presque continuellement en mer depuis vingt-sept ans, & je n'avois point d'idée d'une illusion si générale & si soutenue. Néanmoins d'autres Navigateurs ont été également trompés. Il n'y a pas long-tems qu'un Maître de vaisseau jura qu'il avoit vu une isle entre l'extrémité occidentale de l'Irlande & Terre-Neuve, & qu'il avoit même distingué les arbres qui y croissent. Il est cependant certain que cette isle n'existe point, ou du-moins qu'aucun vaisseau n'a pu la découvrir. Il n'est pas douteux que, si le tems ne se fût pas éclairci assez promptement pour faire disparoître à nos yeux ce que nous avions pris pour la terre, tout ce qu'il y avoit à bord auroit fait serment qu'il avoit découvert la terre à cette hauteur. Nous nous trouvions alors par les 43ᵈ 46′ de latitude S., & 60ᵈ 5′ de longitude O., & la déclinaison de la boussole étoit de 19ᵈ 30′ vers l'Est.

Le lendemain, 13, sur les quatre heures après-midi, le tems étant très-beau, les vents sautèrent tout d'un coup au S. O., d'où ils commencèrent à souffler avec furie, le ciel de ce côté se couvrit de nuages noirs: dans l'instant tout l'équipage, qui s'étoit assemblé sur le pont, fut alarmé d'un bruit subit & extraordinaire, semblable au mugissement des flots agités. J'ordonnai sur le champ qu'on amenât les huniers; mais avant qu'on pût le faire, je vis la mer, soulevée en d'énormes lames, près de fondre fur nous : je criai qu'on halât la mifaine, & qu'on larguât auffi-tôt l'écoûte de la grande voile ; car j'étois perfuadé que fi nous avions quelques voiles dehors au moment où ce grain menaçant alloit nous atteindre, nous coulerions bas infailliblement, ou que nous aurions tous nos mâts rompus. Il fut cependant fur nous, & coucha notre navire fur le côté, avant que nous puffions larguer la grande amure, qui fut alors coupée ; & en même-tems l'écoûte de la grande voile renverfa le premier Lieutenant, le meurtrit, & lui caffa trois dents. La mifaine qui n'étoit pas entièrement amenée, fut mife en pièces. Si ce coup de vent qui vint à l'improvifte, & avec une violence dont il y a peu d'exemples, nous avoit furpris de nuit, il auroit eu pour nous des fuites funeftes. Il nous fut annoncé par les cris perçans de plufieurs centaines d'oifeaux qui fuyoient en avant ; il dura environ 20 minutes, & calma par degrés.

La *Tamar* en fut quitte pour avoir fa grande voile déchirée ; mais elle étoit fous le vent à nous, & elle avoit eu le tems de fe mieux préparer. En très-peu de tems le vent refraîchit, & nous pafsâmes la nuit à la cape fous la grande voile rifée.

Le 14 au matin, le vent devint plus modéré, mais la mer étoit houleufe. Bientôt le vent paffa au S. $\frac{1}{4}$ S. O. & nous gouvernâmes vers l'Oueft fous nos voiles majeures.

Les premiers rayons du jour nous montrèrent la

mer auffi rouge que du fang, & couverte de coquillages de même couleur, affez reffemblants à nos écreviffes, mais plus petits. Nous en prîmes une grande quantité avec des corbeilles.

Le 15, vers les quatre heures & demie du matin, nous eûmes la vue de la terre, qui avoit l'apparence d'une ifle d'environ huit ou neuf lieues de longueur. D'après les cartes, il étoit apparent que cette terre étoit le Cap *Saint-Helène*, qui s'avance dans la mer à une diftance confidérable de la côte, & forme deux baies, l'une au Nord & l'autre au Sud. Le tems étant très-beau, je revirai de bord vent devant & je gouvernai fur la terre jufques vers les dix heures. Mais fachant qu'à la diftance de deux lieues environ de ce Cap, il y a plufieurs rochers à fleur d'eau, fur lefquels la mer brife avec force, & le vent paroiffant devoir calmer infenfiblement, je revirai de bord vent devant pour m'en écarter. La terre fembloit n'être qu'une chaîne de rochers nuds, où l'on n'appercevoit ni arbres ni arbuftes. Lorfque j'en fus plus près, je fis fonder & l'on trouva 45 braffes d'eau, fond de vafe noire. Dans ce même tems, j'eus le chagrin de voir mes trois Lieutenans & le Maître, malades & hors d'état de faire aucun fervice, quoique le refte de l'équipage jouît d'une parfaite fanté. Notre latitude étoit de 45^d 21′ S., la longitude de 63^d 2′ O.; & la déclinaifon de l'aiguille de 19^d 41′ à l'Eft.

Le jour fuivant, 16, je dirigeai ma route fur le Cap *Blanc*, d'après la carte que le Lord Anfon a donnée dans la Relation de fon Voyage. Sur le foir, le vent fraîchit, & souffla de la partie du S. O. ¼ S. avec une telle force, que nous passâmes la nuit à capeyer sous notre grande voile. Dans la matinée, le vent plus maniable nous permit de faire route ; mais la mer étoit très-grosse ; & quoique nous nous trouvassions presque au cœur de l'été dans ces parages, le tems étoit à tous égards beaucoup plus froid qu'il ne l'est ordinairement en plein hiver dans la baie de Biscaye.

Ann. 1764.
Novemb.

Le 17, sur les six heures du soir, ayant fait de la voile autant qu'il nous fut possible, nous découvrîmes la terre dans le S. S. O. ; & comme nous avions eu hauteur à midi par un très-beau tems, nous reconnûmes que cette terre étoit le Cap *Blanc*. Mais le vent recommença alors à souffler avec plus de violence que jamais, la tempête dura toute la nuit, & la mer, qui brisoit continuellement autour de nous, fatiguoit prodigieusement le vaisseau.

Le 18, à quatre heures du matin, la sonde nous rapporta 40 brasses, fond de roche : ayant couru dans la nuit une bordée au large, nous virâmes de bord pour nous rapprocher de la terre ; le vent continuoit d'être en tourmente avec de la grêle & de la neige. Vers les six heures, nous revîmes la terre, qui nous restoit dans le S. O. ¼ O. Notre vaisseau étoit maintenant si peu calé, que sa dérive devenoit très-considérable dès qu'il ventoit bon frais. J'étois très-impatient de gagner le Port *Desiré*, pour remédier à cet inconvénient ; car dans l'état où se trouvoit le navire, il étoit dans un continuel danger de s'abattre. Nous gouvernâmes sur la terre avec un vent de N. E.,

& fur le foir, nous mîmes à la cape; mais le vent, ayant paffé dans la partie de l'Oueft, nous écarta dans la nuit. A fept heures du matin du 19, nous courûmes de nouveau fur la terre, gouvernant au S. O. ¼ S. du compas, & bientôt nous apperçûmes la mer brifer de l'avant à nous; nous fondâmes immédiatement & nous trouvâmes entre 13 & 7 braffes d'eau; un moment après nous augmentâmes de fond, & la fonde rapporta de 17 à 42 braffes; de manière que nous paſsâmes fur la queue d'un banc, qui, étant plus au Nord, nous eût peut-être été funefte.

Dans ce moment le Cap *Blanc* nous reftoit à l'O. S. O. 5 ᵈ 37 ′ au Sud, & à la diftance de quatre lieues: mais comme rien n'eft plus confus que la defcription que Sir John Narborough a donnée de ce Port, nous ne favions trop quelle direction fuivre pour nous y rendre. Je cherchai d'abord une baie, qui, conformément aux inftructions de ce Navigateur, doit être au Sud du Cap, mais je ne découvris rien de femblable; & en conféquence je prolongeai le rivage, gouvernant au Sud. Nous avions un vent de terre très-frais; nous vîmes plufieurs colonnes de fumée s'élever en différens endroits; mais nous n'appercevions ni arbre ni arbufte, & toute la contrée n'offroit à l'œil que des collines de fable, affez reffemblantes aux Dunes ftériles d'Angleterre. Nous obfervâmes encore qu'à la diftance de fept à huit milles du rivage, les eaux étoient fréquemment très-baffes, & quelquefois nous n'avions pas plus de 10 braffes.

Nous continuâmes tout le jour de côtoyer le rivage

en le ferrant d'aussi près qu'il nous étoit possible ; & le soir, nous vîmes une isle à la distance d'environ six lieues : dans la matinée du 20, nous courûmes dessus, & nous nous assurâmes que c'étoit l'isle *des Pingoins* décrite par Narborough.

Le Port *Desiré* n'étant éloigné que d'environ trois lieues dans le N. O. de cette isle, j'envoyai un de nos bâtimens à rames pour le découvrir ; il revint après l'avoir reconnu, & je me disposai à y entrer. Il y avoit en cet endroit des milliers de veaux marins & de pingoins autour du vaisseau. L'isle *des Pingoins* nous parut bordée d'îlots, qui ne sont que des rochers. Sur le soir, nous vîmes un rocher, qui, s'élevant au-dessus de l'eau comme une pyramide, du côté méridional de l'entrée du Port *Desiré*, est très-propre à faire reconnoître ce Port, qu'on ne trouveroit sans cela que très-difficilement. A l'entrée de la nuit, le vent s'étant un peu calmé, nous laissâmes tomber l'ancre à la distance de quatre ou cinq milles du rivage.

Le 21 au matin, avec une brise de terre nous parvînmes à l'entrée du Port, que nous trouvâmes très-étroite, bordée de rochers & de bancs de sable, & le flot y formoit un courant d'une rapidité que je n'avois pas encore vue. Je mouillai en-dehors du Port ; l'ouverture du canal nous restoit à l'O. S. O. ; l'isle des *Pingoins* au S. E., 5ᵈ 30′ E., & à la distance de trois lieues ; la terre la plus septentrionale au N. N. O. ; deux rochers qui, à mi-flot, se trouvent à fleur d'eau, & sont à la pointe la plus méridionale d'un récif qui part de la même terre, au N. E. ¼ N. Tel étoit le relevement de notre mouillage, dont je ne fais ici mention que parce que ces particularités peuvent être d'une grande importance pour les Navigateurs qui voudroient relâcher dans ce Port, & que les descriptions qu'en ont données divers marins font très-fautives.

Le vent fut impétueux durant la plus grande partie de cette journée, & la mer étoit très-houleufe dans l'endroit où nous étions à l'ancre. Cependant je fis partir deux de nos bateaux pour fonder le Port, & je les fuivis dans mon canot. Nous trouvâmes ce Port très-étroit dans un efpace de près de deux milles : à la marée montante la vîteffe du courant pouvoit être de huit milles par heure : nous reconnûmes auffi plufieurs rochers & brifans. Defcendus à terre, nous ne découvrîmes en nous avançant dans la contrée, qu'une campagne déferte, des collines couvertes de fable, mais nous n'apperçûmes pas un feul arbre Nous vîmes la fiente de quelques animaux, & nous en diftinguâmes quatre dans l'éloignement ; mais ils prirent la fuite à notre approche, & il ne nous fut pas poffible d'en reconnoître l'efpèce. Nous jugeâmes que c'étoit des guanaques. Ces animaux font affez femblables à nos daims, mais beaucoup plus gros ; quelques-uns n'ont guère moins de quatre pieds quatre pouces de haut. Ils ne fe laiffent pas approcher & font très-légers à la courfe. De retour aux bateaux, je continuai à remonter le canal, & j'abordai à une ifle qui étoit couverte de veaux marins : nous en tuâmes plus de cinquante. Dans ce nombre, il s'en trouva de plus gros que de jeunes bœufs. Nos bateaux, que nous avions déja remplis d'oiseaux de différentes espèces, étoient assez chargés pour pouvoir régaler toute une flotte.

Ann. 1764. Novemb.

ENTRE les différens oiseaux que nous tirâmes, il s'en trouva un qui mérite une description particulière. Sa tête seroit parfaitement ressemblante à celle de l'aigle, si l'espèce de huppe dont elle est ornée étoit un peu moins touffue ; un cercle de plumes d'une blancheur éclatante forme autour de son cou une palatine ou collier naturel de la plus grande beauté ; sur le dos son plumage est d'un noir de jais, & non moins brillant que ce minéral que l'art a su polir ; ses jambes sont remarquables par leur grosseur & leur force ; mais les serres en sont moins acérées que celles de l'aigle : cet oiseau a près de douze pieds d'envergure.

LA TAMAR profita de la marée montante pour entrer dans le Port ; mais je gardai mon poste & je crus ne devoir risquer ce passage qu'avec un vent favorable ; il passa bientôt à l'Est. Je levai l'ancre vers les cinq heures après-midi, & je me proposai d'arriver au mouillage avec la marée du soir. Mais nous avions à peine appareillé que le vent repassa au N. O. $\frac{1}{4}$ N. ; & notre vaisseau étant déja engagé dans l'embouchure du Port avant que le flot eût commencé, nous nous vîmes forcés de laisser tomber l'ancre à très-peu de distance de la rive méridionale. Les vents étoient de terre & souffloient par raffales si violentes, que bientôt le vaisseau chassa sur son ancre & vint échouer sur une grande pointe de gravier.

C ij

Le fond où nous avions mouillé étoit en effet d'une mauvaise tenue. En pareille situation, avec un vent forcé, on aura toujours lieu de craindre que le vaisseau ne soit jetté en côte, si l'on n'a pas eu le tems de l'établir sur ses ancres. Tandis que nous étions échoués, les vents fraîchirent; & la marée montant avec une extrême rapidité, ce ne fut qu'avec des peines infinies & après quatre heures du plus pénible travail, que nous parvînmes enfin à porter une seconde ancre pour nous relever, & que nous mîmes le vaisseau à flot. Comme il n'y avoit guère que le talon & une longueur de six ou sept pieds de sa quille qui eussent touché, il étoit à présumer qu'il n'avoit reçu aucun dommage: néanmoins je me déterminai à faire démonter le gouvernail pour le visiter.

Le vent ne calma point dans la nuit; le lendemain, 22, dans la matinée, il parut se renforcer; & il ne nous avoit pas encore été possible de lever l'ancre que nous avions mouillée près de la rive méridionale, dans l'espoir qu'elle nous soutiendroit. Nous nous trouvions dans une situation fort critique; le vaisseau, n'étant plus tenu que par son ancre d'affourche, commençoit de rechef à chasser en côte. *La Tamar*, qui étoit mouillée dans le canal, se hâta de nous envoyer une hansière : aidés de ce secours, nous levâmes l'ancre d'affourche, nous sortîmes du péril qui nous menaçoit, & nous parvînmes à remouiller l'ancre sur un meilleur fond, dans l'attente d'un moment plus favorable pour amarrer convenablement notre vaisseau.

Le jour suivant, 23, j'envoyai sonder le Port à

quelques milles plus haut; le fond ne s'en trouva pas à beaucoup près si dur qu'à l'entrée du canal, & il y avoit moins d'eau. Mais le vent, qui continuoit de souffler avec furie, ne nous permit pas de chercher un autre mouillage. Nous avions découvert une petite source, à un demi-mille environ de la rive septentrionale du Port : mais l'eau avoit un goût saumâtre. J'avois fait aussi une excursion de plusieurs milles dans les terres, où d'aussi-loin que la vue pouvoit s'étendre, je n'apperçus qu'une contrée stérile, nue & désolée. Nous vîmes dans l'éloignement plusieurs guanaques; mais nous ne pûmes jamais les approcher d'assez près pour les tirer. Autour d'un étang d'eau salée, nous distinguâmes sur le sable les traces de divers animaux & particulièrement celles d'un gros tigre. Nous trouvâmes aussi un nid d'œufs d'autruche, que nous mangeâmes, & qui nous parurent un excellent mets. Il est probable que tous les animaux dont on voit les vestiges des pieds sur les bords de cet étang salé viennent y boire, car nous n'apperçûmes aucune eau douce où ils puffent se défaltérer. La source d'eau saumâtre que nous avions d'abord trouvée fut la seule qu'il fût possible de découvrir ; ce qui nous obligea de creuser des puits, n'y ayant dans ce lieu d'autre apparence d'eau que la légère humidité de la terre.

Ann. 1764.
Novemb.

Le 24, la mer étant plus tranquille, nous vînmes chercher un mouillage à quelques milles plus haut dans le Port, où nous amarrâmes nos vaisseaux. Les pointes, qui ferment l'entrée du Port, s'étendoient par rapport à nous de l'E. $\frac{1}{4}$ S. E. 3^d S. à l'Est, & le rocher pyramidal au S. E. ¼ E. En cet endroit nous n'avions, à mer baſſe, que 6 braſſes d'eau; mais dans le flot, l'eau montoit de 4 braſſes & demie, ou de 27 pieds. La marée monte ici avec une rapidité ſi prodigieuſe, qu'un matelot, très-bon nageur, étant tombé du bord, le courant le porta preſque hors de vue, avant qu'on pût aller à ſon ſecours, quoique tous nos canots fuſſent dehors : nous eûmes néanmoins le bonheur de le ſauver.

Ce même jour, je me fis reconduire à terre. Je m'avançai à environ ſix ou ſept milles dans la contrée. Je vis pluſieurs lièvres auſſi gros que de jeunes chevreuils; j'en tirai un qui peſoit plus de vingt-ſix livres. Il eſt certain que ſi j'euſſe eu un bon levrier, on auroit pu donner du lièvre aux équipages deux fois la ſemaine. Nos gens à bord étoient alors occupés à rouer les cables ſur le pont, à parer la cale, pour y mettre le leſt convenable, & à y deſcendre les canons, à l'exception de ceux qu'on crut néceſſaires de garder ſur le pont.

Le lendemain, 25, je parcourus en canot une grande partie du Port; & étant deſcendu ſur la rive ſeptentrionale, nous trouvâmes un canot à deux rames d'une forme ſingulière, & le canon d'une arme à feu, ſur lequel étoient gravées les armes d'Angleterre. La rouille avoit fait ſur ce canon de tels progrès, qu'il ſe réduiſoit en pouſſière entre les doigts : j'imaginai qu'il avoit été laiſſé ſur ce rivage par quelqu'un de l'équipage du *Wager*, ou peut-être par Sir John Narborough. Nous n'avions encore trouvé aucun genre de végétaux, à l'exception d'une espèce de pois sauvages ; & quoique nous n'ayions apperçu aucun habitant, nous vîmes plusieurs endroits où l'on avoit fait du feu ; mais les vestiges n'en étoient pas récens.

Ann. 1764.
Novemb.

Nous tirâmes quelques canards sauvages & un lièvre : cet animal courut, malgré sa blessure, l'espace de deux milles ; ce qui nous étonna beaucoup, lorsqu'après l'avoir pris, nous vîmes que la balle lui avoit passé à travers le corps. Nous chassâmes long-tems un guanaque qui étoit le plus gros que nous eussions vu : lorsqu'il nous avoit laissés à une grande distance derrière lui, il s'arrêtoit pour nous regarder, & poussoit des cris assez ressemblans au hennissement d'un cheval ; mais sitôt que nous en approchions, il fuyoit avec une extrême légéreté ; mon chien étoit si fatigué, qu'il ne put plus le poursuivre : à la fin il nous échappa & nous le perdîmes de vue. Dans cette chasse, nous ne tuâmes qu'un lièvre, & un vilain petit animal, dont l'odeur infecte ne permit à aucun de nous d'en approcher. Les lièvres ont ici la chair très-blanche & d'un goût très-agréable. Un Sergent de Marine & quelques autres, qui étoient allés à terre d'un autre côté, avoient eu plus de succès que nous ; ils avoient tiré deux guanaques & un faon ; ils furent obligés de laisser ces animaux où ils les avoient tués, ne pouvant sans secours les transporter jusqu'au vaisseau dont ils étoient éloignés de six milles. Ces guanaques ne pesoient guère que la moitié de ceux dont Sir John Narborough fait mention ; j'en ai cependant vu quelques-uns qui pesoient jusqu'à 37 & 38 *stones*, c'est-à-dire environ trois cens livres.

Ann. 1764.
Novemb.

Lorsque fur le foir nous revînmes à bord, le vent étoit très-frais; & le pont fe trouvant trop embarraffé pour pouvoir embarquer nos bateaux, nous les amarrâmes fur le derrière du navire. Vers le milieu de la nuit, le vent renforça; notre canot à fix rames fe remplit d'eau, rompit fes amarres, & fut jetté en mer; celui qui étoit commis à fa garde & dont la négligence fut caufe de cet accident, n'échappa au danger d'être noyé, qu'en fe faififfant de l'échelle de pouppe. Comme ce fut à la marée montante que ce canot fut chaffé en mer, nous ne pouvions douter que le courant ne l'eût emporté au-deffus de l'endroit où nous étions mouillés. La perte de ce canot eût été pour nous d'une très-fâcheufe conféquence; je paffai le refte de la nuit dans de très-vives inquiétudes. Le 26, dès la pointe du jour, j'envoyai à fa recherche, & il fe paffa quelques heures avant qu'on le ramenât à bord: le courant l'avoit emporté à plufieurs milles au loin. J'envoyai en même-tems à terre quelques perfonnes de l'équipage pour rapporter les guanaques qu'on avoit tués la veille; mais ils n'en trouvèrent que les os; les tigres en avoient mangé la chair, & même ils en avoient caffé les os pour en prendre la moëlle. Plufieurs de nos gens s'étoient avancés à quinze milles dans les terres pour y chercher de l'eau douce, fans en découvrir une feule fource. Nous avions creufé des puits à une profondeur confidérable en différens endroits où la terre paroiffoit humide; mais ces puits, qui nous occafionnoient de très-grands travaux, pouvoient à peine nous fournir trente gallons d'eau en vingt-quatre heures. Cette circonftance étoit d'autant plus propre à nous décourager,

que

que nos gens qui avoient épié les guanaques, les avoient vû boire dans les étangs d'eau salée. Je pris donc la résolution de quitter cette place aussitôt que le vaisseau seroit prêt à remettre en mer, & que notre canot à six rames seroit réparé.

Ann. 1764.
Novemb.

Le 27, ceux que j'avois envoyés à la chasse des guanaques, trouvèrent le crâne & les os d'un homme. Ils réussirent à se saisir d'un jeune guanaque qu'ils amenèrent à bord; c'étoit le plus bel animal que nous eussions jamais vu; nous parvinmes à l'apprivoiser au point qu'il venoit nous lécher les mains à peu près comme un veau; mais malgré tous nos soins pour le nourrir, il mourut en peu de jours. Dans l'après-midi, le vent ayant considérablement fraîchi, j'ordonnai qu'on se tînt prêt à laisser tomber la grande ancre, dans l'appréhension où j'étois que nos cables ne rompissent, ce qui cependant n'arriva pas. Ceux de l'équipage, qui étoient à terre avec les Charpentiers pour radouber notre canot qu'on avoit pour cela transporté sur la rive méridionale, trouvèrent deux sources à la distance d'environ deux milles du rivage, & dont l'eau n'étoit pas absolument saumâtre; c'étoit-là une découverte très-intéressante. Dès le matin, du 28, j'y envoyai vingt hommes avec quelques petites futailles; & ils rapportèrent bientôt à bord une tonne d'eau, dont le besoin commençoit à se faire sentir. Ce même jour, je remontai le canal dans mon bateau l'espace de près de douze milles. La mer devenant extrêmement houleuse, je me fis mettre à terre. Le canal dans cet endroit étoit d'une largeur à perte de vue; on y appercevoit un certain nombre d'ifles, dont quelques-unes étoient confidérables ; je ne doute pas qu'il s'avance dans les terres à une centaine de milles. Ce fut fur une de ces Ifles que je defcendis. J'y trouvai un fi grand nombre d'oifeaux, qu'au moment où ils s'envolèrent, le Ciel en fut obfcurci ; & il eft certain que nous ne pouvions faire un pas fans marcher fur leurs œufs. Dans l'inftant qu'ils s'élevoient au-deffus de nous, nous en tuâmes plufieurs à coups de pierre & de bâton. Je quittai enfuite l'ifle & j'abordai le Continent où nos gens firent cuire les œufs dont ils s'étoient chargés, & les mangèrent, quoique dans la plupart de ces œufs il y eût des oifeaux. Nous ne vîmes aucune trace d'homme fur l'une & l'autre rive du canal, ni aucun veftige qui pût faire croire que ces côtes euffent d'autres Habitans que de nombreufes compagnies d'oifeaux, des troupeaux de guanaques, & quelques bêtes féroces. Les guanaques qui marchent d'ordinaire par troupe de 60 ou 70, ne fe laiffoient jamais approcher ; fouvent ils s'arrêtoient pour nous regarder du haut des collines. Dans cette tournée, notre Chirurgien tira un chat-tigre : cet animal eft petit, mais fier & intrépide : quoique mortellement bleffé, il réfifta encore long-tems aux rudes attaques de mon chien.

LE 29, nous achevâmes de lefter le vaiffeau ; ouvrage que les vents frais qui regnèrent conftamment, & la rapidité du flot nous rendirent très-pénible : nous prîmes auffi à bord une autre tonne d'eau. Dans la matinée du 30, le mauvais tems ne permettant pas d'envoyer un canot à terre, j'employai les gens de l'équipage à préparer nos agrès, & à tout difpofer pour notre prochain départ. Le vent fut plus modéré dans l'après-midi, je détachai un canot pour nous procurer une plus grande quantité d'eau. Les deux Matelots qui arrivèrent les premiers au puits, y trouvèrent un gros tigre couché par terre : l'animal les regarda pendant quelque tems l'un & l'autre avec beaucoup d'indifférence : ils furent offenfés de fe voir traiter de cet air méprifant qu'eut le lion pour le Chevalier de la Manche ; & n'ayant point d'armes à feu, ils commencèrent à lui jetter des pierres. Le tigre, fans daigner s'appercevoir de cette infulte, demeuroit tranquillement couché ; mais voyant arriver le refte de la troupe, il fe leva doucement & prit la fuite.

Ann. 1764.
Novemb.

Le premier de Décembre, notre canot à fix rames fe trouvant réparé, nous le prîmes à bord ; mais toute cette journée la mer fut fi houleufe, qu'il nous fut impoffible de faire de l'eau. Le jour fuivant nous abattîmes les tentes qu'on avoit dreffées pour l'aiguade, & nous nous tînmes prêts à mettre en mer. Les deux puits, que nous creusâmes pour faire de l'eau, font à-peu-près au S. S. E., & à la diftance de deux milles & demi du rocher pyramidal. Je fis planter près de ces puits un poteau, comme une marque plus propre à les faire découvrir, que leur relèvement.

1 Décembre.

Durant le féjour que nous fîmes dans ce Port, nous en prîmes les fondes avec un très-grand foin, & nous trouvâmes qu'auffi-loin que les vaiffeaux peuvent remonter le canal, il n'y a point de danger qu'on ne puiffe aifément découvrir, à marée baffe. Ce Port, où l'on peut aujourd'hui fe procurer de l'eau douce au moyen des puits que nous y avons creufés, offriroit aux vaiffeaux qui voudroient y relâcher, un très-bon mouillage, fans la rapidité du courant qu'occafionne le flot. La contrée abonde en guanaques & en oifeaux d'efpèces différentes, & particulièrement en canards & en oies fauvages. Il s'y trouve auffi d'excellentes moules, & en fi grande quantité, qu'on peut toujours, à mer baffe, en charger un bateau. Le bois feulement y eft rare, cependant on trouve dans quelques endroits de la côte des brouffailles dont on peut fe fervir au befoin pour faire du feu.

Le 5, je démarrai dans le deffein de fortir du Port; mais notre feconde ancre fe trouvant embarraffée, nous perdîmes du tems pour la lever, & avant que nous puffions virer à pic fur notre ancre d'affourche, le jufant fut dans toute fa force; car en cet endroit la mer n'eft jamais étale plus de dix minutes de fuite; nous fûmes donc obligés d'attendre la baffe mer. Nous levâmes l'ancre vers les cinq ou fix heures du foir, & nous gouvernâmes à l'E. N. E., avec un vent frais qui nous venoit du N. N. O.

CHAPITRE III.

Départ du Port Defiré. *Recherche de l'Ifle* Pepys. *Navigation jufqu'à la Côte des Patagons. Defcription des Habitans.*

En fortant du Port *Defiré*, nous dirigeâmes notre route pour reconnoître l'Ifle *Pepys*, qu'on dit être par 47^d de latitude S. Nous étions alors par les 47^d 22′ de latitude S., & 55^d 49′ de longitude O. Le Port *Defiré* nous reftoit au Sud 66^d O., à la diftance de vingt-trois lieues ; & l'Ifle *Pepys*, conformément à la Carte de Halley, à l'E. ¾ de rhumb vers le Nord, à la diftance de trente lieues. La déclinaifon de l'aiguille étoit ici de 19^d vers l'Eft.

Ann. 1764. Décemb.

Le jour fuivant, 6, nous continuâmes notre route par un vent favorable, & nous jouîmes d'un fi beau ciel, que nous commençâmes à croire que cette partie du globe n'eft pas abfolument fans été. Le 7, je me trouvai beaucoup plus au Nord que je ne m'y attendois ; & je fuppofai que le vaiffeau y avoit été porté par les courans. J'avois déja parcouru 80^d à l'Eft, ce qui eft la diftance du Continent à l'Ifle *Pepys*, au rapport de Halley ; mais malheureufement la pofition de cette Ifle eft très-incertaine : Cowley eft le feul qui prétende l'avoir vue : tout ce qu'il dit de fa fituation, c'eft qu'elle est par les 47 ᵈ de latitude S. ; & il ne détermine point sa longitude. Il parle bien de la beauté de son Port, mais il ajoute qu'un vent contraire & violent ne lui permit pas d'y entrer, & qu'il fit route au Sud. Dans ce même tems je gouvernai aussi au Sud ; car le ciel étant sans aucun nuage, je pouvois découvrir un grand espace de mer au Nord de la position qu'on lui donne. Comme je suppofai que cette Isle, si elle existoit réellement, devoit nous rester à l'Est, je fis signal à *la Tamar* de s'éloigner dans l'après-midi, pour rencontrer plus sûrement cette terre en laissant entre nous un espace d'environ vingt lieues. Nous gouvernâmes au S. E. du compas, & le soir nous mîmes en panne, étant, suivant notre estime, par les 47 ᵈ 18 ′ de latitude S. Le lendemain, 8, nous eûmes un vent frais de la partie du N. O. ¼ N. ; & je crus encore que l'Isle pourroit bien être à l'Est. En conséquence, je résolus de faire trente lieues dans cette direction, & en cas que je ne découvrisse rien, de revenir à la même latitude de 47 ᵈ. Mais le vent étant devenu très-frais, & la mer extrêmement houleuse, sur les six heures du soir, je fus obligé de mettre à la cape sous la grande voile. Le jour suivant, 19, à six heures du matin, le vent ayant passé à l'O. S. O., nous fîmes route au Nord sous nos basses voiles. Je jugeai alors que nous étions environ à seize lieues & à l'Est du point d'où nous étions partis ; le Port *Desiré* nous restant au Sud 80 ᵈ 53 ′ O., à la distance de quatre-vingt-quinze lieues. Nous vîmes alors une grande quantité de goëmon, & plusieurs oiseaux. Le lendemain, 10, nous continuâmes de porter le Cap au Nord sous nos voiles majeures, avec un vent forcé du S. O.

au N. O., & la mer très-agitée. Le soir, étant par la latitude de 46ᵈ 50' S., je virai de bord vent arrière, & je repris ma route à l'Ouest ; nos vaisseaux s'éloignant chaque jour l'un de l'autre, autant qu'il étoit possible sans nous perdre de vue. Persuadé enfin que l'Isle, mentionnée par Cowley & décrite par Halley sous le nom d'Isle *Pepys*, n'existoit pas, je me déterminai, le 11 à midi, à me rapprocher du Continent & à relâcher dans le premier Port commode pour y faire de l'eau & du bois dont nous avions un grand besoin ; la saison étant déja très-avancée, il ne nous restoit plus de tems à perdre. Depuis ce moment nous continuâmes à porter vers le Continent, cherchant à découvrir les *Sebaldes*, qui, d'après toutes les Cartes que nous avions à bord, ne devoient pas être éloignées de la route que nous tenions. Chaque jour des compagnies d'oiseaux voltigeoient autour de notre vaisseau, que suivoient continuellement de grandes baleines. Le tems étoit généralement beau, mais froid ; & nous fûmes forcés de convenir, malgré les espérances que nous avions conçues, que l'été de ces climats ne différoit de l'hiver en Angleterre que par la longueur des jours.

Ann. 1764.
Décemb.

Le 15, étant par la latitude de 50ᵈ 33' S., & par la longitude de 66ᵈ 59' O., vers les six heures du soir les vents sautèrent tout d'un coup au S. O., & soufflèrent avec furie : la mer devint affreuse : les lames étoient si hautes & si terribles, que je n'avois rien vu de pareil en doublant le Cap de *Horn* avec le Lord Anson : notre vaisseau étoit trop élevé dans ses œuvres mortes

Ann. 1764.
Décemb.

pour ces fortes de voyages, à chaque inftant je m'attendois à le voir fubmerger : notre plus grande fûreté eût été de ne pas lutter contre la tempête & de nous abandonner à la violence des flots à fec de voiles ; mais notre provifion d'eau étoit trop peu confidérable ; & nous devions craindre d'être emportés fi loin du Continent, qu'elle feroit entièrement confommée avant de pouvoir nous en approcher. Nous prîmes donc le parti de capeyer fous la voile d'artimon. Nous reçûmes de terribles coups de mer, qui nous auroient bien plus incommodés, fans le fecours de nos cloifons.

CETTE furieufe tempête dura toute la nuit ; mais fur les huit heures du matin du 16, le vent calma, & la mer tombant infenfiblement, à dix heures nous remîmes le cap en route fous nos baffes voiles, & nous continuâmes de gouverner fur le Continent jufqu'au 18, que nous découvrîmes la terre, de la grande hune. Nous étions alors par les 51^d 8' de latitude S., & 71^d 4' de longitude O. ; & le Cap *des Vierges*, qui forme au Nord l'entrée du détroit de *Magellan*, nous reftoit au Sud 19^d 50' O., à la diftance de dix-neuf lieues. Dans ce même jour, le vent ayant prefque entièrement calmé, il ne nous fut pas poffible de gagner terre ; mais le lendemain matin, 19, il devint prefque Nord, & nous portâmes fur une large baie, au fond de laquelle parut être un Port ; mais je le trouvai fermé, la mer brifoit d'un bout à l'autre fur un récif qu'on découvroit à mer baffe. On trouve très-peu d'eau à une certaine diftance de ce récif, & j'étois fur fix

braffes

brasses avant de me retirer. La mer en cet endroit paroissoit très-poissonneuse. Nous vîmes plusieurs marsouins poursuivre d'autres poissons ; ils étoient d'un blanc de neige, tachetés de noir, ce qui présentoit un coup-d'œil non moins agréable que rare. La terre avoit ici la même apparence qu'aux environs du Port *Désiré* ; on ne découvroit que des dunes & pas un seul arbre.

Ann. 1764.
Décemb.

Le 20, à la pointe du jour, nous étions à la hauteur du Cap *Beautems*, qui nous restoit vers l'Ouest à la distance de quatre lieues ; & en sondant, nous ne trouvâmes que 13 brasses d'eau, ce qui annonce qu'il est nécessaire de ranger ce Cap à une distance raisonnable. Après l'avoir doublé, nous longeâmes la côte de très-près jusqu'au Cap *des Vierges*. Nous observâmes que cette côte court S. S. E., direction bien différente de celle que lui donne Sir John Narborough. Sur le soir, nous rangeâmes un banc de sable qui s'étend au Sud du cap, & à plus d'une lieue au large. Nous y laissâmes tomber l'ancre ; mais *la Tamar* étoit si loin sous le vent, qu'il lui fût impossible de mouiller, & elle louvoya toute la nuit. Nous vîmes, en prolongeant la côte, des guanaques paître dans les vallées ; & dans toute l'après-midi, on apperçut une fumée considérable sur la rive septentrionale, à quatre ou cinq lieues environ de l'entrée du détroit.

J'appareillai le lendemain, 21, à la pointe du jour ; nous revîmes la même fumée que nous avions déja vue la veille. Je gouvernai sur le lieu d'où elle paroîs-

Tome I. E

soit sortir, & je jettai l'ancre à deux milles du rivage : c'est dans ce même endroit que les gens du *Wager*, en passant le détroit dans leur chaloupe, après la perte de ce vaisseau, virent un certain nombre d'hommes à cheval, qui arborèrent une espèce de pavillon blanc, en les invitant par signes à descendre à terre, ce qu'auroient fort desiré les gens de la chaloupe; mais le vent qui souffloit avec force les obligea de s'éloigner de la côte & de gagner le large. Le Canonnier du *Wager*, dans une relation qu'il a publiée de son voyage, dit qu'à la vue de cette troupe d'hommes, ils doutèrent si c'étoit des Européens qui avoient peut-être fait naufrage sur cette côte, ou des indigènes de la contrée des environs de la rivière *Gallagoes*.

A notre arrivée à l'ancre, j'observai avec ma lunette le même spectacle qu'avoient eu les gens du *Wager*, une troupe d'hommes à cheval, qui arboroient une espèce de pavillon ou de mouchoir blanc, & qui du rivage nous faisoient signe d'aller à terre. Curieux de connoître ce peuple, je fis mettre en mer mon canot à douze rames; je m'y embarquai avec M. Marshall, mon second Lieutenant, & un détachement de Soldats bien armés. Nous nous avançâmes vers le rivage, suivis du canot à six rames, sous les ordres de M. Comming, mon premier Lieutenant. Lorsque nous n'étions plus qu'à une petite distance de la grève, nous vîmes que cette troupe se montoit à environ 500 hommes, dont quelques-uns étoient à pied, & le plus grand nombre à cheval. Ils bordoient une pointe de

Entrevue du Commodore Byron avec les Patagons.

roche qui s'avance dans la mer à une diftance affez confidérable, & continuoient de faire flotter leur pavillon, & de nous inviter, par des geftes & par des cris, à nous rendre auprès d'eux ; mais la defcente n'étoit pas aifée, parce qu'il y avoit peu d'eau & de très-groffes pierres. Je n'apperçus entre leurs mains aucune efpèce d'armes; cependant je leur fis figne de fe retirer en arrière, ce qu'ils firent fur le champ : ils ne ceffoient pas de nous appeller à grand cris ; & bientôt nous prîmes terre, mais non, fans difficulté, la plupart de nos gens eurent de l'eau jufqu'à la ceinture. Defcendus à terre, je fis ranger ma troupe fur le bord du rivage, & j'ordonnai aux Officiers de garder leur pofte jufqu'à ce que je les appellaffe, ou que je leur fiffe figne de marcher.

Ann. 1764. Décemb.

APRÈS avoir fait cette difpofition, j'allai feul vers les Indiens ; mais les voyant fe retirer à mefure que j'approchois, je leur fis figne que l'un d'eux devoit s'avancer. Ce figne fut entendu, & auffitôt un Patagon, que nous primes pour un des chefs, fe détacha pour venir à ma rencontre. Il étoit d'une taille gigantefque, & fembloit réalifer les contes des monftres à forme humaine. La peau d'un animal fauvage, d'une forme approchante des manteaux des montagnards Ecoffais, lui couvroit les épaules : il avoit le corps peint de la maniere du monde la plus hideufe ; l'un de fes yeux étoit entouré d'un cercle noir, l'autre d'un cercle blanc : le refte du vifage étoit bifarrement fillonné par des lignes de diverfes couleurs.

E ij

Je ne le mesurai point, mais si je puis juger de sa hauteur, par comparaison de sa taille à la mienne, elle n'étoit guère au-dessous de sept pieds. A l'instant où ce colosse effrayant me joignit, nous prononçâmes l'un & l'autre quelques paroles en forme de salut; & j'allai avec lui trouver ses compagnons, à qui je fis signe de s'asseoir au moment de les aborder, & tous eurent cette complaisance. Il y avoit parmi eux plusieurs femmes d'une taille proportionnée à celle des hommes, qui étoient presque tous d'une stature égale à celle du chef qui étoit venu au-devant de moi. Le son de plusieurs voix réunies avoit frappé mes oreilles dans l'éloignement; & lorsque j'approchai, je vis un certain nombre de vieillards qui, d'un air grave, chantoient d'un ton si plaintif, que j'imaginai qu'ils célébroient quelque acte de Religion : ils étoient tous peints & vêtus à peu près de la même manière. Les cercles peints autour des yeux varioient pour la couleur; les uns les avoient blancs & rouges, les autres rouges & noirs : leurs dents qui ont la blancheur de l'yvoire sont unies & bien rangées; la plupart étoient nuds, à l'exception d'une peau jettée sur leurs épaules, le poil en dedans : quelques-uns portoient aussi des bottines, ayant à chaque talon une petite cheville de bois qui leur sert d'éperon. Je considérois avec étonnement cette troupe d'hommes extraordinaires, dont le nombre s'accrut encore de plusieurs autres qui arrivèrent au galop, & que je ne réussis qu'avec peine à faire asseoir à côté de leurs compagnons. Je leur distribuai des grains de rassade jaunes & blancs, qu'ils parurent recevoir avec un extrême plaisir. Je leur montrai ensuite une pièce de ruban verd, j'en fis prendre le bout à l'un d'entr'eux ; & je la développai dans toute sa longueur, en la faisant tenir par chacun de ceux qui se trouvoient placés de suite : tous restèrent tranquillement assis. Aucun de ceux qui tenoient ce ruban ne tenta de l'arracher des mains des autres, quoiqu'il parût leur faire plus de plaisir encore que les grains de rassade. Tandis qu'ils tenoient ce ruban tendu, je le coupai par portion à-peu-près égale, de sorte qu'il en resta à chacun la longueur environ d'une verge ; je la leur nouai ensuite autour de la tête, & ils la gardèrent, sans y toucher, aussi longtems que je fus avec eux.

Une conduite si paisible & si docile leur fait en cette occasion d'autant plus d'honneur, que mes présens ne pouvoient s'étendre à tous. Cependant, ni l'impatience de partager ces brillantes bagatelles, ni la curiosité de me considérer de plus près, ne purent les porter à quitter la place que je leur avois assignée.

Il seroit naturel à ceux qui ont lu les Fables de *Gay*, s'il se forment une idée d'un Indien presque nud, qui, paré de colifichets d'Europe, revient trouver ses compagnons dans les bois, de se rappeller *le Singe qui avoit vu le monde;* cependant, avant de mépriser leur penchant pour des morceaux de verre, des grains de collier, des rubans & d'autres bagatelles, dont nous ne faisons aucun cas, nous devrions considérer que les ornemens des sauvages sont au fond les mêmes que ceux des nations civilisées ; & qu'aux yeux de ceux qui vivent presque dans l'état de nature, la différence du verre au diamant est pour ainsi dire nulle; d'où il suit que la valeur que nous attachons au diamant est plus arbitraire que celle que les sauvages mettent au verre.

L'AMOUR de la parure est si général, qu'on seroit tenté de croire que ce penchant est inné dans l'homme; mais la brillante transparence du verre, la forme élégante & régulière des grains de collier, sont du nombre des choses qui, d'après notre organisation, sont les plus propres à exciter en nous des idées agréables; & quoiqu'en cela le diamant l'emporte encore sur le verre, le prix qu'on y attache n'est point du tout en proportion, avec la différence qu'il peut y avoir de l'un à l'autre. Le plaisir que la possession du diamant nous fait éprouver, est bien moins fondé sur l'éclat de ce minéral, que sur une espèce de distinction, flatteuse pour notre vanité; ce qui est absolument indépendant du goût naturel, qu'affectent d'une manière agréable certaines couleurs & certaines formes, auxquelles nous donnons, par cette raison, le nom de beauté. Nous devrions encore faire attention qu'un sauvage est plus distingué par un bouton de verre, ou un grain de collier, qu'on ne peut espérer de l'être au milieu d'une nation policée par un diamant, quoiqu'on ne fasse peut-être pas à sa vanité le même sacrifice; car la propriété de son ornement est bien plus une marque de sa bonne fortune, que de son influence ou de son pouvoir; & les Indiens ne voient point dans un morceau de verre ou de diamant façonné, le figne repréfentatif des autres biens terreftres, mais fimplement un objet de parure, qui ne peut conférer aucune efpèce de fupériorité.

Néanmoins les Indiens, que je venois de décorer, n'étoient pas entiérement étrangers à ces bagatelles brillantes. En les confidérant avec un peu plus d'attention, j'apperçus parmi eux une femme qui avoit des bracelets de cuivre ou d'or pâle, & quelques grains de collier de verre bleu, attachés fur deux longues treffes de cheveux qui lui pendoient fur les épaules; elle avoit une taille énorme, & fon vifage étoit peint d'une maniere plus effroyable encore que le refte du corps. J'étois curieux d'apprendre d'où elle avoit eu ces bracelets & ces grains de raffade; je fis, pour m'en inftruire, tous les fignes dont je pus m'avifer; mais je ne réuffis pas à me faire entendre. Un de ces Patagons me montra le fourneau d'une pipe qui étoit de terre rouge: je compris bientôt que la troupe manquoit de tabac, & qu'il fouhaitoit que je puffe en procurer; je fis un figne à mes gens qui étoient fur la pointe du rivage, rangés dans le même ordre que je les avois laiffés; & auffitôt trois ou quatre d'entr'eux accoururent, dans la perfuafion que j'avois befoin de leur fecours. Les Indiens, qui, comme je l'avois obfervé, avoient prefque toujours eu les yeux fixés fur eux, n'en virent pas plutôt quelques-uns s'avancer, qu'ils fe levèrent tous en pouffant un grand cri, & furent fur le point de quitter la place pour

Ann. 1764.
Décemb.

aller sans doute prendre leurs armes, que vraisemblablement ils avoient laissées à très-peu de distance. Pour prévenir tout accident & dissiper leurs craintes, je courus au-devant de mes gens, &, du plus loin que je pus me faire entendre, je leur criai de retourner, & d'envoyer un d'entr'eux avec tout le tabac qu'on pourroit lui donner. Les Patagons revinrent alors de leur frayeur, & reprirent leur place, à l'exception d'un vieillard qui s'approcha de moi, pour me chanter une longue chanson : je regrettai beaucoup de ne pas l'entendre ; il n'avoit pas encore fini de chanter, que M. Cumming arriva avec le tabac. Je ne pus m'empêcher de sourire de sa surprise ; cet Officier, qui avoit six pieds, se voyoit pour ainsi dire transformé en pigmée à côté de ces géans ; car on doit dire des Patagons qu'ils sont plutôt des géans que des hommes d'une haute taille. Dans le petit nombre des Européens qui ont six pieds de haut, il en est peu qui aient une carrure & une épaisseur de membres proportionnées à leur taille : ils ressemblent à des hommes d'une stature ordinaire, dont le corps se trouveroit tout-à-coup élevé par hasard à cette hauteur extraordinaire : un homme de six pieds deux pouces seulement, qui surpasseroit autant en carrure qu'en grandeur un homme d'une taille commune, robuste & bien proportionné, nous paroîtroit bien plutôt être né de race de géans, qu'un individu anomale par accident. On peut donc aisément s'imaginer l'impression que dut faire sur nous la vue de cinq cents hommes, dont les plus petits étoient au moins de six pieds six pouces, & dont la carrure & la grosseur des membres

membres répondoient parfaitement à cette hauteur gigantefque.

Après leur avoir diftribué le tabac, les principaux d'entr'eux s'approchèrent de moi, & autant que je pus interpréter leurs fignes, ils me prefloient de monter à cheval & de les fuivre à leurs habitations; mais il eût été imprudent de me rendre à leurs inftances: je leur fis figne qu'il étoit néceffaire que je retournaffe au vaiffeau; ces chefs en parurent fâchés, & ils revinrent prendre leur place.

Durant cette conférence muette, un veillard pofoit fouvent fa tête fur des pierres, fermoit les yeux pendant près d'une demi-minute, portoit enfuite la main à fa bouche, & montroit le rivage. Je foupçonnai qu'il vouloit me faire entendre que fi je paffois la nuit avec eux, ils me fourniroient quelques provifions; mais je crus devoir me refufer à ces offres obligeantes.

Lorsque je les quittai, aucun deux ne fe préfenta pour nous fuivre, tous reftèrent tranquillement affis. J'obfervai qu'ils avoient avec eux un grand nombre de chiens dont ils fe fervent, je penfe, pour la chaffe des bêtes fauves, qui font une grande partie de leur fubfiftance; ils ont de très-petits chevaux, & en fort mauvais état, mais très-vîtes à la courfe; les brides font des courroies de cuir avec un petit bâton pour fervir de mors; leurs felles reffemblent beaucoup aux couffinets dont nos payfans fe fervent en Angleterre.

Les femmes montent à cheval comme les hommes & sans étriers, & tous alloient au galop sur la pointe de terre où nous descendîmes, quoiqu'elle fût couverte d'une infinité de grosses pierres glissantes.

CHAPITRE IV.

Entrée dans le Détroit de Magellan. *Navigation jus-qu'au Port* Famine. *Description de ce Havre & de la Côte adjacente.*

Ann. 1764.
Décemb.

En arrivant à bord, je fis servir. Nous entrâmes dans le détroit avec le flot; sa largeur est d'environ neuf lieues, mon dessein n'étoit pas de le traverser, mais d'arriver à un mouillage commode pour y faire de l'eau & du bois : je préférai ce parti à celui de faire une route incertaine pour découvrir les Isles *Falkland*, que je me proposois ensuite de chercher. La marée commençant à nous être contraire, vers les huit heures du soir je laissai tomber l'ancre sur 25 brasses d'eau : le Cap *de Possession* nous restoit au N. N. E., à environ trois milles de distance ; & quelques mondrains remarquables sur la côte Septentrionale, que Bulkeley, d'après l'apparence qu'ils présentent, a nommé les *Oreilles d'Ane*, à l'O. $\frac{1}{4}$ rumb au N.

Nous levâmes l'ancre avec un vent d'Est, le 22 à trois heures du matin, & nous gouvernâmes au S. O. $\frac{1}{4}$ O., l'espace d'environ douze milles. Dans cette route nous passâmes sur un banc, dont jusqu'à présent on n'a pas encore pris connoissance; la sonde ne rapporta une fois que 6 brasses & demie d'eau, & bien-

F ij

tôt après elle en marqua 13. A l'endroit où le fond s'étoit élevé, nous avions les *Oreilles d'Ane* au N. O. ¼ O. ½ rumb à l'O., à trois lieues ; & la pointe septentrionale du premier goulet à l'O. ¼ S. O., dans un éloignement de cinq à six milles ; nous portâmes alors au S. O. ¼ S., l'espace de six milles, vers l'entrée du premier goulet, & ensuite au S. S. O. six autres milles ; nous donnâmes ainsi dans le premier goulet avec la marée montante, qui en rendoit le passage très-rapide. Durant cette course, nous ne vîmes, sur la rive méridionale du détroit, qu'un seul Indien : il ne cessa de nous faire des signes tant que nous fûmes à portée d'en être découverts. Nous apperçûmes quelques guanaques sur les collines, quoique Wood, dans la relation de son voyage, prétende qu'on n'en trouve point sur la *Terre de Feu*. Au sortir du premier goulet, le canal s'élargit considérablement ; & nous ne découvrîmes l'entrée du second qu'après avoir couru deux lieues. La distance du premier goulet au second est d'environ huit lieues, & la route est S. O. ¼ O. La côte septentrionale s'éleve à une grande hauteur dans le second goulet, dont la longueur est de cinq lieues. Dans ce passage, nous gouvernâmes S. O. ½ rumb à l'O. ; & les fondes nous rapportèrent de 20 à 25 brasses. Nous parvînmes à l'extrémité occidentale du second goulet vers midi, & nous fîmes près de trois lieues le cap au Sud, pour gagner l'isle *Sainte-Elizabeth* ; mais le vent nous étant devenu contraire, nous laissâmes tomber l'ancre sur 7 brasses d'eau, à un mille environ de cette Isle qui nous restoit au S. S. E., & l'isle *Saint-Barthélemy* à l'E. S. E.

Le soir, six Indiens, de l'isle *Sainte-Elizabeth*, descendirent sur le rivage, & nous firent des signes en nous appellant à grands cris ; mais les Matelots avoient besoin de repos , & je ne voulus point les employer à mettre un canot dehors : les sauvages voyant leurs peines inutiles s'en retournèrent.

Ann. 1764. Décemb.

Je dois faire observer que, lorsque nous fîmes voile du Cap de *Possession* au premier goulet, le flot portoit au Sud ; mais aussitôt que nous fûmes entrés dans le goulet, il porta avec force sur la rive septentrionale. Dans les *Syzygies*, le flot commence ici vers les dix heures. Entre le premier & le second goulet, le flot porte au S. O., & le jusant au N. E. Mais après avoir passé le second goulet, la route, si le vent est favorable, est S. $\frac{1}{4}$ S. E., l'espace de trois lieues. Entre les isles *Sainte-Elizabeth* & *Saint-Barthélemy*, où le canal a un demi-mille de largeur & où l'eau est très-profonde, le flot court impétueusement au Sud ; mais autour des Isles , on voit varier les directions de la marée.

Le 23, nous levâmes l'ancre avec un vent de S. O., & nous gouvernâmes entre les isles *Sainte-Elizabeth* & *Saint-Barthélemy* ; avant la fin du flot, nous parvinmes à ranger la côte septentrionale, & nous mouillâmes sur 10 brasses. L'isle *Saint-George* nous restoit alors au N. E. $\frac{1}{4}$ N., à la distance de trois lieues ; une pointe de terre que j'ai nommée *Porpois-Point*, au N. $\frac{1}{4}$ N. O., & à près de cinq lieues. Dans l'après-midi , nous levâmes l'ancre & nous gouvernâmes S. $\frac{1}{4}$ S. E. l'espace d'environ cinq milles, en prolongeant la côte septentrionale ; à près d'un mille de distance, les sondes régulières nous donnèrent de 7 à 13 brasses, & par-tout un bon fond. A dix heures du soir, nous laissâmes tomber l'ancre par 13 brasses : la pointe *Sandy* » sablonneuse « nous restoit au S. ¼ S. E. à la distance de quatre milles ; la pointe *Porpois* à O. N. O. & à trois lieues, & l'isle *Saint-George* au N. E., à quatre lieues de distance. Tout le long de cette côte, le flot porte au Sud : dans les *Syzygies* la marée commence à monter vers les onze heures, & l'eau s'élève à quinze pieds environ.

Le lendemain 24, je m'embarquai dans mon canot pour tâcher de reconnoître la baie *d'Eau-Douce*. J'avois avec moi mon Lieutenant, nous descendîmes sur la pointe *Sandy* ; J'ordonnai aux Matelots de prolonger la côte avec le canot, que nous suivîmes des yeux en nous promenant. Toute cette pointe est couverte de bois ; nous y trouvâmes des sources d'eau douce, & les arbres & la verdure y offrent un coup-d'œil très-agréable, dans une étendue de quatre ou cinq milles. Au-dessus de la pointe, la contrée présente une plaine unie dont le sol est en apparence fertile ; la terre y étoit couverte de fleurs qui répandoient dans l'air un parfum délicieux. On distinguoit une prodigieuse quantité de graines d'espèces différentes, dans les endroits où les fleurs étoient tombées, & nous y vîmes des pois dont les tiges étoient fleuries. Au milieu de cette riante prairie, émaillée d'une infinité de fleurs, paroissoient plusieurs centaines d'oiseaux, auxquels nous donnâmes le nom d'oies peintes, à cause de leur plumage nuancé des plus brillantes couleurs. Nous fîmes près de douze milles sur les bords de cette belle contrée coupée par plusieurs ruisseaux, dont l'eau étoit douce & transparente ; mais nous ne découvrîmes point la baie qui faisoit l'objet de nos recherches ; car dans toute notre promenade depuis la pointe *Sandy*, nous ne vîmes aucun endroit du rivage où un canot pût aborder, sans courir le plus grand hasard ; l'eau y étoit par-tout très-basse, & la mer y brisoit avec force. Nous trouvâmes un grand nombre de cabanes qui paroissoient récemment abandonnées, car en quelques-unes, les feux qu'avoient allumés les sauvages, étoient à peine éteints ; elles étoient toutes dans le voisinage de quelques ruisseaux ou de quelques sources. En plusieurs endroits, on voit croître du céleri sauvage en abondance & une variété de plantes, qui probablement seroient d'un grand secours à des Marins après un long voyage. Dans la soirée, nous revinmes sur nos pas jusqu'à la pointe *Sandy*, où nous trouvâmes nos vaisseaux à l'ancre dans la baie, & à la distance d'environ un demi-mille du rivage. L'air vif qu'on y respire, donnoit à nos gens un si violent appétit, qu'ils auroient mangé trois fois leur ration en un jour. Je fus fort aise d'en trouver quelques-uns occupés à jetter la seine, & d'autres sur le rivage avec leurs fusils. A mon arrivée, j'eus le plaisir de voir prendre dans la seine soixante gros surmulets ; & les chasseurs firent une excellente chasse ; cet endroit abonde en oies, sarcelles, becassines & beaucoup d'autres oiseaux d'un très-bon goût.

Le 25, jour de Noël, après deux obfervations de la hauteur du foleil, nous trouvâmes que la pointe *Sandy* étoit fituée au 53ᵈ 10′ de latitude S. A huit heures du matin, nous levâmes l'ancre, & ayant couru cinq lieues dans la direction du S. ¼ S. E. ½ rumb à l'Eft, nous laifsâmes tomber l'ancre par 32 braffes, environ à un mille du rivage : la pointe méridionale de la baie d'*Eau-Douce* nous reftoit alors N. N. O. à la diftance d'environ quatre milles ; & la terre la plus méridionale au S. E. ¼ S. En cottoyant le rivage, nous ne trouvâmes point de fond avec une ligne de 60 braffes, à deux milles environ de la côte ; mais à la diftance d'un mille, nous eûmes depuis 20 jufqu'à 30 braffes. Dans les *Syzygies*, à la hauteur de la baie d'*Eau-Douce*, le flot commença à midi ; le courant eft peu rapide, mais les eaux montent beaucoup.

Le 26, à huit heures du matin, nous levâmes l'ancre avec un vent E. N. E., & nous gouvernâmes au S. S. E. pour arriver au Port *Famine*. A midi, la pointe *Sainte-Anne*, qui eft la pointe la plus feptentrionale de ce Port, nous reftoit S. ¼ S. E. ½ rumb à l'Eft, à la diftance de trois lieues. En prolongeant cette côte à deux ou trois milles de diftance, nous eûmes une mer très-profonde, jufqu'à un mille près du rivage où la fonde nous donna 25 ou 30 braffes. De la pointe *Sainte-Anne* part une chaîne de rochers qui s'étend dans le S. E. ¼ E. l'efpace d'environ deux milles ; & à la diftance de deux encablures de ce récif, on paffe fubitement de 65 braffes à 35 & à 20. La pointe *Sainte-Anne* eft très-efcarpée ; la fonde ne trouve point

de

de fond, que lorſqu'on en eſt très-près. Il convient d'uſer d'une grande circonſpection en s'approchant du Port *Famine*, ſur-tout ſi l'on s'avance vers le Sud juſqu'à la hauteur de la rivière de *Sedger*; parce que le fond s'élève ſubitement de 30 braſſes à 20, à 15 & juſqu'à 12 : & environ à deux encablures plus loin, quoiqu'à plus d'un mille du rivage, on n'a guère que neuf pieds d'eau à mer baſſe. Si en prolongeant la pointe *Sainte-Anne* on la ſerre de près, on trouve d'abord un fond ſuffiſant ; mais comme il s'élève ſubitement, il ſeroit dangereux, lorſqu'on n'a plus que 7 braſſes, de s'en approcher davantage. Le détroit n'a pas ici plus de quatre lieues de largeur.

Ann. 1764.
Décemb.

Le lendemain, 27, à midi, n'ayant eu que très-peu de vent & des calmes, nous vînmes jetter l'ancre dans la baie *Famine*, près du rivage, où nous nous trouvâmes dans une ſituation très-favorable & très-conforme à nos beſoins. Nous étions à l'abri de tous les vents, à l'exception de celui de S. E. qui ſouffle rarement, & ſi un vaiſſeau venoit à chaſſer en côte dans l'intérieur de la baie, il ne recevroit aucun dommage, parce qu'il y règne un fond doux. Il flotte le long des côtes une quantité de bois aſſez conſidérable pour en charger aiſément mille vaiſſeaux ; de ſorte que nous n'étions point dans le cas d'en aller couper dans la forêt.

L'eau de la *Sedger*, qui ſe décharge dans la baie, eſt excellente ; mais les bâtimens à rames ne peuvent guère la remonter que deux heures après le commen-

Tome I. G

cement du flot ; parce qu'à marée baſſe, on trouve très-peu d'eau dans une étendue d'environ ¾ de mille. Je remontai cette rivière dans mon canot juſqu'à quatre milles au-deſſus de ſon embouchure ; mais les arbres que la violence des vents y fait tomber, ne me permirent pas de paſſer plus haut : il ne ſeroit pas ſeulement difficile, mais encore très-dangereux de le tenter. Le flot occaſionne dans cette rivière un courant très-rapide, & pluſieurs troncs d'arbres reſtent cachés ſous l'eau. Mon canot ayant donné dans un de ces troncs, fut percé du coup qu'il reçut, & en un inſtant il ſe remplit d'eau : nous nous hâtâmes de gagner le rivage, où nous eûmes bien de la peine à l'échouer ; là nous réuſsîmes à boucher ſa voie d'eau ſuffiſamment pour le mettre en état de regagner l'embouchure de la rivière, où il fut réparé par le Charpentier.

Les bords de la *Sedger* ſont plantés de grands & ſuperbes arbres : je ne penſe pas qu'on en puiſſe jamais voir d'une plus belle élévation ; & il eſt certain qu'ils ſeroient très-propres à fournir nos plus gros vaiſſeaux d'excellens mâts. Dans le nombre de ces arbres, il y en a qui ont plus de huit pieds de diamètre, ce qui fait en proportion plus de vingt-quatre pieds de circonférence : de manière que quatre hommes en ſe joignant les mains ne pourroient pas les embraſſer. Le poivrier & l'écorce de Winter ſont ici très-communs. Ces beaux arbres, malgré la rigueur du climat, ſont encore embellis par la préſence d'une foule innombrable de perroquets & d'autres oiſeaux d'un magnifique plumage. Il n'y avoit point de jour que je ne tuaſſe plus d'oies & de canards qu'il n'en falloit pour ſervir ma table. Chacun à bord pouvoit en faire de même : nous avions de toutes les eſpèces de poiſſons en abondance ; & l'on en prenoit journellement au-delà de ce qu'il étoit néceſſaire pour nourrir les deux équipages.

ANN. 1764.
Décemb.

PENDANT notre ſéjour dans le Port *Famine*, étant preſque toujours à terre, j'ai ſouvent ſuivi les traces que les bêtes féroces avoient laiſſées ſur le ſable ; mais il ne m'eſt jamais arrivé d'en appercevoir : j'ai trouvé auſſi pluſieurs cabanes, & pas un ſeul Indien. Le pays entre ce Port & le Cap *Forward*, qui en eſt éloigné d'environ quatre lieues, eſt on ne peut pas plus agréable. La terre ſemble propre à produire toutes les plantes utiles ; elle eſt arroſée par trois belles rivières & pluſieurs ruiſſeaux.

JE vins un jour attérir au Cap *Forward* : j'avois d'abord eu deſſein d'aller plus loin ; mais le tems devint ſi mauvais & la pluie ſi violente, que nous nous tînmes très-heureux d'avoir gagné ce Cap, où nous fîmes un grand feu pour ſécher nos habits, qui étoient trempés. Les Indiens étoient partis ſi récemment de l'endroit où nous nous arrêtâmes, que le bois, qu'ils avoient laiſſé à demi-brûlé, où ils avoient fait leur feu, étoit encore chaud. Nous avions à peine allumé notre feu, que nous en vîmes briller un autre ſur la rive oppoſée de la *Terre de Feu*. C'étoit probablement un ſignal que nous aurions dû entendre ſi nous euſſions été Américains. Après avoir ſéché nos habits & pris

G ij

quelques rafraîchissemens, je traversai le Cap, pour reconnoître la direction du détroit, & je trouvai qu'elle étoit à-peu-près O. N. O. Les montagnes me parurent dans l'éloignement d'une hauteur immense, taillées à pic, & couvertes de neige, depuis leur sommet jusqu'à leur base.

Je fis aussi quelques incursions le long de la côte du Nord ; & pendant plusieurs milles le pays se présentoit sous un aspect bien propre à intéresser la curiosité d'un Voyageur : la terre, en quelques endroits, étoit couverte de fleurs, qui n'étoient inférieures à celles qu'on cultive communément dans nos jardins, ni par la variété & l'éclat de leurs couleurs, ni par le parfum qu'elles exhaloient. Je ne puis m'empêcher de croire que, sans l'extrême rigueur des hivers, ce pays deviendroit, par la culture, une des plus belles contrées du monde. Lorsque nous vînmes mouiller dans cette baie, j'avois fait dresser à l'entrée d'un bois une petite tente sur le bord d'un ruisseau où trois lavandiers étoient occupés. Ils s'endormirent sur les bords de ce ruisseau ; mais bientôt après le coucher du soleil, ils furent réveillés en sursaut par les rugissemens de quelques bêtes féroces, dont les ténèbres de la nuit & l'espèce d'abandon où ils se trouvoient dans ce lieu solitaire augmentoient encore l'horreur à leur imagination effrayée. Ces hurlemens, qui devenoient à chaque instant plus aigus, annonçoient que les bêtes approchoient de plus en plus, & que, quelle qu'en fût l'espèce, elles devoient être d'une taille & d'une force bien capables d'infpirer la terreur. Ils fe levèrent tout tremblans, allumèrent un grand feu, qu'ils eurent foin d'entretenir. Cet expédient empêcha les terribles animaux de pénétrer jufqu'à la tente; mais ils rodèrent tout autour tant que la nuit fut longue, & continuèrent de rugir d'une manière horrible jufqu'au point du jour qu'ils difparurent à la grande fatisfaction de nos pauvres matelots tranfis de peur.

Ann. 1764.
Décemb.

Dans ce Port, non loin de l'endroit où le *Dauphin* étoit à l'ancre, il y a une montagne dont les bois ont été coupés; & nous crûmes que c'étoit dans ces environs que les Efpagnols avoient autrefois un établiffement (*a*). Quelqu'un de l'équipage, en paffant fur cette montagne, s'apperçut que la terre réfonnoit fous fes pieds, comme fi en cet endroit il y eût eu un fouterrein: il repaffa à différentes fois, & trouvant que l'effet étoit toujours le même; il foupçonna qu'il pourroit y avoir là quelque chofe d'enterré. A fon retour à bord, il m'informa de ce qu'il venoit d'obferver. Je me rendis fur le lieu, avec quelques gens de l'équipage, munis de béches & de pioches. Je fis ouvrir la terre à une profondeur confidérable; mais nous ne trouvâmes rien, & il ne parut pas qu'il y eût jamais eu ni voûte ni fouterrein, ni même qu'on y eût encore fouillé la terre. Comme nous retournions à travers les bois, nous trouvâmes deux crânes d'une prodigieufe groffeur, qui, à l'infpection des dents, paroiffoient être

(*a*) Voyez la Relation de cet établiffement dans le Voyage du Capitaine Wallis, Chap. III.

de quelques bêtes de proie, mais nous ne pûmes en deviner l'espèce.

Rien ne nous retenant plus dans le Port *Famine*, où nous avions séjourné jusqu'au 4 Janvier, & fait très-commodément le bois & l'eau pour les deux vaisseaux, seul objet qui nous avoit fait entrer dans le détroit, je me déterminai à rentrer dans l'Océan pour reconnoître les isles *Falkland*.

CARTE
DE MAIDENLAND OU DE LA
VIRGINIE DE HAWKINS,
Découverte par Sir Richard
Hawkins en 1574.
ET DU CANAL FALKLAND
ainsi appellé par le Cap.ne Jean Strong
qui le traversa en 1689.
sur le FAREWELL Vaisseau de Londres.

CHAPITRE V.

Navigation depuis le Port Famine jusqu'aux Isles Falkland. Description de ces Isles.

Nous appareillâmes à quatre heures du matin du 5 Janvier; & nous fortîmes de la baie avec un vent de N. N. E., qui nous étoit contraire : ce vent continua à souffler jusqu'à une heure après minuit, qu'il passa à l'E. S. O. & fraîchit considérablement. Nous gouvernâmes N. O. ¼ N. l'espace de quatre lieues, & fîmes ensuite trois lieues au Nord, entre les Isles *Sainte-Elizabeth* & *Saint-Barthelemi* : alors nous portâmes le Cap au N. ¼ N. E., trois lieues jusqu'au second goulet, que nous passâmes en gouvernant N. E. ½ rhumb E., & nous suivîmes cette même direction depuis le second goulet jusqu'au premier, distance d'environ huit lieues. Le vent se maintenant toujours très-frais, nous donnâmes dans le premier goulet en refoulant la marée dans la direction N. N. E. Mais sur les dix heures du soir, le vent calma, & alors la rapidité du flot nous fit culer jusqu'à l'entrée du premier goulet, où nous laissâmes tomber l'ancre par 40 brasses d'eau, à deux encablures du rivage. Dans les *Syzygies*, le flot commence ici à deux heures, & sa vîtesse peut être estimée de six nœuds par heure.

ANN. 1765.
Janvier.

ANN. 1765.
Janvier.

Le jour suivant, 6, à une heure du matin, nous levâmes l'ancre avec une légère brise de la partie du Nord; & en trois heures nous passâmes une seconde fois le premier goulet. Après avoir heureusement franchi les deux goulets, & me trouvant épuisé de fatigues, n'ayant point quitté le pont de toute la nuit & le jour précédent, je rentrai dans ma chambre pour y prendre quelque repos, mais je n'en jouis pas long-tems. En moins d'une heure je fus éveillé par le talonnement du vaisseau sur un banc. A l'instant je sautai de mon lit, & courus sur le pont. Je fus bientôt convaincu que le vaisseau avoit donné sur un banc fort dur. Heureusement pour nous, dans ce moment le tems étoit absolument calme. Je fis mettre les canots dehors pour porter une ancre en arrière, où il y avoit plus d'eau : l'ancre prit fond ; mais avant d'avoir le tems de virer dessus, le vaisseau, porté par le flot, vint à l'appel de l'ancre. C'étoit encore une circonstance avantageuse que nous eussions touché à marée basse. Il n'y avoit pas quinze pieds d'eau où nous touchions, & à une très-petite distance de l'arrière, il s'en trouvoit 6 brasses. Le Maître me dit que la dernière sonde, avant de toucher, lui avoit rapporté 13 brasses ; de sorte que le fond s'étoit tout d'un coup élevé de près de soixante-trois pieds.

Ce banc, dont aucun des Navigateurs qui ont passé le détroit n'a fait mention, est d'autant plus dangereux, qu'il se trouve sur la route entre le Cap *des Vierges* & le premier goulet, précisément à une égale distance des côtes septentrionale & méridionale. Il a
plus

plus de deux lieues d'étendue fur une largeur presque égale. Lorsque nous étions sur ce banc, le Cap de *Possession* nous restoit au N. E., à la distance de trois lieues, & l'embouchure du détroit à celle de deux lieues au S. O. Plusieurs endroits de ce banc se découvrent à marée basse, & la mer brise sur quantité d'autres qui semblent à fleur d'eau. Un vaisseau qui toucheroit sur cet écueil par un coup de vent, feroit infailliblement naufrage.

Vers les six heures du matin, nous mouillâmes sur 15 brasses d'eau, le banc nous restant au N. N. O., un ½ rhumb O., à la distance d'environ un demi mille. A midi, nous levâmes l'ancre, avec une légère brise du N. E. & fîmes voile, aidés du jusant jusqu'à deux heures. Mais trouvant très-peu de fond, nous laissâmes tomber l'ancre sur 6¼ brasses, & à un demi mille du méridional de l'écueil. Les *Oreilles-d'Ane*, nous restoient alors au N. O. ¼ O., à la distance de quatre lieues ; & la pointe septentrionale de l'entrée du premier goulet O. S. O. & a environ trois lieues. Nous nous trouvions alors au-delà de l'ouverture du goulet ; & nos chaloupes, envoyées pour sonder, découvrirent un chenal entre le banc & le rivage méridional du détroit. Cependant la *Tamar*, qui faisoit tous ses efforts pour se mettre dans nos eaux, étoit prête à s'affaler sur la côte, n'ayant eu une fois que trois brasses ; mais bientôt après elle vint mouiller dans le chenal, entre le banc & le rivage septentrional.

Le lendemain, 7, sur les huit heures, nous mîmes à la voile avec un léger vent d'O. S. O., & nous gouvernâmes l'espace d'un demi-mille S. ¼ S. E. : mais ayant passé à 13 brasses d'eau, nous portâmes le Cap entre E. & E. N. E., en prolongeant le bord méridional du banc & à la distance d'environ sept milles de la côte méridionale ; nos canots étoient en avant pour sonder. Les fondes étoient très-irrégulières & varioient continuellement entre 9 & 15 brasses ; & comme nous serrâmes d'un peu plus près la bâture, nous n'eûmes bientôt plus que 7 brasses. Les canots passèrent sur un banc où ils ne trouvèrent que 6½ brasses, la marée étant alors basse ; mais en-deçà du banc ils eurent 13 brasses. A midi, nous étions à l'Est du banc, & comme nous nous rapprochions de la côte septentrionale, notre fond augmenta bientôt jusqu'à 20 brasses. Alors le Cap de *Possession* nous restoit au N. N. O., & à la distance d'environ quatre à cinq lieues ; les *Oreilles-d'Ane* O. N. O. à six lieues ; & le Cap des *Vierges* au N. E. un demi rhumb à l'Est, environ sept lieues de distance. De ce point, nous gouvernâmes au N. E. ¼ E., pour éviter la pointe méridionale d'une bâture qui s'étend au Sud du Cap des *Vierges*, & nous n'eûmes point de fond avec une ligne de 25 brasses. A quatre heures après midi, le Cap des *Vierges* nous restoit au N. E. & la pointe septentrionale de la bâture au N. E. ¼ E., à la distance de trois lieues. A huit heures du matin du 8, le Cap nous restoit au N. ¼ N. O., à la distance de deux lieues. Nous étions par les 51ᵈ 50′ de latitude S., & nos fondes étoient de 11 & de 12 brasses. Nous mîmes alors en travers pour attendre la *Tamar* qui avoit suivi la direction du chenal, & se trouvoit à quelques lieues derrière nous. Tandis que nous attendions son arrivée, l'Officier de quart vint me dire que notre grand mât étoit fendu par le haut. J'y montai sur le champ pour voir par moi-même ce qui étoit arrivé, je le trouvai fendu dans une longueur confidérable; mais je ne pus découvrir exactement jusqu'où alloit cette fente, à cause des jumelles. Nous soupçonnâmes qu'un violent coup de vent, que nous avions essuyé quelques jours auparavant, avoit occasionné ce dommage; mais comme il étoit d'une plus grande importance de le réparer, que d'en connoître au juste la cause, nous le fortifiâmes d'une jumelle, & les roftures que nous y fîmes nous donnèrent lieu d'espérer qu'il feroit le même service, que s'il n'eût pas été endommagé. Le Cap des *Vierges* nous restoit alors au S. 62 ^{d} O., dans un éloignement de vingt-deux lieues; notre latitude étoit à 51 ^{d} 50' S.; & la longitude à 69 ^{d} 56' O. la déclinaison de l'aiguille de 20 ^{d} E.

Le 9, ayant fait voile au S. 67 ^{d} E., nous nous trouvâmes par les 52 ^{d} 8' de latitude S., & 68 ^{d} 31' de longitude O.; le Cap des *Vierges* nous restant au S. 83 ^{d} O., à la distance de trente-trois lieues.

Le 10, après avoir eu très-peu de vent entre le Nord & l'Est pendant les dernières vingt-quatre heures, & un ciel très-embrumé, nous gouvernâmes au N. 18 ^{d} O.; l'espace de vingt-neuf milles. Notre latitude étoit de 51 ^{d} 31' Sud, la longitude de 68 ^{d} 44' O.; la variation de la boussole de 20 ^{d} à l'Est, & le Cap des *Vierges* nous restoit au S. 60 ^{d} à l'O. éloigné de trente-trois lieues.

LE 11, nous eûmes des vents très-frais de la partie du S. O., & une mer très-groſſe. Nous, portâmes au N. 87 ᵈ à l'Eſt l'eſpace de dix-neuf milles. Notre latitude S. fut de 51 ᵈ 24′, la longitude de 66 ᵈ 10′ O. ; le Cap des *Vierges* nous reſta au S. 73 ᵈ 8′ O., à la diſtance de ſoixante-cinq lieues, & le Cap *Fair-Wheater* (*Beautems*) à l'O. 2 ᵈ S., à ſoixante-dix lieues de diſtance; la déclinaiſon de l'aiguille ſe trouva alors de 19 ᵈ à l'Eſt. Sur les ſept heures du ſoir, je crus appercevoir la terre de l'avant à nous, la *Tamar* étant à quelques lieues derrière nous, je revirai de bord & m'éloignai à petites voiles.

LE lendemain 12, à la pointe du jour, je remis le Cap en route, le vent ayant paſſé dans la nuit au N. O. ; & vers les quatre heures, je revis la terre de l'avant à nous ; elle préſentoit l'apparence de trois Iſles. J'imaginai que c'étoit celles qu'avoit découvertes Sebald de Wert ; mais en approchant, je trouvai que les terres, qui nous avoient paru ſéparées, étoient unies enſemble par une terre plus baſſe dont la courbure formoit une profonde baie. Dès que j'eus fait cette découverte, je revirai de bord, & gouvernai ſur la terre ; je la vis en même-tems s'étendre au loin dans le Sud : je ne doutai plus que ce ne fût la même que celle qui eſt marquée dans les Cartes ſous le nom de *Nouvelles-Iſles* (*New-Iſlands*). En gouvernant ſur cette baie, je découvris une longue chaîne de rochers preſqu'à fleur d'eau, qui s'étendoit à plus d'une lieue au Nord de nous, & bientôt une autre qui ſe prolongeoit entre celle-ci, & ce que j'avois d'abord pris pour la terre la plus feptentrionale des ifles de *Wert*. Cette terre, fi l'on en excepte la partie baffe qu'on ne découvre que lorfqu'on eft dans fon voifinage, eft compofée de rochers efcarpés, dont les cimes pelées s'élevent à une prodigieufe hauteur, ce qui lui donne beaucoup de reffemblance avec la *Terre des Etats*. Quand j'en fus affez près pour avoir une vue bien nette de la terre baffe, je me trouvai engagé dans une baie, & fi un vent de S. O. eût foufflé avec quelque violence, la mer y feroit devenue fi houleufe, qu'il eût été impoffible de s'approcher du rivage. Tous les vaiffeaux qui dans la fuite navigueront dans ces parages, doivent bien prendre garde de donner dans cette baie. Les loups marins & les oifeaux y font innombrables; nous vîmes auffi plufieurs baleines nager autour de nous, il y en avoit plufieurs d'une grandeur énorme. Nous étions par la latitude de 51^d 27′ S.; & la longitude de 63^d 54′ O.; la déclinaifon de la bouffole étoit de 23^d 30′ vers l'Eft. Nous pafsâmes la nuit en panne.

Ann. 1765. Janvier.

Le lendemain, 13, à la pointe du jour, nous vinmes attaquer la partie feptentrionale de l'Ifle par la côte qui forme la baie où nous avions été engagés. Après avoir fait environ quatre milles à l'Eft, le calme furvint, & la pluie tomba avec une extrême violence: quelques inftans après, il s'éleva des lames telles que je n'en avois jamais vues; elles venoient de l'Oueft, & couroient en s'élevant avec une fi grande viteffe, qu'à chaque moment je m'attendois à de violents coups de mer; elles nous portèrent rapidement fur le rivage & nous mirent dans une fituation critique: heureufement

ANN. 1765.
Janvier.

pour nous, un vent frais du S. E. vint à notre secours, pour nous aider à nous élever de la côte. Lorsque nous en fûmes à quelque distance, le ciel étant chargé d'épais nuages & la pluie continuant avec la même force, nous mîmes en travers. Nous nous trouvions alors par les 51^d de latitude S., & 63^d 22' de longitude O.

LE lundi 14, le tems s'éant éclairci & le vent ayant passé au S. S. O., nous gouvernâmes au S. E. ¼ E., & fîmes quatre milles en cotoyant le rivage; nous découvrîmes une petite Isle basse & unie, couverte de hautes touffes d'herbes qui avoient l'apparence de buissons; elle nous restoit au Sud, distante de deux ou trois lieues; & la terre la plus septentrionale à l'Ouest, à la distance d'environ six lieues. Nous avions ici 38 brasses d'eau, fond de roche; nous prolongeâmes encore la côte six lieues plus loin; alors nous apperçûmes une Isle basse, pierreuse dans le S. E. ¼ E., distante d'environ cinq milles : je fis mettre en panne, & la sonde nous donna 40 brasses d'eau, fond de sable blanc; cette Isle, éloignée d'environ trois lieues de la terre que nous prolongions & qui en cet endroit forme une baie très-profonde, est à l'E. ¼ N. E. de l'autre Isle sur laquelle nous avions vu ces longues touffes d'herbes. La mer brisoit à une grande distance du rivage; & nous passâmes la nuit à louvoyer. Le lendemain matin 15, à trois heures, nous fîmes de la voile, & nous gouvernâmes sur la terre pour reconnoître la baie. A six heures, la pointe orientale de l'Isle pierreuse nous restoit à l'O. S. O., éloignée d'environ trois milles. Nous eûmes alors 16 brasses d'eau, fond de roche ; mais arrivés à la hauteur de cette isle nous en eûmes 20 brasses, fond d'un beau sable blanc. La côte depuis cette isle gît E. ¼ S. E. dans un éloignement d'environ sept ou huit lieues, où sont deux Isles basses qui forment la terre la plus orientale qu'on apperçoive. A huit heures, nous vîmes une ouverture qui avoit l'apparence d'une baie, dans l'E. S. E. à la distance de deux ou trois lieues. D'après cette découverte, nous mîmes en travers & nous envoyâmes un canot de chaque vaisseau pour reconnoître cette enfoncement ; mais le vent ayant fraîchi, le ciel enbrumé & une très-forte pluie nous obligèrent de mettre le cap au large ; & ce ne fut qu'avec une extrême difficulté que nous réussîmes à éviter les deux isles basses que nous avions à l'Est. La mer étoit très-houleuse, & j'avois les plus vives appréhensions que cette tempête ne nous devînt funeste, ainsi qu'à nos canots qui se trouvoient à la merci des vagues. Cependant, sur les trois heures après-midi, le ciel s'éclaircit ; je revirai de bord vent devant, & je gouvernai de rechef sur l'ouverture dont nous nous étions forcément éloignés. Bientôt j'apperçus un des bateaux, quoiqu'il fût à une très-grande distance & sous le vent à nous. Je dérivai immédiatement vers lui ; c'étoit le canot de la *Tamar*, commandé par M. Grudman, second Lieutenant, qui, après avoir reconnu l'ouverture & y avoir pris terre, s'étoit exposé au mauvais tems & à l'impétuosité des lames, pour venir m'informer que cette ouverture étoit une baie très-commode. Aussitôt nous portâmes le cap sur cette baie, & nous trouvâmes qu'elle surpassoit ce qu'il nous en avoit dit & même nos espérances ; l'entrée n'a pas moins d'un mille de largeur ; partout l'ancrage y est sûr, & l'on a près du rivage depuis 10 jusqu'à 7 brasses d'eau. Cette baie en renferme deux plus petites à bas-bord, où les vaisseaux peuvent mouiller dans une parfaite sécurité : chacune de ces baies est embellie par un ruisseau qui vient s'y rendre, & dont les eaux sont très-fraîches. Bientôt après nous entrâmes dans une baie d'une plus grande étendue, que nous nommâmes Port *Egmont*, en honneur du Comte d'Egmont, alors premier Lord de l'Amirauté. Je ne pense pas qu'on puisse voir dans le monde un plus beau port : l'entrée est au S. E., distante de sept lieues de l'Isle basse pierreuse, qui peut servir de reconnoissance à ce port. En-dedans de l'Isle, à la distance de près de deux milles de la côte, on trouve entre 17 & 18 brasses d'eau, & environ à trois lieues à l'Ouest de la baie, il y a une pointe de terre remarquable par le sable blanc dont elle est couverte ; un vaisseau peut se tenir à l'ancre vis-à-vis de cette pointe, en attendant le moment favorable d'entrer dans la baie. En s'approchant de cette pointe sablonneuse, les deux Isles basses où le roc se montre à nud, & qu'il nous fut si difficile d'éviter quand la tempête nous obligea de gagner le large, paroissent à l'Est : le Port *Egmont* est éloigné de près de seize lieues de la pointe septentrionale de ces deux Isles.

Nous mouillâmes par 10 brasses d'eau, avec un excellent fond. La pointe la plus septentrionale du rivage occidental étoit éloignée de $2\frac{1}{2}$ milles, l'aiguade

sur

sur ce rivage nous restoit à l'O. N. O. ½ rhumb à l'O., à la distance d'un demi-mille ; & les Isles, qui sont sur le rivage oriental, à l'E. ¼ S. E., distantes de quatre milles.

AUSSITÔT que nous fûmes à l'ancre, l'autre canot qui étoit resté sur le rivage, lorsque M. Hindman en étoit parti, revint à bord. Tous les vaisseaux d'Angleterre pourroient être mouillés dans cette baie à l'abri de tous les vents ; dans sa partie la plus septentrionale il y a plusieurs Isles, mais il ne s'y trouve point de passage pour un vaisseau. J'allai néanmoins les reconnoître avec mon canot, jusqu'à sept lieues de l'ancrage du vaisseau ; & j'entrai dans un large passage, mais trop exposé aux vents d'Ouest pour qu'on puisse y mouiller avec sûreté. Le maître de la *Tamar* qui en avoit fait le tour en canot, me rapporta que ce passage étoit parsemé d'écueils ; & que, dans la supposition qu'on pût y mouiller à l'abri de tous les vents, il y auroit beaucoup d'imprudence à s'y exposer. Nombre de ruisseaux qui se déchargent dans cette baie, en rendent l'aiguade facile dans toutes les parties. Les oies, les canards, les sarcelles & d'autres oiseaux s'y trouvent en si grande quantité que nos gens étoient las d'en manger : il étoit assez ordinaire de voir un canot rapporter soixante ou soixante-dix belles oies, sans avoir tiré un coup de fusil ; pour les tuer, il suffisoit de se servir de pierres. Le défaut de bois est ici général, à l'exception de quelques troncs d'arbres qui flottent le long des côtes, & qui y sont portés vraisemblablement du détroit de Magellan. Entr'autres rafraîchissements efficaces contre le scorbut, on a ici en abondance le céleri & l'oseille sauvages; & on y trouve des coquillages de toute espèce. Les loups marins & les pingoins y sont si nombreux, qu'on ne sauroit marcher sans les voir fuir par troupe : on rencontre encore le long des côtes beaucoup de lions marins, dont plusieurs sont d'une taille énorme ; cet animal nous parut très-formidable. Je fus une fois attaqué inopinément par un de ces lions marins, & j'eus bien de la peine à pouvoir m'en dégager ; nous leur donnâmes souvent la chasse, & un seul de ces terribles animaux se défendoit quelquefois plus d'une heure contre douze chasseurs avant qu'ils vinssent à bout de le tuer : j'avois avec moi un excellent chien très-vigoureux, mais une morsure d'un de ces lions le mit presque en pièces ; ce ne sont pas les seuls animaux redoutables sur ces côtes. Le Maître, que j'avois un jour envoyé pour sonder le long de la côte méridionale, me dit à son retour que quatre animaux assez ressemblans à des loups, & de la plus grande férocité, s'étoient avancés dans l'eau pour attaquer les gens du canot, & qu'étant sans armes à feu, ils avoient été obligés de gagner le large. J'allai moi-même le jour suivant descendre sur la rive méridionale, où nous apperçûmes en y arrivant un lion de mer d'une grosseur surprenante. Etant bien armés, nous ne balançâmes pas à l'attaquer ; durant le combat, un de ces animaux qu'on avoit vus la veille accourut sur nous ; mais il tomba mort au premier coup de feu qu'il reçut ; ce dont je fus fâché; j'aurois mieux aimé qu'on l'eût pris vivant: j'ofe dire que ce n'eût pas été une chofe difficile, fi nous euffions été prévenus de fon attaque. A quelque diftance que ces animaux apperçuffent nos gens, ils couroient immédiatement fur eux; & dans ce même jour on en tua jufqu'à cinq. Ce quadrupede, auquel nos équipages donnèrent le nom de loup, a beaucoup plus de reffemblance avec le renard, excepté dans fa taille & dans la forme de fa queue, il eft de la groffeur d'un chien ordinaire, fes dents font longues & tranchantes: on en trouve un grand nombre fur cette côte; il ne feroit peut-être pas aifé de dire comment ils y font venus, car ces Ifles font éloignées du continent au moins de cent lieues. Ils fe creufent des terriers comme font les renards. Autour de ces trous, nous avons fouvent vu épars des membres de loups marins & des peaux de pingoins qu'ils dévorent. Nos gens, pour fe défaire de ces animaux, mettoient le feu aux herbages, & la campagne en étoit embrafée pendant plufieurs jours: on voyoit alors ces animaux courir çà & là, pour chercher une autre retraite. En plufieurs endroits je fis creufer la terre à deux pieds de profondeur, pour en examiner le fol: je trouvai une terre noire, friable, & fous cette premiere couche un lit de terre-glaife légere.

PENDANT le fejour que nous fîmes ici, nous établîmes fur le rivage la forge de l'armurier, & nous y fîmes quantité d'ouvrages de fer qui nous devenoient néceffaires. On donnoit tous les jours aux gens de l'équipage un excellent déjeûner ; c'étoit une foupe de gruau & de céleri fauvage. Nous ne bornâmes pas notre attention à nos feuls befoins : le Chirurgien de la *Tamar* choifit un terrein près de l'aiguade, l'environna d'une berge, & y planta divers légumes, qui pourront être utiles à ceux qui viendront relâcher dans ce port. Je pris poffeffion de ce Port & des Ifles adjacentes, appellées Ifles *Falkland*, au nom du Roi de la Grande-Bretagne. On ne peut prefque pas douter que ces Ifles ne foient la même terre à laquelle Cowley a donné le nom d'Ifle *Pepys*.

Dans la relation qu'on a publiée de fon voyage, il dit : » Nous dirigeâmes notre route au S. O. juf- » qu'à ce que nous parvinmes à la latitude de 47 de- » grés, où nous vîmes la terre dans l'Eft. Cette terre, » jufqu'alors inconnue, eft une Ifle ; elle étoit inha- » bitée, & je lui donnai le nom d'Ifle *Pepys*. Je l'a » trouvai très-commode pour fervir de relâche aux » vaiffeaux qui voudroient faire de l'eau & du bois ; » elle a une très-belle baie, où mille vaiffeaux peu- » vent être à l'ancre en fûreté. On y voit un nombre » prodigieux d'oifeaux, & nous jugeâmes que la côte » devoit être très-poiffonneufe, à l'infpection du fond » qui eft de roche & de fable. «

A cette relation eft jointe une carte de l'Ifle *Pepys*, où l'on a donné des noms aux pointes & caps les plus remarquables. Cependant il paroît que Cowley n'a vu cette terre que dans l'éloignement ; car il ajoute : » La » violence du vent étoit telle, qu'il nous fut impoffible

« d'y aborder pour y faire de l'eau; nous nous élevâmes « dans le Sud, dirigeant notre route au S. S. O. jufqu'à « la latitude de 53 ᵈ ». Il eſt bien cetain qu'il ne croît point de bois ſur les Iſles *Falkland*; néanmoins l'Iſle *Pepys* & les Iſles *Falkland* peuvent fort bien être la même terre : car ſur les Iſles *Falkland*, il croît une immenſe quantité de glaieuls & de joncs, dont les tiges élevées & rapprochées préſentent dans l'éloignement l'apparence d'un bois. Ces grouppes de joncs furent pris de loin pour des arbres par les François qui y deſcendirent en 1764, comme on peut le voir dans la relation que l'Abbé Pernetty a publiée de ce voyage.

On a ſoupçonné que dans le manuſcrit, d'après lequel on a imprimé la relation du voyage de Cowley, la latitude avoit pû être marquée par des chiffres, qui, faits avec négligence, peuvent être également pris pour quarante-ſept ou cinquante-un ; mais dans ces parages il n'y a point d'Iſle à la latitude de 47ᵈ, & les Iſles *Falkland* ſe trouvant preſque au 51ᵈ, il ſembloit naturel de conclure que cinquante-un eſt le nombre qu'on a voulu repréſenter dans le manuſcrit. On a eu recours au *Muſæum*, & l'on y a trouvé un Journal manuſcrit de Cowley. Dans ce manuſcrit, il n'eſt fait aucune mention d'une Iſle qui fût encore inconnue, à laquelle il ait donné le nom d'Iſle *Pepys*; mais il y eſt parlé d'une terre qui eſt à la latitude de 47ᵈ 40′, exprimés en toutes lettres ; ce qui répond exactement à la deſcription de ce qui eſt appellé Iſle *Pepys* dans la relation imprimée, & que Cowley ſuppoſa être les Iſles

ANN. 1765.
Janvier.

de *Sebald de Wert*. Cette partie du manuſcrit eſt conçue en ces termes : " Janvier 1683. Dans ce mois nous
" parvinmes à la latitude de 47^d 40', & nous apper-
" çûmes une Iſle qui nous reſtoit à l'O. ; ayant le vent
" à l'E. N. E., nous portâmes deſſus ; mais, comme
" il étoit trop tard pour nous approcher du rivage,
" nous paſsâmes la nuit en panne. L'Iſle ſe montroit
" ſous un aſpect agréable, on y appercevoit des bois ;
" je pourrois même dire que toute l'Iſle étoit couverte
" de bois. A l'Eſt de l'Iſle eſt un rocher qui s'élève
" au-deſſus de l'eau : ſur ce rocher étoient des com-
" pagnies innombrables d'oiſeaux de la groſſeur de
" petites oies. Nos gens tirèrent ſur ces oiſeaux au
" moment où ils paſsèrent au-deſſus du vaiſſeau ; nous
" en tuâmes pluſieurs qu'on ſervit ſur ma table : c'é-
" toit un aſſez bon mêt, auquel ſeulement nous trou-
" vâmes un goût de poiſſon. Je fis voile au Sud, en
" prolongeant l'Iſle, & je crus appercevoir ſur la côte
" du S. O. un port commode pour le mouillage. J'au-
" rois ſouhaité pouvoir mettre un canot pour recon-
" noître ce port, mais le vent ſouffloit avec une telle
" violence, que c'eût été s'expoſer à un danger évi-
" dent : continuant de faire voile le long de la côte, la
" ſonde à la main, nous eûmes 26 & 27 braſſes d'eau,
" juſqu'à ce que nous arrivâmes à un endroit où nous
" vîmes flotter de ces mauvaiſes herbes que l'eau dé-
" tache des rochers, & la ſonde alors ne rapporta
" que 7 braſſes. Nous craignîmes le danger de tou-
" cher ſi nous reſtions plus longtems dans un lieu où il
" y avoit ſi peu d'eau & un fond de roche ; mais le
" port me parut d'une vaſte étendue, & capable de

» contenir cinq cents vaisseaux. L'ouverture en est
» étroite, &, autant que je pus le remarquer, il y a
» peu de fond le long de la rive septentrionale ; mais
» je ne doute pas que les vaisseaux ne puissent côtoyer
» sûrement la rive du Sud, car il est à présumer que
» le fond augmente dans cette partie ; mais il est né-
» cessaire de chercher un canal assez profond, pour
» que les vaisseaux puissent entrer à la mer basse. J'au-
» rois bien voulu rester sous le vent de cette Isle toute
» la nuit, mais on me représenta que l'objet de notre
» navigation ne nous permettoit pas de nous amuser
» à faire des découvertes. Près de cette Isle, nous en
» vîmes une autre dans la même nuit ; & c'est ce qui
» me fit croire que ces Isles étoient peut-être les
» *Sebaldes* «.

» Nous reprimes notre route à l'O. S. O., qui n'é-
» toit que le S. O. corrigé ; l'aiguille aimantée décli-
» nant vers l'E. de 22^d; nous fîmes voile dans la même
» direction, jusqu'à ce que nous arrivâmes par la lati-
» tude de 53^d «.

Dans le manuscrit, comme dans la relation imprimée, il est dit que cette Isle est par la latitude de
47^d, qu'elle parut d'abord à l'O. du vaisseau ; qu'elle
sembloit être couverte de bois, qu'on y découvrit un
port où un grand nombre de vaisseaux pourroient
être à l'ancre en sûreté, & qu'elle étoit fréquentée par
une quantité prodigieuse d'oiseaux. Il paroît encore
par les deux relations, que le mauvais tems ne permit
point à Cowley de descendre à terre, & qu'il gouverna O. S. O., jusqu'à ce qu'il fût arrivé à la lati-

tude de 53ᵈ. Il eſt donc certain que Cowley, de retour en Angleterre, donna le nom d'Iſle *Pepys* à ce qu'il avoit d'abord pris pour l'Iſle de *Sebald de Wert*, & il feroit facile d'en aſſigner pluſieurs raiſons : quoique la ſuppoſition d'une erreur de chiffres ne paroiſſe pas être fondée, cependant, comme il ne ſe trouve point de terre au 47ᵈ, on ne ſauroit s'empêcher de croire que la terre, vue par Cowley, n'eſt autre que les Iſles *Falkland*. La deſcription du pays s'accorde avec preſque toutes les particularités ; & la Carte, jointe à la relation, préſente exactement la figure de ces Iſles, avec un détroit qui les diviſe dans le milieu. La Carte des Iſles *Falkland*, que nous joignons ici, a été copiée ſur les Journaux & les deſſins du Capitaine Macbrid, qui y fut envoyé après mon retour en Angleterre, & qui a pris les relèvemens de toute la côte. Les deux principales Iſles furent appellées Iſles *Falkland* par Stroug, vers l'année 1689, puiſqu'il eſt connu pour avoir donné le nom de *Falkland Sound* à la partie du détroit qui les diviſe. On trouve encore dans le *Muſœum* le manuſcrit de ce Navigateur.

On croit que le premier qui découvrit ces iſles eſt le Capitaine Davies, aſſocié de Cavendish, en 1592. Sir Richard Hawkins vit, en 1594, une terre, qu'on ſuppoſe être la même, & en honneur de ſa Souveraine la Reine Elizabeth, il lui donna le nom de *Virginie d'Hawkins*. Long-tems après elles furent apperçues par quelques vaiſſeaux François, qui étoient de *Saint-Malo* ; & c'eſt probablement par cette raiſon que

Frézier

Frézier les appella *les Malouines*; & ce nom leur a été depuis conservé par les Espagnols.

ANN. 1765.
Janvier.

APRÈS avoir séjourné dans la baie que j'avois nommée le *Port Egmont*, jusqu'au dimanche 27 Janvier, le vent étant à l'O. S. O., nous appareillâmes à huit heures du matin ; mais nous étions à peine hors du Port que le vent fraîchit considérablement, & il se forma une brume si épaisse, que nous ne pouvions appercevoir les Isles pierreuses dont j'ai parlé. J'aurois souhaité d'être encore à l'ancre dans le Port que je venois de quitter ; mais, à ma grande satisfaction, je vis en un moment le tems s'éclaircir ; le vent resta très-frais tout le jour. A neuf heures, l'entrée de la baie du *Port Egmont* nous restoit à l'E. S. E., à la distance de deux lieues ; les deux Isles basses au N. E. ¼ N., distantes de trois à quatre milles ; & l'Isle pierreuse à l'Ouest 5 ᵈ 30′ N., éloignée de trois lieues. A dix heures, nous avions les deux Isles basses au S. S. E., distantes de quatre ou cinq milles, & alors nous prolongeâmes la côte orientale : après avoir couru près de cinq lieues, nous eûmes la vue d'un Cap remarquable, & d'un rocher qui en étoit voisin dans l'E. S. E. 3 ᵈ E., & à la distance de trois lieues. Je donnai à ce Cap le nom de *Cap Tamar*. Après avoir encore couru cinq lieues du même rumb, nous découvrîmes un rocher, éloigné de la terre d'environ cinq milles dans le N. E., à la distance de quatre à cinq lieues. Je le nommai *Edistone* ; alors je gouvernai entre ce rocher & un Cap qui reçut le nom de *Cap Dau-*

Tome 1. K

phin, & nous fîmes cinq lieues dans la direction de l'E. N. E. Depuis le Cap *Tamar* jusqu'au Cap *Dauphin*, distance d'environ huit lieues, la terre forme, à ce qu'il me parut, un grand enfoncement, que j'appellai *Canal de Carlisle* ; mais nous apperçûmes bientôt que cet enfoncement étoit l'entrée du détroit qui sépare les deux principales Isles. Depuis le Cap *Dauphin* nous prolongeâmes la côte en gouvernant à l'E. $\frac{1}{4}$ N. E. l'espace de six lieues, jusqu'à une pointe de terre, basse & plate, & alors nous mîmes à la cape. Pendant toute cette navigation, la terre, en grande partie, ressembloit au rivage oriental de la côte *des Patagons*. Elle n'offre à l'œil que des Dunes, sans un seul arbre, & çà & là de hautes touffes de joncs & de glaieuls que nous avions déja vues au Port *Egmont*. J'ose répondre de l'exactitude de ce relèvement ; car j'ai presque toujours prolongé le rivage à la distance de deux milles, & s'il y avoit eu un arbrisseau seulement de la grosseur d'un groselier, il ne m'auroit pas échappé. Cette nuit nous eûmes 40 brasses d'eau, fond de roche.

Le lundi, 28, à quatre heures du matin, nous fîmes voile ; la pointe de terre basse nous restoit au S. E. $\frac{1}{4}$ E. distante de cinq lieues, & à cinq heures & demie au S. S. E., éloignée de deux lieues ; nous portâmes alors à l'E. S. E. l'espace de cinq lieues jusqu'à trois Isles basses, distantes de la terre d'environ deux milles. De ces Isles, nous gouvernâmes S. S. E. l'espace de quatre lieues, jusqu'à deux autres Isles basses, éloignées d'environ un mille de la terre. Entre ces Isles la terre forme un grand enfoncement que je nommai *Canal de Berkeley*. On apperçoit dans la partie méridionale de cet enfoncement une ouverture qui a l'apparence d'une baie ; environ à trois ou quatre milles au Sud de sa pointe méridionale, & à la distance d'à-peu-près quatre milles du Continent, on voit s'élever quelques rochers au-dessus de l'eau, sur lesquels la mer brise avec fureur. Lorsque nous arrivâmes à la hauteur de ces brisans, nous gouvernâmes S. O. ¼ S. l'espace d'environ deux lieues ; & alors la terre la plus méridionale que nous vissions, & que je pris pour la partie la plus méridionale des Isles *Falkland*, nous restoit à l'O. S. O., distante de cinq lieues.

La côte commençoit maintenant à devenir très-dangereuse. On trouva à cette hauteur des rochers & des brisans dans presque toutes les directions à une grande distance du rivage. Le pays aussi y prend un aspect plus sauvage, & ne montre qu'une côte aride & désolée ; les terres les plus élevées ne sont que des rocs nuds & escarpés, dont le coup-d'œil est aussi affreux que celui que présentent la *Terre de Feu* dans le voisinage du Cap *Horn*. Comme la mer devenoit horriblement grosse, je craignis qu'elle ne nous affalât sur la côte que nous avions sous le vent, d'où nous aurions eu toutes les peines du monde à nous relever ; en conséquence, je revirai de bord vent devant, le Cap au Nord ; la latitude de la pointe la plus septentrionale que nous eussions en vue, étant de 52^d 3' S. Jusqu'alors nous avions prolongé la côte pendant

Ann. 1765.
Janvier.

près de soixante-dix lieues, étendue très-considérable. Vers midi, ayant ferré le vent, je gouvernai au Nord. A cinq heures, le canal de *Berkeley* nous restoit au S. O. ¼ O., distant d'environ six lieues. Sur les huit heures du soir, le vent ayant passé au S. O., je fis voile vers l'Ouest.

CHAPITRE VI.

Relâche au Port Defiré. *Seconde entrée dans le Détroit de* Magellan. *Navigation jufqu'au Cap* Monday. *Defcription des Baies & Ports qui fe trouvent dans le Détroit.*

Nous continuâmes de faire voile pour le Port *Defiré* jufqu'au 6 Février, que nous eûmes la vue de la terre vers une heure après-midi, & gouvernâmes fur le Port. Dans la traverfée, depuis les Ifles *Falkland* jufqu'à cette place, le nombre des baleines autour du vaifleau fut fi grand, qu'elles rendirent notre navigation dangereufe. Nous fûmes au moment de donner fur un de ces énormes poiffons ; un autre fouffla une quantité d'eau fur notre pont. En approchant du Port, j'apperçus la *Floride*, vaifleau que j'attendois d'Angleterre, deftiné à m'apporter les vivres néceflaires à notre longue navigation. A quatre heures, nous vînmes mouiller à la hauteur de l'embouchure du Port *Defiré*.

Ann. 1765.
Février.

Le lendemain, 7, dans la matinée, M. Dean, le Maître du vaiffeau d'approvifionnement, fe rendit à mon bord. Informé que fon mât de mifaine étoit endommagé & que fon vaiffeau étoit en très-mauvais état, je me déterminai à entrer dans le Port pour le décharger, quoique le peu de largeur du canal & la rapidité du flot rendîssent ce mouillage très-périlleux. Nous entrâmes dans le Port fur le foir, mais nous eûmes toute la nuit un vent forcé; la *Tamar* & la *Floride* ayant fait des fignaux de détreffe, je leur envoyai auffi-tôt mes canots: ces deux vaiffeaux avoient chaffé fur leurs ancres & couroient rifque d'être jettés fur la côte. On parvint, mais avec beaucoup de difficulté, à les tirer de ce péril, & la même nuit ils chafsèrent une feconde fois, & furent fauvés par les mêmes fecours. Le danger auquel la *Floride* étoit à chaque inftant expofée dans cette baie, me mit dans la néceffité d'abandonner le deffein de la décharger; & je lui envoyai tous nos charpentiers pour jumeller fon mât & faire toutes les réparations qu'ils jugeroient néceffaires. Je lui prêtai auffi ma forge pour lui faire les diverfes ferrures dont elle avoit befoin; & je réfolus, dès qu'elle feroit en état de tenir la mer, de gagner quelque Port du détroit de *Magellan*, où nous pourrions prendre à bord les provifions dont elle étoit chargée. Dans cet intervalle, M. Mouat, Capitaine de la *Tamar*, m'informa que fon gouvernail étoit endommagé, & qu'il craignoit qu'en très-peu de tems il ne fût plus poffible de le faire fervir. J'envoyai le charpentier du *Dauphin* à bord de la *Tamar* pour en examiner le gouvernail, & il me rapporta qu'il l'avoit trouvé en fi mauvais état, qu'il ne croyoit pas que ce vaiffeau pût continuer le voyage fans en avoir un autre. Mais il étoit impoffible de le lui procurer. J'engageai donc M. Mouat à établir fa forge fur le rivage pour fortifier fon gouvernail avec des cercles de fer, &

l'assurer du mieux qu'il seroit possible, espérant qu'on pourroit trouver dans le détroit une pièce de bois propre à lui en faire un meilleur.

Ann. 1765.
Février.

Le 13, la *Floride* étant réparée, je fis passer à son bord un de mes bas-Officiers qui avoit une parfaite connoissance du détroit, avec trois ou quatre de mes Matelots pour l'aider à manœuvrer; je lui prêtai encore deux de mes canots, & je pris les siens, qui furent réparés à bord; j'ordonnai alors au Maître d'appareiller, & de faire de son mieux pour gagner le Port *Famine*. Je ne doutai pas que je ne la rejoignisse long-tems avant qu'elle n'y arrivât, me proposant de la suivre aussi-tôt que la *Tamar* seroit prête. Je savois déja du Capitaine Mouat que le charpentier & le serrurier avoient travaillé avec tant de diligence à la réparation de son gouvernail, qu'il seroit prêt dans le jour.

Le lendemain, 14, dans la matinée, nous appareillâmes du Port *Desiré*, & quelques heures après, étant à la hauteur de l'Isle *des Pingoins*, nous apperçûmes la *Floride* fort loin dans l'Est.

Le 16, sur les six heures du matin, nous eûmes la vue du Cap *Beautems* dans l'O. S. O., distant de cinq ou six lieues; & à neuf heures, nous découvrîmes au N. O. un vaisseau.

Le 17, à six heures du matin, nous eûmes connoissance du Cap *des Vierges*, il nous restoit au Sud, à la distance de cinq lieues; nous fîmes route pour le ranger, & le vaisseau apperçu fit la même route.

Ann 1765.
Février.

Le 18, nous donnâmes dans le détroit, & passâmes le premier goulet. Je commençai à m'appercevoir que ce vaisseau tenoit exactement notre même route, forçant & diminuant de voiles, pour se régler sur notre marche, ce qui me le rendit suspect. Après avoir passé le premier goulet, obligé de mettre en travers pour attendre la *Floride* qui étoit loin derriere nous ; j'imaginai que peut-être son dessein étoit de mettre obstacle à notre navigation, & je me mis en état de défense : dès qu'il eut passé le goulet, nous voyant en travers, il s'y mit aussi à la distance d'environ quatre milles, conservant sur nous l'avantage du vent. Nous restâmes dans cette situation jusqu'au soir, que le flot nous portant sur le rivage méridional, nous laissâmes tomber l'ancre. Le vent changea dans la nuit, & les premiers rayons du jour nous montrerent notre satellite à l'ancre, & à environ trois lieues sous le vent à nous : c'étoit le moment de la marée montante, & je voulus profiter du flot pour passer le second goulet ; mais voyant le vaisseau inconnu mettre à la voile & nous suivre, je rangeai aussi-tôt le Cap *Grégoire* où je mouillai, ayant une croupiere sur le cable. Je fis monter sur le pont huit canons que nous avions dans la cale, & j'ordonnai qu'on les plaçât d'un seul côté : nous le voyions cependant s'approcher sans arborer de pavillon, ainsi que nous, ce qui donnoit lieu à différentes conjectures. Dans ce même tems la *Floride* manœuvrant pour venir mouiller dans notre voisinage, donna sur un banc de sable, & y resta échouée. A la vue du danger que couroit ce bâtiment, l'étranger qui en étoit fort près

jetta

jetta l'ancre, arbora pavillon François, & mit deux canots à la mer qu'il envoya avec une ancre pour fecourir la *Floride*. Sur le champ je détachai deux de mes canots & un de la *Tamar*, pour aller à fon fecours avec ordre aux Officiers de ne point permettre aux François de monter à bord, mais de les remercier d'une manière honnête de leur bonne volonté. Ces ordres furent ponctuellement exécutés, & nos bateaux parvinrent bientôt à remettre à flot notre vaisseau d'approvisionnement. Au retour de nos canots je fus informé qu'il paroissoit y avoir à bord du vaisseau François, un nombreux équipage & beaucoup d'Officiers.

Ann. 1765.
Février.

A six heures du soir je signalai l'appareillage; nous traversâmes le second goulet, & à dix heures nous doublâmes la pointe occidentale de sa sortie : à onze heures nous jettâmes l'ancre sur sept brasses d'eau, à la hauteur de l'Isle *Sainte-Elisabeth*. Le vaisseau François mouilloit en même-tems dans un endroit peu sûr, au Sud de l'Isle *Saint-Barthelemy*, ce qui me fit croire qu'il n'avoit pas une parfaite connoissance du canal.

Le jour suivant 19, à six heures du matin, nous levâmes l'ancre, & fîmes voiles entre les Isles *Sainte-Elizabeth* & *Saint-Barthelemy*, avec un vent de N. O., & gouvernant ensuite au S. S. O., l'espace de cinq ou six milles, nous passâmes sur une bature couverte de goëmons, où nous eûmes 7 brasses d'eau : cette bature gît O. S. O., avec le milieu de l'Isle *George*, d'où elle est éloignée de cinq ou six milles. Quelques Na-

Tome I. L

vigateurs prétendent qu'en plufieurs endroits on ne trouve que 3 braffes d'eau fur ce banc, ce qui le rend très-dangereux ; pour l'éviter il convient de ranger de très-près la côte occidentale de l'Ifle *Sainte-Elifabeth*, d'où l'on peut en toute fûreté porter au Sud, jufqu'à ce qu'on découvre le récif qui eft à quatre milles au Nord de la pointe *Sainte-Anne*. A midi la pointe feptentrionale de la baie d'*Eau-Douce*, nous reftoit à l'O. $\frac{1}{4}$ N. O. ; & la pointe *Sainte-Anne*, au S. $\frac{1}{4}$ S. E., un $\frac{1}{2}$ rumb à l'E. Le vaiffeau François paroiffoit encore faire la même route, & nous imaginâmes qu'il venoit des Ifles *Falkland*, où les François avoient alors un établiffement, pour faire un chargement de bois, ou pour reconnoître le détroit. Le refte de cette journée & le lendemain 20, dans la matinée, nous eûmes des vents variables, avec des intervalles de calme ; ce qui dans l'après-midi me fit prendre le parti de nous touer autour de la pointe *Sainte-Anne*, jufques dans le Port *Famine* : à fix heures du foir nous laiffâmes tomber l'ancre, & bientôt après le vaiffeau François paffa devant nous, dirigeant fa route au Sud.

Nous féjournâmes jufqu'au 25 dans ce Port, où après avoir tranfporté à bord de nos vaiffeaux toutes les provifions que nous avoit apportées la *Floride*, je donnai ordre au maître de retourner en Angleterre, dès qu'il fe trouveroit prêt à mettre en mer ; je fignalai alors l'appareillage, & je fis voile du Port *Famine*, avec la *Tamar*, voulant fortir du détroit avant que la faifon fût trop avancée : à midi nous étions à trois lieues de la pointe *Sainte-Anne*, qui nous reſtoit au N. O., & nous avions en même-tems la pointe *Shut-up* à trois ou quatre milles de diſtance dans le S. S. O. La pointe *Shut-up* gît au S. ½ rumb à l'E. du compas, avec la pointe *Sainte-Anne*. La diſtance de l'une à l'autre eſt d'environ quatre ou cinq lieues : entre ces deux pointes eſt un rocher à fleur d'eau, qui court depuis le Port *Famine* juſqu'à la riviere *Sedger*, & s'étend à trois ou quatre milles au Sud.

Nous fîmes voile au S. S. O., le long de la côte, depuis la pointe *Shut-up*, vers le Cap *Forward*, n'ayant que très-peu de vent. Sur les trois heures après midi nous paſſâmes près du vaiſſeau François que nous vîmes dans une petite baie, au Sud de la pointe *Shut-up* où il étoit amarré de manière que l'arrière du vaiſſeau touchoit preſque à la forêt, & des deux côtés nous apperçûmes des piles de bois qu'il avoit coupées. Je ne doutai plus que ſon objet ne fût de prendre un chargement de bois pour la Colonie naiſſante des Iſles *Falkland*, quoique je ne conçus pas pourquoi il s'étoit ſi fort avancé dans le détroit, s'il n'avoit pas d'autre deſſein. J'appris à mon retour en Angleterre, que ce vaiſſeau étoit l'*Aigle*, commandé par M. de Bougainville, & que ſa navigation dans le détroit avoit eu pour but d'y faire des coupes de bois, néceſſaire à la nouvelle Colonie des Iſles *Falkland*. Depuis le Cap *Shut-up*, juſqu'au Cap *Forward*, nous gouvernâmes au S. O. ¼ de Sud : la diſtance eſt de ſept lieues ; à huit heures du ſoir le Cap *Forward* nous reſtoit au N. O., un ½ rumb à l'O., diſtant d'environ un mille, & nous paſſâmes la nuit en panne.

Le détroit a ici près de huit milles de largeur; à la hauteur du Cap *Forward* nous eûmes 40 braſſes d'eau à une demi-encablure du rivage. Le 26 vers les quatre heures du matin, nous fîmes de-là voile; le vent étoit très-foible, & il fit preſque le tour du compas. A huit heures le Cap *Forward* nous reſtoit au N. E. ¼ E., diſtant de quatre milles; & le Cap *Holland*, à l'O. N. O., un ½ rumb à l'O, dans un éloignement de cinq lieues. A dix heures nous eûmes dans le O. N. O. des vents frais, & par intervalle des raffales ſubites & d'une telle violence, qu'à chaque fois nous fûmes obligés d'amener toutes nos voiles; nous nous ſoutinmes néanmoins contre le vent, cherchant des yeux un endroit où nous puſſions jetter l'ancre, & faiſant en même-tems tous nos efforts pour arriver à une baie qui eſt environ à deux lieues & au *Sud* du Cap *Forward*, à cinq heures j'envoyai un Officier en canot pour ſonder cette baie; l'ayant trouvée très-propre au mouillage, nous y entrâmes, & vers les ſix heures nous y laiſſâmes tomber l'ancre ſur 9 braſſes d'eau: le Cap *Forward* nous reſtoit à l'E. un ½ rumb au S., diſtant de quatre milles. Un Ilot qui eſt dans le milieu de la baie, & à environ un mille du rivage, à l'O. ¼ S. O., un mille de diſtance & un ruiſſeau d'eau fraîche au N. O. ¼ O., dans un éloignement de ¾ de mille.

Le jour ſuivant 27, à ſix heures du matin, nous levâmes l'ancre & pourſuivîmes notre route dans le détroit. Du Cap *Holland* au Cap *Galant*, diftance d'environ cinq lieues, la côte court O. ½ rumb au Sud du compas. Le Cap *Galant* eft très-élevé & taillé à pic; entre ce Cap & le Cap *Holland* fe trouve un détroit d'environ trois lieues de large, appellé *Elifabeth-Reach*; à environ quatre milles au Sud du Cap *Galant*, eft une Ifle connue fous le nom de l'Ifle *Charles*, au Nord de laquelle il eft néceffaire de fe maintenir. Nous fîmes voile en prolongeant la côte feptentrionale à la diftance d'environ douze milles; mais nous la ferrâmes quelquefois de beaucoup plus près. Un peu à l'Eft du Cap *Galant*, il y a une très-belle baie fablonneufe, qu'on nomme baie de *Wood*, où l'on trouve un très-bon ancrage; les montagnes qui bordent le détroit des deux côtés font, je penfe, les plus hautes & les plus affreufes qu'on puiffe voir, à l'exception peut-être des Cordilieres; elles font de part & d'autre efcarpées, hériffées de pointes, & couvertes de neige depuis le fommet jufqu'à leur bafe.

Depuis le Cap *Galant*, la côte court O. ¼ N. O. pendant près de trois lieues, jufqu'à la pointe du *Paffage*: cette pointe forme la pointe Eft de la baie *Elizabeth*; c'eft une terre baffe, d'où part une bature qui s'étend au large. Entre cette pointe & le Cap *Galant*, il y a plufieurs Ifles, dont quelques-unes font très-petites; mais la plus orientale, qui eft l'Ifle *Charles*, déja citée, a deux lieues de longueur; la fuivante eft l'Ifle de *Montmouth*, & la plus occidentale eft l'Ifle *Rupert*; cette derniere gît S. ¼ S. E., avec la pointe du *Passage*. Ces Isles rendent le canal très-étroit ; car entre l'Isle *Rupert* & la pointe du *Passage* il n'a pas plus de deux milles de largeur. Il est nécessaire de gouverner au Nord de toutes ces Isles, sans s'éloigner du rivage septentrional : nous fîmes voile en le côtoyant à la distance de deux encablures, & nous n'eûmes point de fond avec une ligne de 40 brasses ; à six heures du soir le vent ayant passé à l'Ouest, nous portâmes sur la baie *Elizabeth*, où nous mouillâmes sur 10 brasses d'eau d'un très-bon fond ; néanmoins le meilleur ancrage est par 13 brasses, car à environ une encablure autour de nous, on n'avoit guère que 3 & quatre brasses. Dans cette baie se décharge un ruisseau dont l'eau est parfaite. Nous observâmes ici que le flot porte très-fortement à l'Est ; & conformément à notre calcul, il commence à midi dans les *Syzygies* ; nous trouvâmes la déclinaison de l'aimant de deux rumbs vers l'Est.

Le 28 à deux heures après midi, les vents étant entre le N. O. & l'O. grand frais, & soufflant par raffales violentes, je fis virer sur le cable, & au moment où nous nous trouvâmes à pic sur notre ancre, le vaisseau chassa ; il fut immédiatement porté sur une basse, à deux encablures du rivage : à l'instant nous laissâmes tomber notre ancre d'affourche par 4 brasses d'eau, n'en ayant que 3 à l'arriere : l'ancre de toue fut portée avec toute la célérité possible, & virant dessus, nous parvînmes à nous éloigner du rivage ; alors nous levâmes notre seconde ancre & celle d'affourche, filâmes le greslin, & avec le foc & la voile d'étai, nous gagnâmes le mouillage, laissâmes tomber notre seconde ancre par 10 brasses d'eau, exactement dans la même position dont nous avions chassé.

Ann. 1765.
Février.

Le lendemain, 1 Mars, le tems parut plus modéré & le vent ayant passé vers le Nord, nous levâmes l'ancre à cinq heures du matin, & à sept nous étions à la hauteur de la baie *Musele*, qui est sur la côte méridionale à l'Ouest de la baie *Elizabeth*, distante d'une lieue; à huit heures nous nous trouvâmes par le travers de la riviere *Batchelor*, située sur le rivage du Nord, à deux lieues, & au N. O. ¼ N. de la baie *Elizabeth*: à neuf heures nous parvinmes à la hauteur du canal *Saint-Jérôme*, dont l'embouchure est à une lieue environ de la riviere *Batchelor*; arrivés en travers de l'embouchure de ce canal, il nous restoit au N. O., nous gouvernâmes alors à l'O. S. O. du compas pour amener le Cap *Quad*, éloigné de trois lieues de la pointe la plus méridionale du canal *Saint-Jérôme*. Entre la baie *Elizabeth* & le Cap *Quad*, on voit un enfoncement d'environ quatre milles de largeur, appellé *Crooked-Reach*; à l'Ouest du canal *Saint-Jérôme* nous apperçûmes trois ou quatre feux sur le rivage septentrional, & quelques instans après nous vîmes deux ou trois pirogues qui ramoient vers nous.

1 Mars.

A midi le Cap *Quad* nous restoit O. S. O., ½ rumb O., distant de quatre ou cinq milles; le vent calma insensiblement, & le flot nous porta à l'Est. En cet endroit les pirogues joignirent notre vaisseau, tournèrent autour pendant quelque tems ; mais il n'y eut qu'une seule de ces pirogues dont les Sauvages eurent la réfolution de monter à bord. Les pirogues étoient d'écorce d'arbre, d'une conftruction très-mal entendue. Les Américains étoient au nombre de fept, quatre hommes, deux femmes & un enfant. Je n'avois pas encore vu de créatures fi miférables ; ils étoient nuds, à l'exception d'une peau très-puante de loup de mer, jettée fur leurs épaules ; ils étoient armés d'arcs & de flèches qu'ils me préfenterent pour quelques grains de collier & d'autres bagatelles ; les flèches, longues de deux pieds, étoient faites de rofeaux, & armées d'une pierre verdâtre ; les arcs, dont la corde étoit de boyau, avoient trois pieds de longueur.

Le foir nous vinmes mouiller dans le voifinage de la riviere *Batchelor*, fur 14 braffes ; l'entrée de la riviere nous reftoit au N. ¼ N. E., à un mille, & la pointe la plus feptentrionale du canal *Saint-Jérôme*, O. N. O., diftante de trois milles. On trouve à près de ¾ de mille à l'Eft de la riviere une bature, où il n'y a pas plus de fix pieds d'eau à mer baffe ; cette bature eft à un demi-mille du rivage, & on peut la reconnoître aux goëmons dont elle eft couverte. Le flot commence ici à une heure dans la nouvelle & pleine lune.

Tandis que nous étions à l'ancre, nous eûmes la vifite de plufieurs Américains ; je leur fis à tous des préfens de grains de raffade, de rubans & d'autres chofes de peu de valeur, mais dont ils parurent enchantés. Je leur rendis cette vifite à terre, où je vins defcendre, n'ayant n'ayant avec moi que quelques-uns de mes Officiers, pour ne pas les allarmer par le nombre : ils nous reçurent avec toutes les expreſſions de l'amitié, & s'empreſſerent de nous apporter quelques fruits qu'ils avoient cueillis dans la vue de nous les offrir ; ces fruits avec quelques moules, nous parurent faire pour le moins la plus grande partie de leur ſubſiſtance.

Ann. 1765.
Mars.

LE 2, à cinq heures du matin, nous appareillâmes & fîmes route avec le ſecours de la marée montante; mais à dix heures, ſurpris par le calme, & le courant nous portant à l'Eſt, nous mouillâmes une ancre à jet, par 10 braſſes d'eau, ſur un banc qui eſt à un demi-mille du rivage ſeptentrional : après avoir filé environ les deux tiers d'un cable, nous eûmes 45 braſſes d'eau le long du bord, & le fond augmenta encore à très-peu de diſtance : la pointe méridionale du canal *Saint-Jérôme* nous reſtoit au N. N. E., diſtante de deux milles; & le Cap *Quad* à O. S. O., à environ huit milles de diſtance. De la pointe méridionale du canal *Saint-Jérôme* au Cap *Quad*, j'eſtime trois lieues de diſtance, dans la direction du S. O. $\frac{1}{4}$ O.; dans cet endroit du canal les marées ſont extrêmement fortes, mais irrégulieres. Nous obſervâmes qu'elles portoient à l'Eſt depuis neuf heures du matin juſqu'à cinq du lendemain, & enſuite vers l'Oueſt depuis cinq juſqu'à neuf heures : à minuit les vents ayant paſſé à O. N. O, commencèrent à fraîchir, & à deux heures du matin, le vaiſſeau chaſſa ; nous nous hâtâmes de lever l'ancre, dont les deux pattes ſe trou-

Tome I. M

vèrent rompues; nous n'eûmes point de fond jusqu'à trois heures, que nous dérivâmes fur 16 braſſes à l'entrée du canal *Saint-Jérome*. Le vent s'étant encore renforcé, nous laiſſâmes tomber notre ſeconde ancre & filâmes la moitié d'un cable; le vaiſſeau prit une ſituation ſi critique, que nous nous trouvâmes fur 5 braſſes d'eau, & environnés de briſans; nous laiſſâmes tomber à pic l'ancre d'affourche. A cinq heures voyant la marée courir à l'Oueſt, & le vent devenir plus maniable, nous relevâmes nos deux ancres, & nous goûvernâmes au plus près du vent; à 10 heures nous trouvâmes que la marée reverſoit dans l'Eſt, en conſéquence nous envoyâmes un canot pour chercher un mouillage qu'il trouva dans une baie fur le rivage ſeptentrional à l'Eſt du Cap *Quad*, dont elle eſt éloignée d'environ quatre milles, ayant dans ſon voiſinage quelques Iſlots, nous fîmes tous nos efforts pour gagner cette baie; mais nous ne pûmes jamais vaincre la marée qui en ſortoit avec impétuoſité; & à midi nous gouvernâmes fur la rade *d'York*, ſituée à l'embouchure de la riviere *Batchelor*, où nous mîmes à l'ancre une heure après.

Le lendemain 14, à ſix heures du matin, nous appareillâmes & ſortîmes de la baie avec le flot, dont la direction étoit la même que le jour précédent; mais n'ayant pu gagner un lieu propre au mouillage, nous vinmes à midi reprendre la poſition de la veille; je ſaiſis cette occaſion de reconnoître la riviere *Batchelor*. Je m'embarquai dans une ïole; & je remontai cette riviere l'eſpace de quatre milles; dans quelques endroits je la trouvai large & profonde, & l'eau en eſt bonne; mais près de ſon embouchure l'eau y eſt ſi baſſe avant le flot, qu'il feroit difficile au plus petit canot d'y paſſer ſans toucher.

Le jour ſuivant 5, à ſix heures du matin, nous remîmes à la voile : à huit heures il fit ſi calme, que nous fûmes obligés de nous faire remorquer par nos bâtimens à rames ; cependant la marée commença ſur les onze heures, elle portoit ſi fortement à l'Oueſt que nous ne pûmes jamais gagner la baie que le canot avoit reconnue le jour précédent ſur le rivage ſeptentrional : c'eſt un excellent mouillage, où ſix vaiſſeaux peuvent y être commodément à l'ancre. Nous fûmes donc obligés de mouiller ſur un banc notre ancre de toüe par 45 braſſes, le Cap *Quad* nous reſtant à O. S. O., à la diſtance de cinq ou ſix milles; la pointe méridionale de l'Iſle, qui eſt à l'Eſt du Cap, dans la même direction, & une roche remarquable ſur la côte ſeptentrionale, au N. $\frac{1}{2}$ rumb à l'O., diſtante d'un demi-mille : on a en cet endroit juſqu'à 75 braſſes d'eau, tout près même du rivage. Dès que nous fûmes à l'ancre, j'envoyai un Officier à la recherche d'une baie dans la partie de l'Oueſt; mais ce fut ſans ſuccès.

Nous fûmes en calme le reſte du jour & toute la nuit. La marée porta vers l'Eſt, depuis l'inſtant de notre mouillage juſqu'au lendemain ſix heures du matin que nous levâmes l'ancre, & tâchâmes de gagner à l'Oueſt en nous faiſant remorquer par nos bâtimens à rames ; à huit heures une forte brife fe fit fentir O. S. O., & enfuite O. ; à midi le Cap *Quad* nous reftoit à l'E. ¼ S. E., à la diftance d'environ cinq milles : dans cette fituation j'envoyai une feconde fois nos bateaux à la recherche d'un mouillage ; bientôt nous les fuivîmes pour venir jetter l'ancre dans une petite baie fur le rivage méridional, en face du Cap *Quad* ; nous y mouillâmes fur 25 braffes d'eau, d'un très-bon fond. Une petite Ifle pierreufe nous reftoit à O. ¼ N. O., à la diftance d'environ deux encablures ; fa pointe la plus orientale à l'E. 5ᵈ 30′ S, & le Cap *Quad* au N. O. ¼ N., éloigné d'environ trois milles. Dans cette baie, nous trouvâmes une grande abondance de coquillages de différentes efpèces. La *Tamar* qui n'avoit pu nous fuivre de près, n'entra qu'à deux heures dans la baie, où elle mouilla fur le rivage feptentrional, à environ fix milles & à l'Eft du Cap *Quad*. Durant toute cette nuit nous eûmes le calme le plus abfolu ; mais le matin 7, la fraîcheur vint de la partie de l'Oueft, nous levâmes l'ancre vers les huit heures, & nous fîmes route à l'aide de la marée. A midi le Cap *Quad* nous reftoit E. ¼ S. E., entre deux & trois lieues de diftance, & le Cap *Monday*, qui eft la terre la plus occidentale en vue fur la côte du S., étoit O. ¼ N. O., diftant de dix à onze lieues. Cette partie du détroit s'étend dans l'O. N. O., un ½ rumb O. du compas, & la largeur eft d'environ quatre milles. Des deux côtés le canal eft bordé de montagnes qui ne font que des rochers nuds, efcarpés, dont les cimes couvertes d'une neige éternelle, s'élevent au-deſſus des nuages, & paroiſſent n'être qu'un amas de ruines : on ne peut rien imaginer de plus affreux.

Ann. 1765.
Mars.

Les marées ſont ici très-fortes. L'ebe reverſe à l'Oueſt, mais avec une irrégularité dont il ſeroit difficile de rendre compte. Vers une heure après-midi, la *Tamar* jetta l'ancre dans le baie ſur le rivage méridional, oppoſé au Cap *Quad*, que nous venions de quitter, & nous continuâmes à gouverner au vent juſqu'à ſept heures du ſoir que nous vinmes mouiller dans une petite baie où le fond eſt très-bon, & qui eſt à l'Oueſt & à cinq lieues environ du Cap *Quad*. Cette baie eſt reconnoiſſable par deux gros rochers qui s'élevent au-deſſus de l'eau, & une pointe de terre baſſe qui fait la partie orientale de la baie. L'ancrage eſt entre les deux rochers, le plus E. reſtant N. O. $\frac{1}{4}$ rumb E., à la diſtance de deux encablures, & le plus O. qui eſt près de la pointe, à O. N. O $\frac{1}{4}$ rumb O., & dans le même éloignement à peu près. A mer baſſe on découvre encore un petit rocher parmi des goëmons, dans l'E. $\frac{1}{2}$ rumb N., à la diſtance d'environ deux longueurs de cable. Cette baie ne peut guère recevoir qu'un ſeul vaiſſeau, & s'il y en a plus d'un, on peut mouiller en-dehors un peu plus loin où l'on trouve plus de fond. Le calme regna dans la nuit, & le tems devint très-brumeux ; mais il s'éclaircit ſur les dix heures du matin du 8, & j'allai à terre. Je trouvai beaucoup de coquillages & pas une ſeule trace d'habitans. Dans l'après-midi, tandis que les gens de l'équipage s'occupoient à faire de l'eau, j'allai viſiter un lagon situé autour du rocher le plus occidental ; à l'entrée je vis une superbe cascade, & du côté de l'Est plusieurs petites anses, où des vaisseaux du premier rang peuvent être à l'ancre dans une sécurité parfaite. Nous ne vîmes rien d'ailleurs qui mérite d'être remarqué ; &, après avoir rempli notre canot de très-grosses moules, nous retournâmes à bord.

Le lendemain 9, à sept heures, nous appareillâmes & sortîmes de la baie en nous faisant remorquer par un bateau. Nous apperçûmes la *Tamar*, fort loin à notre arrière, qui gouvernoit sur nous. A midi, nous eûmes une légere brise d'E. N. E. ; mais à cinq heures, le vent passa à l'O. N. O. grand frais. A six heures, nous avions amené le Cap *Monday* ; & à six heures du matin, le lendemain 10, le Cap *Upright* nous restoit E. $\frac{1}{4}$ S. E., à la distance de trois lieues. Du Cap *Monday* au Cap *Upright*, l'un & l'autre sur le rivage méridional & dans une distance d'environ cinq lieues, la route est à l'O. $\frac{1}{4}$ N. O. du compas ; des deux côtés le rivage ne présente qu'une chaîne de rochers hachée. Sur les sept heures, nous essuyâmes un grain très-pesant, le Ciel étoit chargé d'épais nuages, & une chaîne de brisans se montra tout d'un coup de l'avant à nous. Nous en étions si près que, pour les éviter, nous n'eûmes que le tems de revirer de bord, vent devant ; & si le vaisseau eût manqué de virer, nous péririons sans qu'aucun de nous pût se sauver du naufrage. Ces dangereux écueils sont à une grande distance de la côte méridionale, environ à trois lieues & au Nord du Cap *Upright*. A neuf heures, dans une éclaircie, nous apperçûmes l'entrée de *la longue rue*; & nous portâmes le Cap dessus, serrant de très-près le rivage méridional, dans l'espérance d'y trouver un mouillage. A dix heures, une brume épaisse & des grains violents accompagnés d'une très-forte pluie, nous firent dériver jusqu'au Cap *Mondai*, sans pouvoir trouver un mouillage, que nous continuâmes de chercher, en gouvernant toujours le long du rivage méridional; & bientôt la *Tamar*, qui toute la nuit avoit été à sept lieues sous le vent à nous, arriva dans nos eaux. A onze heures du soir, nous mouillâmes dans une baie profonde, à trois lieues environ à l'Est du Cap *Monday*. Nous laissâmes tomber l'ancre sur 25 brasses, près d'une Isle dans le fond de la baie ; mais nous chassâmes avant que le vaisseau eût fait tête à son ancre, qui prit ensuite fond sur 50 brasses. Les pointes qui forment l'entrée de la baie nous restoient N. O. & N. E. ¼ E.; & l'Isle à l'O. ½ rumb S. Nous filâmes tout un cable, & l'ancre étoit à près d'une encablure du rivage le plus voisin.

Dans la nuit, nous eûmes les vents d'Ouest très-frais, accompagnés de grains violens & de pluies abondantes. Le 11 au matin, les vents furent plus modérés, mais le ciel resta couvert & la pluie continua. La mer élevoit autour de nous de grosses lames, & brisoit avec furie sur des rochers voisins : cette circonstance m'obligea à lever l'ancre, & nous nous touâmes jusqu'à un banc, sur lequel la *Tamar* étoit à l'ancre. Nous mouillâmes de nouveau par 14 brasses, & nous affourchâmes avec une ancre à jet, mouillée dans l'Eſt ſur 45 braſſes.

Dans le fond de la baie eſt un baſſin, à l'entrée duquel on n'a que 3 braſſes & demie, à mer baſſe, mais en-dedans on en trouve dix. Ce baſſin contiendroit ſept vaiſſeaux, qui y ſeroient à l'abri de tous les vents.

Nous y prolongeâmes notre ſéjour juſqu'au vendredi 15, & pendant tout ce tems, nous eûmes un vent en tourmente ; ce fut une continuelle tempête, des brumes impénétrables & une pluie conſtante.

Le 12, j'envoyai un canot armé ſous les ordres d'un Officier, pour reconnoître les différens mouillages qui ſe trouvent ſur la côte du Sud. Le canot revint le 14 avec la nouvelle, que de l'endroit où nous étions mouillés juſqu'au Cap *Upright*, il y avoit cinq baies où l'on pouvoit jetter l'ancre avec ſûreté. L'Officier m'informa que dans le voiſinage du Cap *Upright*, il avoit rencontré quelques Américains, qui lui avoient donné un chien, & qu'une des femmes lui avoit offert un enfant qu'elle tenoit ſur ſon ſein : il n'eſt pas néceſſaire de dire que cette ſingulière offre ne fut pas acceptée; mais elle prouve du moins ou une dépravation qui a éteint dans le cœur de ces ſauvages les ſentimens les plus naturels, ou une extrême pauvreté qui fait violence à la nature.

Durant cet intervalle de mauvais tems, la neige couvrit toutes les montagnes, dont nous avions vu le roc nud à notre arrivée; & l'hiver prit tout d'un coup possession de ces sauvages & tristes contrées. Les pauvres Matelots se voyoient exposés aux rigueurs du froid, sans vêtement, & presque continuellement percés de pluies. Je fis distribuer aux équipages, sans en excepter les Officiers, deux balles d'un gros drap de laine; ce qui leur fut dans cette occasion d'une grande ressource.

Le 15, à huit heures du matin, je signalai l'appareillage & nous mîmes à la voile. A trois heures après-midi, nous nous trouvâmes encore une fois à la hauteur du Cap *Monday*, & à cinq, nous vinmes jetter l'ancre dans une baie sur le bord oriental de ce Cap: sa pointe nous restoit au N. O., distante d'un demi-mille; & nous avions au N. $\frac{1}{4}$ N. O. les pointes qui forment l'entrée de la baie à l'E., nous n'étions guère qu'à une demie encablure du rivage le plus voisin, qui étoit une Isle basse entre le vaisseau & le Cap.

A six heures du matin, du 16, nous appareillâmes, & nous nous apperçûmes qu'une patte de notre ancre d'affourche s'étoit rompue. Les vents étoient à l'O. N. O., & la pluie ne discontinuoit pas. A huit heures, un fort courant nous entraînoit vers l'Est, & à midi, le Cap *Monday* nous restoit à l'O. N. O. à deux milles de distance. La *Tamar* qui étoit sous le vent, regagna la baie & s'y remit à l'ancre. Pour nous, nous persistions inutilement à nous soutenir, toutes les bordées nous étoient défavorables. A deux heures, nous laissâmes retomber l'ancre, par 18 brasses, sur le ri-

Tome I.   N

vage du Sud, à l'E. du Cap *Monday*, & à cinq milles environ de distance. Cependant, à trois heures, nous remîmes à la voile, parce que nos canots, qui avoient sondé tout autour du vaisseau, n'avoient trouvé qu'un fond de roche. La pluie étoit toujours aussi forte, & nous continuâmes à lutter contre les vents de N. O. le reste du jour & toute la nuit; tout le monde étant sur le pont. Il n'y avoit personne de nous qui ne fût percé jusqu'aux os ; car, outre la pluie, les lames venoient encore nous inonder.

Le jour, 17, vint, à notre grande mortification, nous convaincre que tous nos efforts n'avoient pu nous empêcher de rétrograder : à chaque bordée, nous avions perdu, à cause d'un courant dont la violence nous entraînoit continuellement vers l'Est. A huit heures, nous prîmes le parti *d'arriver*, & nous gouvernâmes sur la baie d'où nous étions sortis le 15, & où à neuf heures nous revînmes à l'ancre.

Les vents restoient à l'O. & au O. N. O., sans que la marée portât un seul instant à l'Ouest pendant le 18 & le 19. Le tems fut très-mauvais, le vent en tourmente, de fréquentes raffales & des grains violens accompagnés de pluie. Cependant j'avois fait partir un canot armé aux ordres d'un Officier, pour tâcher de découvrir une baie sur la côte septentrionale ; mais il revint sans y avoir trouvé de mouillage. Le 20, nous essuyâmes un coup de vent terrible : notre vaisseau chassa ; son ancre, dégagée du banc, tomba sur quarante brasses ; nous nous hâtâmes de la relever, &

au moyen d'un ancre à jet, nous ramenâmes notre vaisseau sur le banc.

Le jour suivant, 21, à huit heures, le vent variant de l'O. N. O. au S. O., nous appareillâmes & sortîmes encore une fois de la baie. Le courant portoit toujours à l'Est avec la même force : cependant à midi nous trouvâmes que nous avions fait un mille & demi dans une direction opposée. Les vents commencèrent alors à varier du S. O. au N. O., & à cinq heures le vaisseau avoit gagné au vent environ quatre milles; mais il ne se présentoit aucun mouillage que nous pussions atteindre, & le vent ayant calmé, nous fûmes entraînés à l'Ouest avec toute la rapidité du courant. Néanmoins, sur les six heures, nous réussîmes à mouiller par 40 brasses d'eau, sur un très-bon fond, dans une baie située à l'Ouest, & à deux milles environ de celle dont nous avions fait voile le matin. Nous passâmes une nuit fort désagréable. La mer étoit si houleuse, & nous nous trouvions tellement molestés, que quoique le vent fût toujours O. S. O., nous levâmes l'ancre le jour suivant, 22, à huit heures du matin, & reprîmes notre route. Une pluie continuelle se joignoit au courant & au vent contraires pour aggraver nos fatigues. Tant de sujets de découragement ne rallentirent point l'ardeur de nos Matelots qui étoient tout trempés. La gaieté ne les abandonna pas un instant, & ce qu'on n'auroit osé espérer, ils jouissoient tous de la meilleure santé.

Dans ce même jour, nous eumes la satisfaction

de voir le courant porter enfin à l'Oueſt, & nous nous hâtâmes d'en profiter. A ſix heures du ſoir nous mouillâmes dans la baie qui eſt ſur la rive orientale du Cap *Monday*, où la *Tamar* étoit à l'ancre ſur 18 braſſes, la pointe du Cap nous reſtant à l'O. ¼ N. O., diſtante d'un mille. Dans cette baie l'ancrage eſt très-ſûr ; le fond en eſt excellent, & deux ou trois vaiſſeaux de ligne, peuvent trouver place pour s'y amarrer.

CHAPITRE VII.

Navigation depuis le Cap Monday *jusqu'à la sortie du Détroit de* Magellan. *Observations générales sur la Navigation de ce Détroit.*

Nous appareillâmes, le 23, à huit heures du matin, & nous fîmes voile pour nous ouvrir la mer du Sud, d'où nous venoient déja des lames auffi groffes que j'en euffe jamais vues. A quatre heures après midi, nous mouillâmes dans une baie très-fûre, au fond de laquelle fe trouve un profond canal qui peut fervir à la faire reconnoître. Elle eft à l'Eft du Cap *Upright*, & à près d'une lieue de diftance; nous y laiffâmes tomber l'ancre fur 14 braffes : les deux pointes de l'entrée nous reftoient, l'une au N. O., l'autre au N. E. ¼ E.; le Cap *Upright* à l'O. N. O., environ à une encablure à l'Eft d'une Ifle baffe qui forme la baie.

Ann. 1765.
Mars.

Le 24, à trois heures du matin, j'envoyai un bateau armé, fous les ordres d'un Officier, pour trouver un mouillage à l'Oueft ; mais il revint à quatre heures de l'après midi, fans avoir jamais pu doubler le Cap *Upright*.

Le jour fuivant, 25, je fis encore partir les canots pour faire des recherches à l'Oueft ; ils furent de retour fur les quatre heures avec la nouvelle qu'ayant fait près de quatre lieues, ils avoient trouvé deux baies où il étoit poffible de fe mettre à l'ancre, mais que ni l'une ni l'autre n'offroient un excellent mouillage. Néanmoins nous continuâmes notre route le jour fuivant, 26, à huit heures du matin, & à trois heures le Cap *Upright* nous reftoit au N. E. à la diftance de quatre ou cinq milles. Ce Cap, qui eft très-élevé & taillé à pic, gît, par le compas, N. N. O., avec le Cap *Upright*, dont il eft éloigné de trois lieues. Le côté du Sud préfente ici un coup-d'œil effrayant ; il eft bordé à une diftance confidérable de rochers à fleur d'eau, fur lefquels la mer brife avec un bruit horrible. Vers les quatre heures, le tems commença à s'embrumer, & en moins d'une demi-heure nous vîmes la côte du Sud, à un mille environ de diftance, mais fans découvrir un feul endroit où il nous fut poffible de jetter l'ancre ; nous revirâmes donc au large & gouvernâmes fur la côte du Nord. A fix heures & demie je fis fignal à *la Tamar* de porter fur nous, & au moment où elle nous atteignit je lui donnai ordre de marcher de l'avant, d'allumer des feux & de tirer un coup de canon à chaque fois qu'elle vireroit de bord. A fept heures, dans une éclaircie, nous eumes la vue de la côte du Nord à l'O. $\frac{1}{4}$ N. O. ; & à l'inftant nous reprîmes la bordée du large. A huit heures le vent paffa du N. N. O. à l'O. N. O., & fouffla avec violence. Notre fituation devenoit réellement allarmante ; la tempête alloit toujours en croiffant ; le ciel étoit couvert des plus fombres nuages. La pluie fembloit annoncer un nouveau déluge,

& nous allions nous trouver dans une nuit ténébreufe, au milieu d'un canal étroit environnés d'écueils & de brifans. Nous voulûmes ferler la voile du perroquet de fougue, mais avant que cette manœuvre pût s'exécuter, la voile fut emportée fur fes cargues : alors nous mîmes à la cape fous la grande voile & la mifaine rifées, & gouvernâmes au S. O. Mais la mer étoit prodigieufement groffe ; fes lames brifoient fur notre vaiffeau fi fréquemment, que notre pont étoit continuellement fous les eaux. A neuf heures, dans une éclaircie, nous vîmes le haut Cap fur la côte du Nord, dont nous avons déja fait mention, qui nous reftoit à l'Eft, à près d'un mille de diftance ; mais nous avions entièrement perdu de vue la *Tamar*. A trois heures & demie du matin, nous nous trouvâmes tout près d'une terre très-élevée fur le rivage du Sud ; nous revirâmes au large, portant le Cap au Nord. La tempête, loin de diminuer, fembloit faire de nouveaux progrès, la pluie tomboit en torrens, & le ciel fembloit fe confondre avec la mer. A chaque inftant nous nous attendions à être brifés contre des écueils. Le jour, 27, fi ardemment defiré, commença enfin à poindre ; mais le ciel étoit fi chargé, & la brume fi épaiffe, qu'il nous fut impoffible de découvrir la terre, dont nous favions n'être pas fort éloignés. A fix heure nous vîmes le rivage méridional, à la diftance d'environ deux milles ; & bientôt après nous apperçûmes, avec une joie infinie, la *Tamar*. Dans ce moment le Cap *Monday* nous reftoit au S. E., diftant d'environ quatre milles, & la violence du vent ne diminuant point, nous portâmes fur ce Cap ; & fur les quatre

Ann. 1765.
Mars.

heures les deux vaisseaux vinrent à l'ancre dans la baie qui est à l'Est. La houle y étoit prodigieuse; mais nous nous croyions encore trop heureux d'avoir pu gagner un mouillage. Nous étions déja parvenus deux fois à quatre lieues de la baie *Tuesday* (Mardi), & deux fois nous en avions été jettés à dix & douze lieues, par des tempêtes telles que je n'en n'avois jamais éprouvées.

Je dois faire observer que quand la saison est trop avancée, le passage du détroit devient une entreprise non moins difficile qu'hasardeuse. La violence des vents & des tempêtes, la rapidité des courans & l'impétuosité des lames, les plus fortes pluies & des brumes si épaisses, qu'on ne voit pas les objets à deux longueurs de navire, rendent cette navigation impraticable.

Dans ce même jour, le cable de notre seconde ancre s'étant trouvé considérablement endommagé, nous le coupâmes à l'épissure, & nous en étalinguâmes un autre que nous fourrâmes avec du vieux cordage, à 8 brasses depuis l'étalingure.

Le lendemain, 28, dans l'après midi, le cable de la seconde ancre que la *Tamar* avoit mouillée, fut coupé sur le fond, le vaisseau chassa en côte, & fut porté à une très-petite distance de quelques rochers qui bordent le rivage oriental de la baie, contre lesquels il se seroit infailliblement brisé en touchant.

Le 9, à sept heures du matin, nous levâmes notre ancre d'affourche, dont le cable s'étoit fort endommagé sur le mauvais fond où nous étions mouillés.
Nous

Nous fûmes obligés d'en couper près de 26 brasses, & de le retalinguer. Environ une heure après, la *Tamar*, qui étoit dans le voisinage des roches, & qui avoit fait d'inutiles efforts pour lever son ancre, fit signal d'incommodité. Je rentrai donc dans la baie, où m'étant remis à l'ancre, j'envoyai le bout d'une hauffière à bord de la *Tamar*, pour l'écarter des roches, tandis qu'elle relevoit son ancre. Nous parvinmes, à l'aide de cette manœuvre, à l'élever au vent; & à midi, s'étant trouvée dans un poste plus avantageux, elle y resta mouillée.

Nous passâmes la nuit dans cette situation, & le jour suivant, 30, nous eûmes le matin un vent de O. N. O., plus violent encore que tous ceux qui avoient précédé. La mer grossit d'une manière effrayante; les lames qui venoient nous assaillir de tous les côtés, s'élevoient plus haut que nos mats. Comme nous avions un mauvais fond, nous étions dans une crainte continuelle de voir couper nos cables. Si cela fût arrivé, notre vaisseau aurois été mis en pièces sur des rochers qui étoient sous le vent à nous, & sur lesquels la mer brisoit avec une fureur inconcevable & un bruit semblable à celui du tonnerre. Nous amenâmes la grande vergue & celle de misaine, mouillâmes l'ancre d'affourche, filâmes un cable & demi sur notre seconde ancre, & après avoir paré le maître cable, nous demeurâmes ainsi affourchés le reste du jour jusqu'à minuit, tandis que la mer ne cessoit de briser autour de nous, & d'élever des lames jusqu'au haut de nos grands haubans. Vers une

ANN. 1765.
Mars.

heure du 31, la tempête parut un peu s'adoucir; mais la pluie tomboit toujours avec une égale force, & le tems resta embrumé & orageux jusqu'à minuit, que le vent ayant passé au S. O., l'orage se calma un peu & le ciel commença à s'éclaircir.

1 Avril.

LE jour suivant, premier d'Avril, nous eûmes un profond calme, qui ne fut interrompu que par quelques foibles brises. Mais le tems s'embruma de nouveau; la pluie ne discontinuoit pas, & nous observâmes un courant qui portoit fortement vers l'Est. A quatre heures, nous hissâmes nos basses vergues, remîmes en place le maître cable, relevâmes notre ancre d'affourche, & à huit heures, la seconde ancre, dont nous trouvâmes le cable endommagé en plusieurs endroits, ce qui étoit d'autant plus fâcheux que c'étoit un très-beau cable tout neuf, & qu'on mouilloit pour la première fois. A onze heures, nous étions à pic sur l'ancre de toue. Mais l'instant d'après le vent calma, le ciel redevint brumeux & la pluie recommença. Alors nous filâmes le greslin, prîmes une hansière de la *Tamar*, nous nous touâmes jusques sur le banc que nous avions quitté & nous laissâmes tomber l'ancre d'affourche sur 22 brasses d'eau.

A six heures du soir, les vents furent O. N. O., grand frais, accompagnés de violentes raffales & d'une pluie continuelle; nous gardâmes notre poste jusqu'au 3, que j'envoyai un canot de la *Tamar*, avec un Officier de chaque vaisseau, pour découvrir dans l'Ouest un mouillage sur la côte méridionale; & j'en fis partir en même-tems un du *Dauphin* pour tâcher d'en reconnoître quelqu'autre fur la côte du Nord.

Ann. 1765.
Avril.

Le lendemain, 4, dans la matinée, le canot du *Dauphin* fut de retour à bord. Il avoit côtoyé à l'Oueſt le rivage du Nord l'eſpace de cinq lieues, & reconnu deux places propres au mouillage. L'Officier me dit, dans ſon rapport, qu'il avoit rencontré des Américains dont les pirogues étoient d'une conſtruction bien différente de celles que nous avions déja vues dans le détroit. Elles étoient faites de planches couſues enſemble, au-lieu que les autres n'étoient que des écorces d'arbre nouées aux deux bouts & traverſées dans le milieu par un morceau de bois court, pour les tenir ouvertes, à-peu-près comme les bateaux que les enfans font avec des coſſes de pois. Les Américains lui parurent plus ſtupides encore qu'aucun de ceux que nous avions vus. Ils étoient nuds, n'ayant malgré la rigueur du froid qu'une peau de loup de mer, jettée ſimplement ſur leurs épaules ; mais il n'y a guère que les cochons qui euſſent voulu goûter de leurs mets : c'étoit un gros morceau de baleine, déja en putréfaction & dont l'odeur infectoit l'air au loin. L'un d'eux découpoit avec les dents cette charogne, & en préſentoit les morceaux à ſes compagnons qui les mangeoient avec la voracité des bêtes féroces. Cependant ils ne conſidéroient pas avec indifférence ce que nos gens poſſédoient ; car un matelot s'étant endormi, ils lui coupèrent le derrière de ſon habit, avec une pierre tranchante qui leur ſert de couteau.

VERS les huit heures nous mîmes à la voile, & nous ne trouvâmes que peu ou point de courant. A midi, le Cap *Upright* nous reſtoit à O. S. O., diſtant de trois lieues. A ſix heures du ſoir, nous mouillâmes dans la baie, ſur le rivage méridional ; cette baie eſt à l'Eſt & à la diſtance d'environ une lieue du Cap, & l'on y trouve 15 braſſes d'eau.

TANDIS que nous y étions à l'ancre, & que nous nous occupions à faire du bois & de l'eau, ſept ou huit Américains parurent en pirogue ſur la pointe occidentale de la baie ; ils deſcendirent à terre du côté oppoſé à notre vaiſſeau, & firent du feu. Nous les invitâmes à venir à bord, par tous les ſignes que nous jugions propres à les attirer, mais ce fut inutilement. Je m'embarquai dans mon ïole, & je me rendis auprès d'eux. Je m'introduiſis en leur faiſant des préſens de peu de valeur, & dont ils parurent fort ſatisfaits. Nous ne tardâmes pas à être bons amis ; j'envoyai l'ïole chercher du pain, & je reſtai ſeul avec eux ſur le rivage. Dès que mes gens furent de retour avec le biſcuit, je le partageai entre ces Américains ; & je remarquai avec autant de ſurpriſe que de plaiſir que s'il arrivoit qu'un morceau tombât à terre, aucun d'eux ne ſe préſentoit pour le ramaſſer, que je ne l'euſſe permis. Nos gens ſe mirent à couper des herbes pour quelques moutons que nous avions encore à bord. Les Américains s'en étant apperçus, coururent auſſi-tôt en arracher, & les porter au bateau qui en fut bientôt rempli. J'étois touché de cette attention : mais je m'apperçus que le plaiſir que j'exprimois en cette occasion leur en faisoit beaucoup à eux-mêmes. Ils prirent bonne opinion de nous, & lorsque je retournai à bord, ils m'accompagnèrent dans leur pirogue. Cependant, arrivés au vaisseau, ils s'arrêtèrent, & considérèrent ce bâtiment avec une surprise mêlée de terreur. Je les invitai à monter à bord, mais ce ne fut pas sans peine que je déterminai quatre ou cinq d'entr'eux à s'y exposer. Je leur fis plusieurs petits présens, & bientôt ils furent entièrement rassurés. Voulant leur faire fête, un de mes bas-Officiers joua du violon, & quelques Matelots dansèrent. Ils furent enchantés de ce petit spectacle. Impatiens d'en marquer leur reconnoissance, l'un d'eux se hâta de descendre dans la pirogue, il en rapporta un petit sac de peau de loup de mer, où étoit une graisse rouge dont il frotta le visage du joueur de violon; il auroit bien souhaité me faire le même honneur auquel je me refusai; mais il fit tous ses efforts pour vaincre ma modestie, & j'eus toutes les peines du monde à me défendre de recevoir la marque d'estime qu'il vouloit me donner. Après leur avoir procuré quelques heures de divertissement, je leur fis entendre qu'ils devoient retourner à terre; mais ils avoient conçu pour nous un tel attachement, que ce ne fut pas une chose aisée que de les déterminer à rentrer dans leur pirogue.

Ann. 1765.
Avril.

Le dimanche 7, à six heures du matin, nous appareillâmes, avec un vent modéré de l'E. N. E., & par un très beau tems. A sept heures, nous avions doublé le Cap *Upright*, & à neuf, il nous restoit à l'E. S. E. à la distance de quatre lieues. Bientôt après nous sentîmes que le courant nous portoit à l'Eſt ; ſa vîteſſe étoit d'un nœud & demi par heure. Le vent calma ſur les trois heures, & nous nous trouvâmes à la diſpoſition du courant qui nous porta vers l'Eſt. Nous laiſsâmes tomber une ancre ſur laquelle nous filâmes juſqu'à 120 braſſes de cable avant qu'elle prît fond.

CE ne fut que de ce jour, que le canot de la *Tamar*, envoyé à la recherche des mouillages de la côte du Sud, revint à ſon bord. Il avoit été à trois lieues du Cap *Pillar*, & il avoit découvert pluſieurs excellens ancrages le long de la côte.

LE jour ſuivant, 8, à une heure du matin, les vents étant à l'Oueſt très-frais, nous levâmes l'ancre, & nous fîmes de là voile au milieu d'une épaiſſe brume. A onze heures, les vents ſe renforcèrent, accompagnés d'une grande pluie, & la mer groſſiſſoit horriblement. Nous nous apperçûmes bientôt que loin d'avancer nous rétrogradions, nous prîmes donc le parti de porter ſur une baie du rivage du Sud, diſtante de quatre lieues & à l'Oueſt du Cap *Upright*; & nous y laiſsâmes tomber l'ancre ſur 20 braſſes d'eau; le fond n'y étoit pas très-bon, mais, à d'autres égards, c'étoit une des meilleures retraites que nous euſſions trouvées dans le détroit; & les vaiſſeaux y ſont à l'abri de tous les vents. Dans l'après-midi, le vent ayant molli, & tournant un peu vers le Sud, nous déſafourchâmes. A quatre heures, le vent ayant paſſé du S à S. S. E., & devenu maniable, nous mîmes à la voile le Cap à l'Oueſt. Nous fîmes environ deux lieues & demie : mais la nuit, qui tomboit, nous força de chercher un mouillage, que nous découvrîmes difficilement sur le rivage du Sud dans une très-bonne baie, où nous eûmes 20 brasses d'eau. Une violente raffale, qui nous vint de terre, pensa nous chasser de cette baie avant que nous fussions à l'ancre, & si nous n'eussions pas réussi à mouiller, nous aurions passé une nuit très-critique dans le canal ; car dès l'instant de notre mouillage, jusqu'au lendemain matin, nous essuyâmes un véritable ouragan, avec une très-forte pluie souvent mêlée de neige.

A six heures du 9, le vent étant au S. S. E., mais frais & orageux, nous levâmes l'ancre & gouvernâmes à l'O. ¼ N. O. en prolongeant la côte du Sud. A onze heures nous avions amené le Cap *Pillar*. Ce Cap gît O. 5 d 30' N. avec le Cap *Upright*, à la distance d'environ quatre lieues. Le Cap *Pillar* est reconnoissable par deux roches coupées en forme de tours qui terminent son sommet, & lorsqu'il reste à l'O. S. O., on découvre une Isle à la même hauteur, qui a en quelque manière l'apparence d'une meule de foin, & qui est bordée de plusieurs rochers.

A l'Est du Cap *Pillar*, le détroit s'ouvre jusqu'à sept & huit lieues de largeur. La terre des deux côtés est d'une médiocre hauteur ; la côte du Nord est moins élevée, & celle du Sud est plus saine ; on peut la ranger avec beaucoup moins de danger ; mais l'une & l'autre sont escarpées & morcelées. L'Isle de *Westminster* est plus près de la côte du Nord que de celle du Sud : elle gît N. E. & S. O. avec le Cap *Pillar*. La côte du Nord, près du débarquement du détroit,

Ann. 1765.
Avril.

Ann 1765.
Avril.

est bordée d'îlots & de rochers sur lesquels la mer brise d'une manière terrible. La terre, aux environs du Cap *Victoire*, s'éloigne du Cap *Pillar* de dix à onze lieues dans la direction du N. O. ¼ N. Depuis le Cap *Pillar*, la côte se fait S. S. O. 5ᵈ 30′ O. jusqu'au Cap *Désiré*, qui est une terre basse bordée d'un prodigieux nombre d'îlots & de brisans. A sept lieues environ à l'O. S. O. du Cap *Désiré* se trouvent quelques écueils dangereux, que Sir John Narborough a nommé *les Juges*. Des lames s'élèvent sur ces écueils comme des montagnes, & s'y brisent avec un bruit horrible. Quatre petites Isles, qu'on nomme les *Isles de Direction*, sont éloignées du Cap *Pillar* d'environ huit lieues dans la direction du N. O. ¼ O. Arrivés à la hauteur de ce Cap, il fit tout calme ; mais la mer se trouvoit prodigieusement houleuse, & des lames terribles battoient les deux rives & ne permettoient pas d'en approcher. J'étois dans une continuelle crainte de voir les vents repasser dans la partie de l'Ouest, & de nous trouver forcés, s'il ne nous arrivoit rien de pis, de faire dans le canal une marche rétrograde de plusieurs lieues ; mais heureusement pour nous, il s'éleva du S. E. un vent frais ; je mis aussi-tôt toutes les voiles dehors, & courant près de sept milles par heure, je m'éloignai enfin de ces côtes redoutables ; à huit heures du soir, nous les avions laissées à vingt lieues derrière nous. Alors, pour mieux faire porter la voile au vaisseau, je fis abattre les cloisons de l'arrière, afin de pouvoir mettre deux de mes canots sous le gaillard ; & je plaçai la chaloupe au pied du

grand

grand mât, de manière que fur nos mâts de rechange, il ne reftoit que l'iole. Ce léger changement produifit un effet furprenant dans la marche du vaiffeau ; car le poids de nos bâtimens à rames portés fur nos potences, donnoit trop de bricole au vaiffeau, & nous courions rifque de les perdre dans un gros tems.

ANN. 1765.
Avril.

LES difficultés & les dangers, que nous avons effuyés dans le détroit de *Magellan*, pourroient faire croire qu'il n'eft pas prudent de tenter ce paffage ; & que les vaiffeaux, qui partent d'Europe pour fe rendre dans la mer du Sud, devroient tous doubler le Cap *Horn*. Je ne fuis point du tout de cette opinion, quoique j'aie doublé deux fois le Cap *Horn*. Il eft une faifon de l'année, où non pas un feul vaiffeau, mais toute une flotte peut en trois femaines traverfer le détroit ; & pour profiter de la faifon la plus favorable, il convient d'y entrer dans le mois de Décembre. Un avantage ineftimable qui doit toujours décider les Navigateurs à prendre la route du détroit, eft qu'on y trouve en abondance du céleri, du cochléaria, des fruits, & plufieurs autres végétaux anti-fcorbutiques. C'eft à l'ufage de ces plantes que j'attribue la fanté dont nos équipages ont joui durant cette navigation. Perfonne ne reffentit la plus légère atteinte de fcorbut, & nous n'eumes perfonne fur les cadres pour quelqu'autre maladie, malgré la rigueur du froid, & les travaux exceffifs auxquels nous fûmes expofés dans ce paffage, où nous entrâmes le Dimanche 17 Février, pour n'en fortir que le 9 d'Avril. Dès qu'on a dépaffé

Tome I. P

la baie (*d'Eau-Douce*), il n'y a prefque pas un feul mouillage où l'on puiffe faire commodément de l'eau & du bois. Les obftacles que nous avons eu à vaincre ne peuvent être imputés qu'à la faifon de l'équinoxe, faifon ordinairement orageufe, & qui, plus d'une fois, mit notre patience à l'épreuve.

CHAPITRE VIII.

Navigation depuis le Détroit de Magellan *jusqu'aux Isles de* Disappointment. *Détails nautiques sur cette navigation.*

Sortis du détroit de *Magellan*, nous dirigeames notre route à l'Ouest jusqu'au 26 Avril, que nous eûmes connoissance de l'Isle *Masafuero*, qui nous restoit à l'O. N. O., un ½ rumb à l'Ouest, à la distance d'environ dix-huit lieues; mais nous n'appercevions point l'Isle de *Juan-Fernandès*; les nuages, qui obscurcissoient l'horison du côté du Nord, nous en déroboient la vue. Durant cette course, la variation de la boussole avoit graduellement passé de 22 ᵈ à 9 ᵈ 36′ E.

Nous gouvernâmes sur *Masafuero*: nous en étions à sept lieues au moment du coucher du soleil, & nous passâmes la nuit en panne. Le 27, dès la pointe du jour, nous remîmes le Cap en route, & j'envoyai de chaque vaisseau un canot armé sous les ordres d'un Officier, pour reconnoître les fondes de la côte Orientale de l'Isle. Vers le midi, le milieu de l'Isle nous restoit à l'Ouest, à la distance d'environ trois milles; mais comme je vis nos bateaux côtoyer le rivage sans pouvoir prendre terre, à cause d'une lame qui battoit toute cette côte, je gouvernai sur la partie Septentrionale de l'Isle, que je trouvai encore inaccessible: dans une étendue d'environ deux milles, elle est bordée d'un récif qui s'étend au large. Cette Isle, dont les terres sont très-riantes, est en grande partie boisée ; mais du côté du Nord que nous prolongions, il y a quelques clairières, qui présentent des pieces de verdure, où nous vîmes paître des chevres sauvages. Le coup-d'œil de cette partie de l'Isle est réellement fort agréable. Nos bateaux de retour, l'Officier, qui les commandoit, m'informa qu'il avoit trouvé un banc du côté de l'Est qui touche à la pointe du Sud, à une distance considérable du rivage, sur lequel nous pouvions jetter l'ancre, & que vis-à-vis ce mouillage, il y avoit une très-belle cascade d'une eau excellente ; mais que près de la pointe du Nord il n'avoit découvert aucune place où l'on pût mouiller. Nos bateaux étoient revenus chargés d'une quantité de très-beaux poissons qu'ils avoient pris à la ligne, tout près du rivage. Comme il étoit déja tard, nous mîmes nos canots à bord, & nous gouvernâmes à l'Ouest pendant la nuit.

Le 28, à sept heures du matin, nous mouillâmes notre ancre d'affourche sur le banc que les canots avoient découvert ; nous y eûmes 24 brasses d'eau, fond de sable noir : les deux pointes les plus éloignées nous restoient, l'une au Sud, & l'autre au N. O. ; la cascade au S. S. O. à la distance d'un mille environ du vaisseau. Cette partie de l'Isle gît Nord & Sud, & son étendue est de quatre milles à peu-près. Les fondes, à deux encablûres du rivage, furent régulièrement de 20 à 25 brasses.

Aussi-tôt que nous fûmes à l'ancre, j'envoyai les canots à terre pour chercher une place propre à faire de l'eau & du bois ; mais comme j'obfervai que la côte étoit remplie de rochers & que des lames brifoient avec violence le long du rivage, j'ordonnai à tous ceux qui étoient dans les canots de prendre des corfets de liege, dont nous nous étions pourvus à notre départ, pour s'en fervir en pareilles occafions. A l'aide de ces corfets, qui non-feulement donnent de l'aifance au nageur, mais l'empêchent encore de fe brifer contre les rochers, la defcente fe fit avec facilité, & nous nous procurâmes une bonne provifion d'eau & de bois. Il y avoit néanmoins une autre efpèce de danger contre lequel les corfets de liege ne pouvoient nous défendre, c'étoit des poiffons d'une énorme groffeur, connus fous le nom de *Goulus de mer*, très-communs fur cette côte. Nos gens échappèrent heureufement à ces poiffons dangereux ; mais ils furent plufieurs fois fur le point d'en être dévorés. Un de ces goulus, qui avoit plus de 20 pieds de long, s'approcha d'un bateau, & fe faifit, à la vue des Matelots, d'un gros veau marin qu'il avala d'un feul trait. J'en ai moi-même vu un autre, d'une taille à peu-près femblable, dévorer ainfi un veau marin fous l'arrière de notre vaiffeau. Nos gens tuèrent quelques chèvres que nous trouvâmes d'un goût auffi excellent que la meilleure venaifon d'Angleterre. J'obfervai qu'une de ces chèvres avoit déja été prife & marquée : fon oreille droite étoit fendue d'une manière qui annonçoit que cela n'étoit pas arrivé accidentellement. Le poiffon étoit fi abondant, qu'un canot pouvoit avec fes lignes en prendre, en peu

Ann. 1765.
Avril.

d'heures, pour nourrir l'équipage deux jours de suite. Ces poissons, de différente sorte, étoient tous d'un très-bon goût, & quelques-uns pesoient de 20 à 30 livres.

Ce soir, les lames étoient si grosses, que le canonnier & un matelot qui étoient à terre, avec ceux qui remplissoient nos pièces à l'eau, n'osèrent s'exposer à regagner le canot, qui revint à bord, sans les ramener.

Le jour suivant, 29, on découvrit, à un mille & demi au Nord du vaisseau, & à une distance presque égale des pointes Nord & Sud de l'Isle, une place beaucoup plus commode pour l'aiguade, en ce que la lame n'y brisoit point avec la même force sur le rivage.

La marée ici verse douze heures au Nord, & reverse ensuite douze heures au Sud ; ce qui nous étoit très-favorable, le vent soufflant de la partie du Sud avec une très-grosse mer, nos canots n'auroient jamais pu, sans l'aide de la marée, revenir à bord avec les pièces à l'eau. Nous parvînmes à faire dans ce jour dix tonneaux d'eau à cette nouvelle aiguade ; & dans l'après-midi j'envoyai un canot pour reprendre le canonnier & le matelot qui avoient passé la nuit à terre ; mais la lame étoit encore si grosse que le matelot, qui ne savoit pas nager, craignit de s'exposer au danger, & le canonnier demeura avec lui.

Je leur envoyai un autre canot pour les informer que d'après les apparences du tems, il étoit à craindre qu'il n'y eût dans la nuit quelque coup de vent qui chasfât le vaisseau loin du banc, & qu'on seroit dans la nécessité de les abandonner dans cette Isle. A ce dernier message le canonnier se mit à la nage & parvint au canot; mais le matelot, quoiqu'il eût un corset de liege, dit qu'il se noyeroit infailliblement, s'il tentoit d'y arriver; & préférant une mort naturelle, il se détermina à rester dans l'Isle; il fit des adieux fort tendres à ses camarades, & leur souhaita toute sorte de bonheur. Cependant un des Quartier-Maîtres, au moment où le canot alloit s'en retourner, prit avec lui le bout d'une corde, se jetta à travers les vagues, & nagea jusqu'au rivage, où le pauvre matelot déploroit sa destinée. Le Quartier-Maître commença par lui remontrer les tristes conséquences d'une si étrange résolution; & tout en lui parlant il lui passa adroitement autour du corps le bout de sa corde, à laquelle il avoit fait un nœud coulant, & cria en même-tems à ses compagnons de tirer la corde dont ils tenoient l'autre bout; ce qui fut exécuté, & le matelot fut ainsi ramené à travers les vagues jusqu'au canot; mais il avoit avalé une si grande quantité d'eau, qu'en le retirant, il paroissoit être sans vie: on le suspendit par les pieds, il reprit bientôt ses sens, & le jour suivant il fut parfaitement rétabli.

Dans ce même jour, je nommai M. Mouat, qui commandoit la *Tamar*, Capitaine du *Dauphin* sous mon commandement, & M. Cumming, mon premier Lieutenant, le remplaça. M. Carteret, premier Lieutenant de cette frégate, passa à mon bord à la place de M. Cumming, & je donnai à M. Kendal, un des Contre-Maîtres du *Dauphin*, une commission de second Lieutenant à bord de la *Tamar*.

Le 30, à sept heures du matin, nous levâmes l'ancre, & gouvernâmes au Nord en prolongeant la côte de l'Isle qui s'étend à l'Est & au N. E.; mais nous ne découvrîmes aucun endroit propre à l'aiguade. Nous poursuivîmes donc notre route, le vent étant au S. E., & le tems fort couvert. A midi le milieu de l'Isle nous restoit au S. S. E., à la distance de huit lieues.

Je continuai, le lendemain 1 Mai, à gouverner N. 3^d O., & le jour suivant à midi, je changeai la direction de ma route, & je portai à l'Ouest, dans le dessein de reconnoître, s'il étoit possible, la *Terre de Davis*, que les Géographes placent sur le parallèle de 27^d 30′ & environ à cent lieues à l'Ouest de *Copiapo* au *Chili*; mais au bout de huit jours de recherche, je ne vis nulle apparence de découvrir cette Isle à la latitude marquée sur les cartes, me trouvant à celle de 26^d 46′ S. & par 94^d 45′ de longitude O., & comme notre navigation devoit encore être longue, je me déterminai à faire prendre du N. O. à notre route, jusqu'à ce que j'eusse rencontré les vent alisés pour gouverner ensuite à l'Ouest, & chercher les Isles *Salomon*, s'il est vrai qu'elles existent, ou faire de nouvelles découvertes.

Le 10, nous vîmes autour de notre vaisseau des bonites & des dauphins, & le jour suivant nous apperçûmes des oiseaux, connus des Naturalistes sous le nom d'*Oiseaux solitaires*: leur plumage brunâtre

sur

sur le dos & aux extrémités des aîles, est blanc dans le reste du corps ; leur bec est court, ainsi que leur queue qui se termine en pointe. La déclinaison n'étoit plus alors que de 4ᵈ 45′ E.; notre latitude S. de 24ᵈ 30′, & la longitude de 97ᵈ 45′ O.

Ann. 1765. Mai.

Le 14 nous rencontrâmes plusieurs poissons d'une taille énorme, qu'on appelle *Grampuses*, & une si grande quantité d'oiseaux, que je ne doutai pas que nous ne fussions dans le voisinage de quelques terres ; mais du plus haut des mâts rien ne se montroit sur l'horison. Notre latitude étoit de 23ᵈ 2′ S.; la longitude de 101ᵈ 28′ O., & la variation du compas mesurée par les azimuths de 3ᵈ 20′ E.

Dans la matinée du 16, nous vîmes deux oiseaux très-remarquables ; ils étoient de la grosseur des oies, & s'élevoient à une grande hauteur ; leur plumage avoit la blancheur & l'éclat de la neige, & ils avoient les cuisses noires ; je commençai à croire que j'avois passé au Sud de quelque terre ou de quelques Isles, car j'observai la nuit précédente, que la mer, qui de ce côté avoit été généralement houleuse, devint calme & unie pendant quelques heures, après quoi la houle reparut.

Le 22, étant par les 20ᵈ 52′ S., & 115ᵈ 38′ de longitude O. & ayant une petite brise de l'E. S. E.; les lames qui nous venoient du Sud étoient si grosses, & se succédoient si rapidement, que nous nous trouvâmes dans un continuel danger de perdre nos mâts ; ce qui me détermina à gouverner plus au Nord, tant pour

Tome I. Q

soulager le vaisseau, que pour trouver les vents alisés. Le scorbut commençoit à se manifester dans les équipages, & j'eus le chagrin d'en voir mes meilleurs matelots attaqués. Ce même jour, pour la premiere fois, nous prîmes deux bonnites, & nous apperçûmes plusieurs compagnies de ces oiseaux qu'on rencontre sous le tropique; ils nous parurent plus gros qu'aucun de ceux que nous eussions encore vu; leur plumage est d'un blanc vif, & la queue est composée de deux longues plumes. La variation de la boussole avoit changé sa direction, & elle étoit de 19^d O.

Le 26, deux gros oiseaux voltigèrent autour du vaisseau; ils avoient, avec un plumage noir, un collier de plumes blanches; leurs aîles étoient très-étendues, & leur queue étoit garnie de longues plumes; ils avoient le vol pesant, ce qui me fit croire qu'ils étoient d'une espèce qui ne s'écarte pas loin des côtes. Je m'étois flatté que nous aurions les vents alisés au S. E., avant d'avoir couru six degrés au Nord de *Masafuero*; mais les vents souffloient constamment du Nord, quoique des lames d'une hauteur extraordinaire nous vinssent du S. O.; notre latitude étoit de 16^d 55′ S., la longitude de 127^d 55′ O., & ici l'aiguille aimantée ne marquoit aucune variation.

Le 28, deux gros oiseaux d'une grande beauté, volèrent au-dessus du vaisseau, l'un avoit le plumage blanc nuancé de brun, celui de l'autre étoit noir tacheté de blanc; ils se seroient posés sur nos vergues si le roulis du vaisseau ne les eut pas effrayés.

Le 31, les vents varièrent du N. ¼ N. O., au N. O. ¼ O. Alors les oiseaux furent en très-grand nombre autour du vaiſſeau. Cette circonſtance & la diſpoſition de ces énormes lames du Sud, me firent juger que nous n'étions pas éloignés de la terre. Nous obſervions avec toute l'exactitude imaginable, car le ſcorbut faiſoit journellement de nouveaux progrès.

Ann. 1765.
Mai.

Ce ne fut que le 7 Juin, qu'étant par les 14ᵈ 5′ S., & 144ᵈ 58′ de longitude O., nous eûmes connoiſſance de la terre à une heure du matin. La variation de l'aiguille ſe trouvoit être de 4ᵈ 30′ E; je ferrai le vent à petites voiles juſqu'au jour, & nous vîmes alors dans l'O. S. O., à la diſtance d'environ deux lieues, une petite Iſle baſſe : bientôt nous apperçûmes au vent à nous, une autre Iſle qui nous reſtoit E. S. E., entre trois & quatre lieues de diſtance ; elle pàroiſſoit plus conſidérable que la première que nous avions vue, & dont nous avions été très-près dans la nuit.

Juin.

Je gouvernai ſur la petite Iſle, dont l'aſpect, à meſure que nous en approchions, offroit une riante perſpective ; tout autour régnoit une plage d'un beau ſable blanc : l'intérieur eſt planté de grands arbres qui, en étendant leurs branches touffues, portent au loin leurs ombres, & forment, ſans arbriſſeaux, les boſquets les plus délicieux qu'on puiſſe imaginer. Cette Iſle paroiſſoit avoir près de cinq lieues de circonférence ; d'une pointe à l'autre s'étendoit une barre, ſur laquelle la mer écumoit avec fureur ; & de groſ-

Q ij

ses lames qui battoient toute la côte, en défendoient l'accès de toute part. Nous nous apperçûmes bientôt que l'Isle étoit habitée, plusieurs Indiens parurent sur la grève, armés de piques de seize pieds au moins de longueur ; ils allumèrent plusieurs feux, que nous supposâmes être des signaux, car l'instant d'après nous vîmes briller des feux sur l'autre Isle qui étoit au vent à nous, ce qui nous confirma qu'elle avoit aussi des habitans.

J'envoyai un canot armé, sous les ordres d'un Officier, pour chercher un mouillage ; mais il revint avec la désagréable nouvelle qu'il avoit fait le tour de l'Isle sans avoir trouvé de fond à une encablure du rivage qui étoit bordé d'un rocher de corail très-escarpé. Le scorbut faisoit alors parmi nos équipages le plus cruel ravage ; nous avions plusieurs matelots sur les cadres ; ces pauvres malheureux qui s'étoient traînés sur les gaillards, regardoient cette terre fertile, dont la nature du lieu leur défendoit l'entrée, avec des yeux où se peignoit la douleur ; ils voyoient des cocotiers en abondance, chargés de fruit, dont le lait est peut-être le plus puissant antiscorbutique qu'il y ait au monde : ils supposoient avec raison qu'il devoit y avoir des limons, des bananes & d'autres fruits qu'on trouve généralement entre les tropiques ; & pour comble de désagrément, ils voyoient les écailles des tortues éparses sur le rivage. Tous ces rafraîchissemens qui les auroient rendus à la vie, n'étoient pas plus à leur portée que s'ils en eussent été séparés par la moitié du globe ; mais en les voyant, ils sentoient plus vivement le malheur d'en être privés. Il est bien vrai que leur situation n'étoit pas plus fâcheuse, que si la distance seule & non une chaîne de rochers les eût empêchés d'atteindre à ces biens si désirables. Ces deux genres d'obstacles étant également insurmontables, des hommes soumis à l'empire de la raison n'auroient pas dû être plus affectés de l'un que de l'autre ; mais c'étoit une de ces situations critiques, où la raison ne peut garantir les hommes de la force que l'imagination exerce perpétuellement pour agraver les calamités de la vie.

Ann. 1765. Juin.

Informé de la profondeur des eaux, je ne pus m'empêcher de faire le tour de l'Isle, quoique je susse qu'il fût impossible de se procurer aucun des fruits qu'elle produisoit. Tandis que nous en prolongions les côtes, les naturels accoururent sur la plage, en poussant des cris & en dansant ; souvent ils s'approchoient du rivage, agitoient leur longues piques d'un air menaçant, se jettoient ensuite à la renverse, & demeuroient quelques instans étendus sans mouvement & comme s'ils eussent été morts ; ce qui signifioit sans doute qu'ils nous tueroient si nous tentions la descente. Nous remarquâmes en côtoyant le rivage, que les Indiens avoient planté deux piques dans le sable, au haut desquelles ils avoient attaché un morceau d'étoffe qui flottoit au gré du vent, & devant lequel plusieurs d'entr'eux se prosternoient à chaque instant, comme s'ils eussent invoqué le secours de quelqu'être invisible, pour les défendre contre nous. Durant cette navigation autour de l'Isle, j'avois renvoyé nos bateaux pour sonder une seconde fois le long du rivage ; mais

Ann. 1765.
Juin.

lorſqu'ils voulurent s'en approcher les ſauvages jettèrent des cris effroyables, maniant leurs lances avec fureur, & montrant avec des démonſtrations de menaces, de groſſes pierres qu'ils ramaſſoient ſur la rive; nos gens ne leur répondirent que par des ſignes d'amitié & de bienveillance, leur jettèrent du pain & pluſieurs bagatelles propres à leur plaire, mais aucun d'eux ne daigna y toucher: ils retirerent à la hâte quelques pirogues qui étoient ſur le bord de la mer, & les portèrent dans le bois; ils s'avancèrent enſuite dans l'eau, & paroiſſoient épier l'occaſion de pouvoir ſaiſir le canot pour le tirer ſur le rivage; les nôtres qui ſe doutoient de leur deſſein, & qui craignoient d'en être maſſacrés s'ils tomboient dans leurs mains, brûloient d'impatience de les prévenir, en faiſant feu ſur eux; mais l'Officier qui les commandoit ne devant point commettre d'hoſtilités, les en empêcha. Ce n'eſt pas que je ne me fuſſe cru en droit d'obtenir par la force des rafraîchiſſemens qui nous devenoient d'une néceſſité indiſpenſable pour nous conſerver la vie, ſi nous euſſions pû mettre à l'ancre, & que les ſauvages ſe fuſſent obſtinés à nous en refuſer; mais rien n'auroit pu juſtifier l'inhumanité de leur ôter la vie pour venger des injures imaginaires ou même d'intention, ſans qu'il nous en revînt le plus léger avantage.

Ces Indiens, d'une couleur bronzée, ſont bien proportionnés; ils paroiſſent joindre à un air de vigueur une grande agilité: je ne ſache pas avoir jamais vu d'hommes ſi legers à la courſe. Cette Iſle eſt par les $14^d\ 5'$ S, & $145^d\ 4'$ de longitude O.; nos bateaux m'ayant rapporté une seconde fois qu'on ne découvroit aucun mouillage autour de cette Isle, je me déterminai à aller visiter l'autre, ce qui nous occupa le reste du jour & de la nuit suivante.

Ann. 1765.
Juin.

Le 8, à 6 heures du matin, nous nous étions approchés du côté occidental de cette seconde Isle, à la distance de trois-quarts de mille ; mais nous ne trouvâmes point de fond avec une ligne de 140 brasses : nous apperçûmes alors plusieurs autres Isles, ou, pour mieux dire, plusieurs péninsules, dont la plupart ne sont liées entr'elles que par des langues de terre très-étroites, & si basses, qu'elles sont presque au niveau de la surface de la mer, qui brise dessus avec violence. J'envoyai de chaque vaisseau un canot armé, sous la conduite d'un Officier, pour sonder & tâcher de découvrir au vent des Isles un endroit propre au débarquement. En approchant de ces terres, la première chose que nous distinguions, c'étoit les cocotiers qui élevent leurs rameaux épais & chargés de fruits, au-dessus des autres arbres.

Aussi-tôt que les Indiens virent partir nos canots, ils accoururent en foule sur le rivage, armés de lances & de massues ; ils suivirent nos canots qui sondoient le long de la côte, & leur faisoient des gestes menaçans pour les empêcher d'aborder. Je fis tirer par-dessus leurs têtes une pièce de huit livres de balle ; ils prirent précipitamment la fuite, & se cachèrent dans le bois : à dix heures nos bateaux étoient de retour, mais ils n'avoient point trouvé de fond à la plus grande proximité du rivage, sur lequel la mer brisoit avec un bruit horrible. Le milieu de ce grouppe d'Isles gît par les 14ᵈ 10′ de latitude S., & 144ᵈ 52′ de longitude O. : la variation du compas y fut de 4ᵈ 3′ E.

A dix heures & demie, nous quittâmes ces Isles, & cinglâmes à l'Ouest; l'impossibilité de pouvoir en tirer aucune espèce de rafraîchissement pour nos malades, dont la situation devenoit à chaque heure plus déplorable, nous fit donner à ces Isles le nom d'Isles de *Disappointment.*

CHAPITRE

CHAPITRE IX.

Découverte des Isles du Roi George. Description de ces Isles. Détail de ce qui s'y est passé.

LE 9, à cinq heures après midi, nous eûmes connoissance d'une autre terre qui nous restoit à l'O. S. O, à la distance de six ou sept lieues. Nous mîmes à la cape pendant la nuit ; lorsque le jour parut nous étions à trois lieues de cette Isle ; elle est longue, basse, le rivage est une belle plage de sable blanc, bordée d'un rocher de corail. La contrée, couverte de cocotiers & d'autres arbres, présente un coup d'œil agréable. Nous en prolongeâmes le côté du N. E., à la distance d'un demi-mille du rivage : dès que les Indiens nous apperçurent, ils allumèrent de grands feux, sans doute pour répandre l'allarme parmi les habitans les plus éloignés, & coururent au rivage armés de la même maniere que les sauvages des Isles de *Disappointment*.

Ann. 1765.
Juin.

DE ce côté de l'Isle on apperçoit au-delà des terres un grand lac d'eau salée, dont l'étendue apparente est de deux ou trois lieues, & qui du côté opposé n'est séparé de la mer que par une langue de terre très-étroite ; dans ce lac est un Islot distant de près d'une lieue de la pointe S. O., en travers de laquelle nous avions mis à la cape. Les Insulaires ont bâti en cet endroit un village, que les ombrages d'un bois de cocotiers garantiſſent des rayons brûlans du ſoleil. J'envoyai auſſi-tôt deux bateaux armés, commandés chacun par un Officier, pour reconnoître les ſondes & la place la plus favorable à l'ancrage; mais ils trouvèrent la côte bordée par-tout d'un rocher auſſi eſcarpé qu'un mur, à l'exception de l'ouverture qui découvroit l'Iſlot, & dont la largeur eſt à peine d'une longueur de navire; & là même on y trouvoit 13 braſſes d'eau, ſur un fond de corail. Nous mîmes en travers vis-à-vis de cette entrée nous vîmes quelques centaines d'Indiens rangés en bon ordre, & qui s'avancèrent dans l'eau juſqu'à la ceinture; ils avoient les mêmes armes que les Indiens des autres Iſles, & l'un deux portoit une longue perche, au haut de laquelle étoit attachée une pièce de nattes, ce que nous primes pour un drapeau : ils firent des cris affreux & continuels, & le moment d'après, pluſieurs grandes pirogues deſcendirent le lac pour ſe joindre à eux; nos canots qui étoient en avant leur faiſoient tous les ſignes poſſibles d'amitié, ſur quoi quelques pirogues doublèrent l'Iſlot pour s'en approcher : je crus d'abord que c'étoit avec de bonnes intentions, & qu'il s'établiroit entre nous un commerce d'amitié; mais nous fûmes bientôt convaincus que les Indiens n'avoient d'autre deſſein que d'échouer nos bateaux ſur le rivage. Dans le même tems pluſieurs Indiens s'élancèrent des rochers dans la mer & nagèrent vers nos canots; l'un d'eux ſauta dans le bateau de la *Tamar*, où en un clin d'œil il ſe ſaiſit de la veſte d'un matelot, ſe rejetta à la nage entre deux eaux, & ne reparut que près du rivage où il rejoignit ſes compagnons : un autre mit la main ſur la corne du chapeau d'un Quartier-Maître, mais ne ſachant comment s'en emparer, il le tira à lui aulieu de le lever, ce qui donna le tems au Quartier-Maître d'empêcher qu'on ne le lui enlevât ; ſans cela il auroit ſans doute diſparu avec la même promptitude que la veſte. Nos gens ſouffroient cela avec patience, & les Inſulaires triomphoient dans leur impunité.

N'AYANT pu réuſſir à trouver un mouillage en cet endroit, vers midi nous continuâmes de prolonger la côte pour gagner la pointe la plus occidentale de l'Iſle. Nos bateaux nous ſuivirent & ſondèrent le long du rivage, mais ſans trouver de fond. Lorſque nous eûmes amené cette pointe, nous vîmes une autre Iſle qui nous reſtoit au S. O. $\frac{1}{4}$ O., diſtante d'environ quatre lieues ; alors nous avions dépaſſé de près d'une lieue l'Iſle où nous avions laiſſé les Inſulaires; mais ils n'étoient pas ſatisfaits de s'être tirés tranquillement d'avec nous : j'apperçus deux doubles pirogues très-grandes, qui venoient à la voile ſur nous. Dans chacune de ces pirogues étoient trente Indiens, tous armés à la manière du pays. Nos canots ſe trouvoient aſſez loin ſous le vent à nous, & les pirogues, paſſant entre le vaiſſeau & le rivage, paroiſſoient très-empreſſées d'aller les attaquer. Je fis ſignal à nos canots de leur donner la chaſſe ; & à l'inſtant ils coururent ſur les pirogues : les Indiens les voyant venir à leur rencontre prirent l'épouvante ; ils amenèrent à l'inſtant leur voile, & ramèrent vers la terre avec une vîteſſe ſurprenante. Arrivés près du rivage, ils paſsèrent à travers la houle qui y brifoit avec force, & auffitôt les Indiens échouèrent leurs pirogues. Nos bateaux les fuivirent, & les Infulaires, craignant une invafion fur leur côte, fe préfentèrent armés de pierres & de bâtons pour empêcher la defcente; cette réfiftance força nos gens à faire feu fur eux, & ils en tuèrent deux ou trois. L'un d'eux, qui avoit reçu trois balles à travers le corps, eut encore le courage de lever une groffe pierre, & mourut en la lançant fur fes ennemis. Cet homme vint tomber tout près de nos bateaux; les fauvages n'eurent pas la hardieffe de l'enlever, & emportant avec eux les autres morts, ils fe retirèrent fur l'Iflot où étoient leurs compagnons. Nos bateaux revinrent avec les deux pirogues qu'ils avoient pourfuivies: l'une avoit trente-deux pieds de longueur, l'autre un peu moins; mais toutes les deux étoient d'une conftruction très-curieufe, qui leur avoit coûté des foins infinis; elles étoient faites de planches parfaitement bien travaillées, & ornées de fculpture en plufieurs endroits: ces planches étoient proprement coufues enfemble, & fur chaque couture étoit une bande d'écaille de tortue artiftement attachée, pour empêcher l'eau de pénétrer dans la pirogue, dont le fond étoit très-étroit; ce qui les obligeoit de les accoupler, en les affujettiffant l'une à côté de l'autre par des pièces de bois, de manière cependant qu'elles laiffoient entr'elles un efpace de fix ou huit pieds. Un mât étoit placé dans le milieu de chaque pirogue, & la voile étoit tendue entre les deux mâts. La voile que j'ai confervée eft faite de nattes; elle eft auffi ingénieufement travaillée qu'aucun ouvrage que j'aie jamais vu. Leurs pagayes n'étoient pas moins curieuses, & leurs cordages qui paroissent être d'écorce de cocotiers, ont toute la force des nôtres. Quand ces pirogues sont à la voile, plusieurs personnes s'asseoient sur les pièces de bois qui les tiennent unies.

Ann. 1765.
Juin.

La mer qui brisoit le long du rivage avec une égale force, ne nous permettoit pas de nous procurer des rafraîchissements dans cette partie de l'Isle. Je serrai le vent & remontai l'Islot, résolu d'y tenter une seconde fois la descente.

Nous regagnâmes, dans l'après-midi, le poste que nous avions déja eû ; & je renvoyai les canots pour prendre encore une fois les fondes autour de l'Islot, mais ils revinrent me confirmer que le mouillage y étoit impraticable. Pendant l'absence de nos bateaux, j'observai un grand nombre d'Insulaires sur la pointe voisine de l'endroit où nous les avions laissés le matin ; ils paroissoient empressés à enlever plusieurs pirogues qui étoient sur le bord de la mer : craignant qu'ils ne fussent tentés de renouveller un combat, qui ne pouvoit que leur être funeste ; je leur fis tirer un coup de canon, dont les balles passant par-dessus leurs têtes produisirent l'effet que j'en attendois ; tous en un moment disparurent.

Nos bateaux parvinrent encore à descendre à terre avant le coucher du soleil ; ils ramassèrent quelques noix de cocos ; mais ils n'apperçurent pas un seul habitant. Dans la nuit, de violentes raffales, accompagnées d'une très-forte pluie, nous obligèrent de louvoyer jusqu'à sept heures du matin, que nous revinmes nous mettre en travers vis-à-vis l'Islot. Nos bateaux partirent aussitôt pour nous procurer des rafraîchissements, & je fis mettre dans les bateaux tous ceux qui, attaqués du scorbut, n'étoient cependant pas assez malades pour garder leur hamac. Je descendis aussi à terre, où je passai la journée. Nous vîmes plusieurs maisons que les Insulaires avoient entiérement abandonnées : nous n'y trouvâmes que des chiens qui ne cessèrent d'aboyer tant que nous fûmes à terre. Leurs maisons ou plutôt leurs cabanes étoient d'une très-mince apparence, couvertes de branches de cocotier ; mais la situation en étoit on ne peut pas plus agréable. On y respiroit un air frais & délicieux, à l'ombre d'un beau bois planté de grands arbres d'espèces différentes, & dont quelques-unes nous étoient inconnues. Les cocotiers leur fournissent presque tous les besoins de la vie ; leur nourriture, leurs voiles, leurs cordages, les bois de charpente & de construction : il est bien probable que ces peuples fixent toujours leur habitation dans les lieux où ces arbres croissent en abondance. Nous observâmes que le rivage étoit couvert de corail, & de coquilles de grosses huitres perlières. Je ne douterois pas qu'on ne pût établir ici une pêcherie de perles, peut-être plus avantageuse qu'en aucun autre endroit du monde. Nous ne vîmes les habitans que dans l'éloignement. Les hommes étoient nuds ; mais les femmes portoient une espèce de tablier, qui les couvroit de la ceinture au genoux.

Nos gens, en visitant les cabanes des Indiens,

trouvèrent la manivelle d'un gouvernail ; cette pièce, déja rongée de vers, avoit visiblement appartenu à une chaloupe Hollandoise ; ils trouvèrent aussi un morceau de fer battu, un autre de cuivre & quelques petits outils de fer, qu'autrefois les habitans de cette contrée avoient eus, sans doute, des Hollandois à qui étoit la chaloupe. Il seroit difficile de savoir si les Indiens parvinrent à se défaire des Hollandois, ou si leur vaisseau vint se briser sur leur côte; mais on a lieu de croire que leur vaisseau ne retourna jamais en Europe, puisqu'il n'y a point de relation de son voyage, ni d'aucune découverte qu'il ait faite. Si ce vaisseau fit voile de cette Isle, on ne devineroit pas trop pourquoi il y avoit laissé le gouvernail de sa chaloupe ; & s'il fut mis en pièces par les Indiens, il doit y avoir dans cette Isle des restes plus considérables de ses ferremens, auxquels les sauvages attachent un très-grand prix ; mais nous n'eûmes pas le tems de faire de plus grandes recherches. J'emportai avec moi le fer battu, le cuivre & les outils de fer ; nous leur en laissâmes un exactement de la forme d'une hache de Charpentier, & dont la lame étoit une coquille d'huitre perlière. Il est possible qu'il ait été fait à l'imitation d'une hache ; car parmi les outils que j'ai pris dans cet endroit, il y en avoit un qui paroissoit être le reste de cet instrument, quoiqu'il fût presqu'entiérement usé.

A une très-petite distance des maisons des Insulaires, nous vîmes des bâtimens d'une autre espèce, & assez ressemblans à des tombeaux ; ce qui nous fit croire qu'ils avoient une grande vénération pour les morts. Ces bâtimens étoient ombragés par de grands arbres, les murs & le comble en étoient de pierre; & dans leur forme, ils avoient presque l'apparence de ces tombeaux quarrés qu'on voit dans nos cimetières de village. Nous trouvâmes plusieurs caisses remplies d'os de morts, dans les environs de ces bâtimens; & sur les arbres qui les ombrageoient, pendoient des têtes & des os de tortues, & une grande quantité de poissons de différentes espèces renfermés dans une corbeille de roseau. Nous prîmes de ces poissons; & il n'en restoit que la peau & les dents : ils paroissoient avoir été vuidés, & la chair en étoit desséchée.

Nos bateaux firent plusieurs voyages à terre, pour en rapporter des noix de cocos & une grande quantité de plantes anti-scorbutiques, dont l'Isle est couverte. Ces rafraîchissemens nous furent d'un si grand secours, que bientôt il n'y eut plus personne atteint du scorbut.

L'eau douce qu'on trouve dans cette Isle est admirable, mais elle n'y est pas en abondance. Les puits, qui fournissent aux besoins des Insulaires, sont si petits, qu'on les asseche en y puisant deux ou trois fois plein une coquille de cocos; mais, comme ils ne tardent guère à se remplir, si l'on se donnoit la peine de les élargir, il n'y a point de navire qui ne pût aisément y faire de l'eau.

Nous n'apperçûmes ici aucun animal venimeux; mais les mouches y sont insupportables : elles nous couvroient de la tête aux pieds, & nous étions cruellement

lement incommodés dans nos bâtimens : on y voit un grand nombre de perroquets & d'autres oiseaux qui nous étoient entiérement inconnus ; des espèces de colombes d'une rare beauté fixèrent particuliérement nos regards : elles étoient si douces, si familières, qu'elles nous approchoient sans crainte, & nous suivoient souvent dans les cabanes des Indiens.

De toute cette journée, on ne vit point paroître les Insulaires, qui se tinrent cachés ; nous n'apperçumes même aucune fumée dans l'Isle ; ils craignoient sans doute quelle ne nous découvrît le lieu de leur retraite. Le soir nous retournâmes à bord.

Cette partie de l'Isle est située par les 14.d 29′ de latitude S, & 148.d 50′ de longitude O. De retour à bord, nous nous écartâmes un peu de la côte, me proposant de faire voile le lendemain pour reconnoître l'autre Isle, que j'avois vue à l'Ouest de celle où nous nous étions arrêtés, & qui est à soixante-neuf lieues des Isles de *Disappointment*, dans la direction de l'Ouest un demi-rumb au Sud.

Le lendemain, 12, à sept heures, nous courûmes sur cette Isle. Lorsque nous en fûmes à portée, je gouvernai S. O. ¼ O., en serrant le côté du N. E. ; mais nous n'y trouvâmes point de fond. Ce côté s'étend à environ six ou sept lieues ; & l'Isle se présente à-peu-près comme celle que nous venions de quitter. On y voit de même un grand lac dans l'intérieur. Dès que notre vaisseau fut apperçu des Insulaires, ils accoururent en foule fur le rivage; ils étoient armés comme ceux des autres Ifles, & ils nous fuivirent pendant plufieurs lieues, tandis que nous prolongions la côte. Comme la chaleur de ce climat eft très-grande, ils paroiffoient fouffrir d'une courfe fi longue; car quelquefois ils fe plongeoient dans la mer, ou fe jettoient tout étendus dans le fable qu'arrofent les lames qui fe brifent fur le rivage; & ils recommençoient enfuite à courir.

Dans ce même tems, nos bâtimens à rames fondoient le long de la côte comme à l'ordinaire ; mais j'avois expreffément défendu aux Officiers qui les commandoient, de ne faire aucune violence aux Indiens, à moins qu'ils n'y fuffent forcés pour leur propre défenfe; & d'employer tous les moyens imaginables pour gagner leur amitié & leur bienveillance. Nos gens s'approchèrent du rivage d'auffi près que les lames purent le leur permettre, & firent figne aux Infulaires qu'ils avoient befoin d'eau. Les Indiens les comprirent d'abord, & leur firent entendre de s'avancer plus loin le long du rivage. Nos canots continuèrent de prolonger la côte, jufqu'à ce qu'ils arrivèrent à la vue d'un village conftruit comme celui que nous avions vu dans la dernière Ifle. Les Infulaires les fuivirent en cet endroit, & furent joints par plufieurs autres. Nos bateaux rangèrent le rivage d'auffi près qu'il fut poffible, & nous nous tinmes prêts à leur envoyer des fecours, & à les foutenir de notre artillerie. Nous vîmes alors un vieillard defcendre du village vers le bord de la mer. Il étoit fuivi d'un jeune homme. Sa taille étoit haute & il paroiſſoit vigoureux; une barbe blanche, qui lui defcendoit jufqu'à la ceinture, lui donnoit un air vénérable. Il fembloit avoir l'autorité d'un Chef ou d'un Roi. Les Indiens, à un figne qu'il fit, fe retirèrent à une petite diftance, & il s'avança fur le bord du rivage. D'une main il tenoit un rameau verd, & de l'autre, il preſſoit fa barbe contre fon fein. Dans cette attitude, il fit un long difcours; fa prononciation cadencée pouvoit faire croire qu'il chantoit; & cette efpèce de chant n'avoit rien de défagréable. Nous ne regrettions pas moins de ne pas l'entendre, que de n'en pouvoir pas être entendus nous-mêmes. Cependant, pour lui donner des marques de bienveillance, nous lui jettâmes quelques préfens de peu de valeur, lorfqu'il parloit encore; mais il n'y toucha point, & il ne voulut pas permettre aux fiens de les ramaſſer avant qu'il n'eût achevé fa harangue. Alors il s'avança dans la mer, jetta à nos gens fon rameau verd, & prit enfuite les préfens qu'on lui avoit faits. Toutes les apparences nous faifant bien augurer de ce peuple, nous leur fimes figne de pofer bas leurs armes, & la plupart d'entr'eux les quittèrent fur le champ. Un de nos Officiers de poupe, encouragé par ce témoignage d'amitié, fauta du canot, nagea à travers les lames jufqu'au rivage. Les Indiens l'entourèrent auſſitôt, & commencèrent à examiner fes habits avec beaucoup de curiofité : ils parurent fur-tout admirer fa vefte. L'Officier de poupe eut la générofité de l'ôter & d'en faire un don à fes nouveaux amis; mais

Ann. 1765.
Juin.

cette complaisance produisit un mauvais effet. Il n'eut pas plutôt donné sa veste, qu'un Insulaire lui dénoua sa cravate, la lui arracha & prit la fuite. Notre homme sentit qu'ils ne lui laisseroient rien sur le corps ; il se retira comme il put, & regagna son canot à la nage. Cependant nous étions toujours en bonne intelligence avec eux. Plusieurs nagèrent jusqu'à nos bateaux ; quelques-uns apportèrent des fruits & d'autres de l'eau douce dans des coquilles de cocos. Mais le principal objet de ceux qui montoient les canots, étoit d'obtenir des perles de ces Insulaires ; & pour mieux le leur faire comprendre, ils leur montroient des écailles d'huitre perlière qu'ils avoient ramassées sur la plage de l'Isle où nous étions descendus : tous leurs efforts furent infructueux ; jamais ils ne parvinrent à se faire entendre. Nous aurions eu peut-être plus de succès, s'il nous avoit été possible de faire quelque séjour parmi eux ; mais malheureusement la côte ne fournissoit aucun mouillage pour nos vaisseaux.

La passion des Indiens pour les grains de verre, ne permet pas de supposer qu'ils ne fassent aucun cas des perles des huitres qui se trouvent sur leurs côtes ; & il est bien vraisemblable que si nous eussions pu avoir avec eux quelque commerce, ils n'auroient pas manqué de nous donner de ces perles précieuses en échange de clous, de haches ou de quelques verroteries, auxquels ils attachent avec raison un beaucoup plus grand prix. Nous apperçûmes dans le lac deux ou trois grandes pirogues, dont l'une avoit deux mats tenus par des cordages.

Nous donnâmes à ces Isles, dont nous venions de faire la découverte, le nom d'Isles du *Roi George*. Cette dernière se trouve par les 14^d 41' de latitude S., & 149^d 15' de longitude O. ; l'aiguille aimantée y déclinoit de 5 ^{d} à l'Est.

CHAPITRE X.

Navigation depuis les Isles du Roi George jusqu'aux Isles de Saypan, Tinian & d'Aguigan. Description de plusieurs Isles découvertes dans cette navigation.

Ann. 1765.
Juin.

LE même jour, 13, nous poursuivîmes notre route à l'Ouest; & le lendemain, à trois heures après midi, nous eûmes connoissance de la terre qui nous restoit au S. S. O., distante d'environ six heures. Nous courûmes dessus, & nous trouvâmes que c'étoit une Isle très-étroite, qui s'étend Est & Ouest : nous en prolongeâmes le côté du Sud. La verdure, qui annonce la fertilité de cette terre, en rend l'aspect très-agréable; mais une houle brise sur toute cette côte avec un bruit horrible; le fond en est très-mauvais à une certaine distance, & se trouve semé d'écueils qui s'étendent à près de trois lieues au large. Cette Isle, très-peuplée, autant que le coup-d'œil nous a permis d'en juger en la prolongeant, n'a guère moins de vingt lieues de longueur. Nous lui donnâmes le nom d'Isle *du Prince de Galles*. Elle est par les 15 ^{d} de latitude S., & 151 ^{d} 53′ de longitude O. Sa distance des Isles du *Roi George*, est d'environ quarante-huit lieues dans la direction du Sud 80 ^{d} O. La déclinaison de l'aiguille aimantée y étoit de 5 ^{d} 30′ vers l'Est.

DE la pointe occidentale de cette Isle, nous dirigeâmes notre route au Nord 82 ᵈ O.; & le 16 à midi nous étions par les 14 ᵈ 28′ de latitude S., & 156 ᵈ 23′ de longitude O.; la déclinaison de l'aimant étant de 7 ᵈ 40.′ à l'Eſt. Le vent étoit paſſé à l'Eſt ; & les lames du Sud, qui avoient rendu notre navigation ſi pénible avant d'arriver à la hauteur des Iſles *de Direction*, & qui depuis ce tems-là avoient ceſſé, commencèrent à reparoître. Mais au moment de les perdre, & quelques jours auparavant, nous vîmes de grandes compagnies d'oiſeaux. J'obſervai journellement qu'avant le coucher du ſoleil, ces oiſeaux dirigeoient leur vol vers le Sud. J'en conjecturai qu'il devoit y avoir quelque grande terre de ce côté ; je ne puis m'empêcher de croire que, ſi les vents m'euſſent favoriſé, je l'aurois rencontrée; & ſi nos équipages euſſent joui d'une meilleure ſanté, j'aurois volontiers couru à l'Oueſt, pour tenter cette découverte. La population de toutes ces Iſles-baſſes, que nous avions vues, ſembloit ſuppoſer l'exiſtence d'un Continent qui ne devoit pas en être éloigné; & ſans cette ſuppoſition, il ſeroit difficile de rendre compte de la manière dont cette longue chaîne d'Iſles s'eſt peuplée; mais le mauvais état des équipages étoit un obſtacle inſurmontable à cette navigation

Le jour ſuivant, 17, nous vîmes divers oiſeaux voltiger autour du vaiſſeau; & nous nous ſuppoſâmes dans le voiſinage de quelqu'autre Iſle. Je continuai ma route, mais avec précaution ; les Iſles, dans cette partie de l'Océan, rendent la navigation très-périlleuſe : comme ce ne ſont la plupart que des terres-

Ann. 1765.
Juin.

bafies, un vaiffeau peut fe trouver deffus avant d'en avoir connoiffance. Cependant nous n'apperçûmes rien les 18, 19 & 20, pendant lequel tems nous fuivîmes la même route, quoique les oifeaux fuffent toujours en grand nombre autour de nos vaiffeaux. Nous étions parvenus à 12 ᵈ 33′ de latitude S., & 167 ᵈ 47′ de longitude O. Nous nous étions déja éloignés de 313 lieues de l'Ifle *du Prince de Galles*, & la déclinaifon de l'aiguille aimantée, étoit de 9 ᵈ 15′ à l'Eft.

Le lendemain, 21, nous découvrîmes une chaîne de brifans qui s'allongeoient dans le S. S. O., & dont nous n'étions qu'à une lieue de diftance. Environ une heure après, on apperçut la terre du haut des mâts, dans l'O. N. O., à la diftance de près de huit lieues. Elle fe montroit fous l'apparence de trois Ifles, dont les côtes, bordées de rochers, laiffoient voir différentes coupures. Le côté S. E. de ces Ifles, court N. E. ¼ N., & S. O. ¼ O. D'une pointe à l'autre, diftante d'environ trois lieues, regne un récif fur lequel la mer brife & s'élève à une hauteur effrayante. Nous tournâmes la pointe feptentrionale, & nous vîmes la côte du N. O., & celle de l'Oueft défendues par d'innombrables écueils, qu'il eût été dangereux de vouloir ranger d'un peu près; ces Ifles nous parurent plus fertiles, plus riches que celles que nous avions vifitées; & elles n'étoient pas moins peuplées, à en juger par les habitations qu'on apperçevoit en grouppes le long du rivage. Une grande pirogue fe montra à quelque diftance des côtes; mais nous fûmes forcés, à notre grand regret, d'abandonner cette belle

contrée,

contrée, sans pouvoir en prendre une plus exacte connoissance, à cause des brisans qui, s'étendant au large dans toutes les directions, exposoient à beaucoup plus de risques que la descente ne pouvoit promettre d'avantages. Je crus d'abord que c'étoit une partie des Isles *Salomon*, & j'espérai en rencontrer quelques autres d'un plus facile accès.

La chaîne de rochers, que nous découvrîmes en approchant de ces Isles, se trouve par les 10^d 15′ de latitude australe, & 169^d 28′ de longitude occidentale; elle est au N. 76^d 48′ O. de l'Isle du *Prince de Galles*, & à la distance de 352 lieues. Les Isles sont au O. N. O. de ce récif, dans un éloignement de neuf lieues. Je les nommai les *Isles du danger*, & je m'en éloignai dans la direction du N. O. ¼ O.

La vue de cette chaîne de brisans me fit craindre de fréquentes allarmes dans la nuit, & j'en avertis mes Officiers, qui la passèrent sur le pont à observer; cette précaution étoit d'autant plus nécessaire, que nous eûmes toute la nuit de violens coups de vent, accompagnés de pluie. Vers les neuf heures je rentrai dans ma chambre, & presqu'au même instant j'entendis un grand bruit au-dessus: j'en demandai la cause, & l'on m'informa que la *Tamar*, qui étoit de l'avant, avoit tiré un coup de canon, & que nos gens découvroient des brisans sous le vent à nous: je courus sur le pont, & je m'apperçus bientôt que ce qu'on avoit pris pour des brisans, n'étoit autre chose que les ondulations de la lune à son couchant, qui perçoient à travers un léger nuage. Nous courûmes sur

Tome I.   T

la *Tamar*, mais nous ne l'apperçûmes qu'une heure après.

IL ne nous arriva rien de remarquable jusqu'au 27, qu'à dix heures du matin, nous apperçûmes une autre Isle dans le S. S. O. distante de sept à huit lieues. Nous courûmes dessus. A mesure que nous en approchâmes, nous vîmes ses côtes s'abaisser jusqu'au niveau de la surface de la mer; la verdure & les cocotiers qui y croissent en abondance, en rendent l'aspect très-agréable, & un grand lac en baigne l'intérieur; en cela elle ressemble à l'Isle du *Roi George :* elle a près de trente milles de circonférence. Ses bords sont marécageux, & la mer brise, d'une manière terrible sur tout le rivage. Nous en prolongeâmes les côtes ; & arrivés au vent de l'Isle, je fis mettre nos canots dehors pour reconnoître les fondes, & trouver un mouillage ; & n'ayant point trouvé de fond, je les renvoyai avec ordre de descendre à terre, s'il étoit possible, afin de nous procurer quelques rafraîchissemens pour les malades. Ils abordèrent avec beaucoup de peine, & rapportèrent près de 200 noix de cocos, qui, dans notre situation, nous parurent d'un prix inestimable. Ceux qui montoient les canots rapportèrent qu'ils n'avoient rien vu dans l'Isle qui pût faire croire qu'elle eût jamais été habitée. Ils y trouvèrent des milliers d'oiseaux de mer. Ils étoient si peu ombrageux qu'ils se laissoient tuer sur leurs nids, qu'ils construisent au haut des arbres ; mais on n'apperçut aucun quadrupède. Je fus d'abord tenté de croire, que cette Isle étoit la même que celle qu'on désigne dans le *Neptune François*, sous le nom de *Maluita*, placée à près d'un degré à l'Eſt de la grande Iſle *Sainte-Eliſabeth*, la principale des Iſles *Salomon* ; mais ayant été depuis convaincu du contraire, je l'ai nommée, *l'Iſle du Duc d'Yorck*. Je penſe que cette Iſle n'avoit pas encore été reconnue. La poſition que les cartes Françoiſes donnent aux Iſles *Salomon* n'eſt fondée ſur aucune autorité ; *Quiros* eſt le ſeul qui prétende les avoir découvertes ; & je doute qu'il ait laiſſé des détails qui puiſſent ſervir à les faire reconnoître par d'autres Navigateurs.

Ann. 1765.
Juin.

Je continuai de courir ſur le parallèle de ces Iſles juſqu'au 29, qu'étant par 10 ᵈ à l'Oueſt de la poſition qu'on leur aſſigne dans les cartes, je fis voile au Nord, dans le deſſein de traverſer la ligne, & de diriger enſuite ma route ſur les Iſles des *Larrons*, que j'eſpérai encore atteindre avant que nous manquaſſions abſolument d'eau. Nous nous trouvions alors par les 8 ᵈ 13′ de latitude S., & 176 ᵈ 20′ de longitude O. La déclinaiſon de l'aiman étoit de 10 ᵈ 10′ à l'Eſt.

Le 2 de Juillet, nous vîmes de nouveau quantité d'oiſeaux voler autour de nous ; & à quatre heures après-midi, nous eûmes connoiſſance d'une Iſle qui nous reſtoit au Nord, & à la diſtance d'environ ſix lieues. Nous courûmes deſſus juſqu'au crépuſcule du ſoir, qu'en étant encore à près de quatre lieues, nous louvoyâmes à petites bordées durant la nuit. Aux premiers rayons du jour, cette Iſle nous préſenta un coup-d'œil charmant ; elle eſt baſſe & unie, couverte d'arbres entre leſquels les cocotiers ſe font remarquer aiſément ; mais des lames qu'on voyoit

Juillet.

T ij

se briser avec violence, & un rivage marécageux paroissoient comme destinés à en défendre l'accès, & diminuoient le plaisir que nous causoit la perspective délicieuse de cette Isle. Nous vînmes attaquer la côte du S. O., qui court dans une étendue d'environ quatre lieues. Dès que nous en fûmes à portée, nous ne tardâmes pas à nous appercevoir que la population y étoit très-nombreuse. Nous découvrîmes d'abord un millier d'Insulaires assemblés sur la plage ; & bientôt plus de soixante pirogues ou espèce de pros, mirent en mer, & ramèrent vers nos vaisseaux. Nous nous disposâmes à les recevoir, & en un moment ils se rangèrent autour de nous. Leurs pirogues, d'une construction très-bien entendue, étoient si nettes, si propres, qu'elles paroissoient être neuves. Chacune d'elles contenoit au moins trois personnes, & six au plus.

Ces Indiens nous ayant considéré pendant quelques instans, l'un d'eux sauta dans l'eau, nagea vers le vaisseau, & y grimpa comme un chat. Dès qu'il fut monté sur le plat-bord, il s'y assit en faisant de violens éclats de rire ; il parcourut ensuite tout le vaisseau, s'efforçant de dérober tout ce qui se trouvoit sous sa main ; mais ce fut sans succès, parce qu'étant nud, il lui étoit impossible de rien cacher. Nos matelots lui mirent une veste & des culottes ; ce qui nous divertit beaucoup, car il avoit tous les gestes & toutes les manières d'un singe nouvellement dressé. Nous lui donnâmes du pain, qu'il mangea avec une sorte de voracité ; & après avoir fait nombre de tours grotesques, il s'élança du vaisseau par-dessus bord, avec sa veste & ses longues culottes, & regagna sa pirogue. Il ne fut pas plutôt de retour, que plusieurs autres à son imitation nagèrent vers le vaisseau, montèrent jusqu'aux sabords, par où s'étant insinués, ils se saisirent de tout ce qui leur tomba sous la main, & se replongeant incontinent dans la mer, nagèrent à une très-grande distance, quoique quelques-uns d'eux, ayant les mains pleines, les tinssent hors de l'eau, pour ne pas mouiller ce qu'ils emportoient.

Ces Insulaires sont d'une taille très-avantageuse, bien pris & bien proportionnés dans tous leurs membres. Leur teint est de couleur bronzée, mais claire. Les traits de leur visage n'ont rien de désagréable, & on y remarque un mélange d'intrépidité & d'enjouement dont on est frappé. Leurs cheveux, qu'ils laissent croître, sont noirs. Les uns les portent noués derrière la tête en une grosse touffe, d'autres en font trois nœuds. On en voit avec de longues barbes, d'autres n'ont que des moustaches, & quelques-uns portent seulement un petit bouquet de barbe à la pointe du menton. Ils sont entièrement nuds, à l'exception de leurs ornemens qui consistent en coquillages assez agréablement arrangés, dont ils font des colliers, des bracelets & des ceintures. Tous avoient les oreilles percées, mais sans aucun ornement; nous jugeâmes cependant qu'ils y en portoient quelquefois de très-pesans; car quelques-uns avoient des oreilles qui descendoient jusques sur leurs épaules; plusieurs même les avoient entièrement découpées. Un de ces Indiens qui paroissoit jouir de quel-

Ann. 1765.
Juillet.

que confidération, avoit pour ceinture un cordon garni de dents humaines. C'étoient vraifemblablement les trophées de fes exploits guerriers; car il ne l'auroit pas échangé contre tout ce qu'on auroit pu lui offrir. quelques-uns d'eux étoient fans armes, & d'autres en avoient d'auffi dangereufes qu'on en puiffe jamais voir : c'étoit une efpèce de lance, très-large par un bout, & garnie des deux côtés dans une longueur d'environ trois pieds, de dents de goulu de mer, auffi tranchantes que des lancettes. Nous leur montrâmes des noix de cocos, en leur faifant figne que nous en manquions; mais loin de nous donner quelque efpoir de nous en fournir, ils s'efforçoient d'enlever celles que nous avions.

Nos canots que j'avois envoyés pour reconnoître un lieu propre au mouillage, revinrent bientôt après avec la nouvelle qu'à deux encablures du rivage, ils avoient eu 30 braffes d'eau; mais que le fond étoit de corail, & dans une place trop voifine des brifans pour y être en fûreté à l'ancre. Je fus donc encore dans la néceffité de faire voile fans pouvoir procurer des rafraîchiffemens à nos malades. Cette Ifle à laquelle mes Officiers voulurent donner mon nom, eft fituée par 1ᵈ 18′ de latitude S. & 173ᵈ 46′ de longitude O. La déclinaifon de l'aiguille y étoit de 11ᵈ 15′ vers l'Eft.

APRÈS être partis de l'Ifle *Byron*, nous vîmes pendant plufieurs jours une quantité de poiffons, mais nous ne pûmes prendre que des goulus, qui furent fervis fur ma table, & que le défaut d'autres mêts nous faifoit trouver excellens. La dyffenterie commençoit à se faire sentir dans nos équipages ; maladie que le Chirurgien croyoit causée par une chaleur excessive & par la continuité des pluies.

Le 21, notre provision de noix de cocos se trouva consommée, & le scorbut commença à faire de nouveaux progrès. Les noix de cocos sont un remède d'une surprenante efficacité contre ce mal terrible. Ceux qui en étoient attaqués au point d'avoir les membres tout noirs, de ne pouvoir se remuer qu'à l'aide de deux hommes, & qui outre leur foiblesse souffroient encore les douleurs les plus aiguës, se rétablissoient très-promptement, quoique sur mer, en mangeant de ces noix ; & en très-peu de tems ils recouvroient leurs forces, reprenoient leur service, & montoient au haut des mâts aussi légèrement qu'avant leur maladie Nous n'eûmes pendant plusieurs jours que de très-foibles brises & une mer calme : en conséquence nous ne pouvions faire que bien peu de voile. La proximité où nous savions être des Isles *des Larrons*, que nous devions regarder comme un séjour propre à nous procurer tous les rafraîchissemens dont nous avions un si pressant besoin, nous faisoit soupirer après des vents frais ; d'ailleurs nous éprouvions des chaleurs suffoquantes. Le thermomètre qui montoit souvent à 88^d fut long-tems sans descendre au-dessous de 81^d. Cette navigation est assurément la plus brûlante, la plus longue & la plus dangereuse qu'on ait jamais faite.

Le 22, nous étions par les 13^d 9' de latitude S., & 158^d 50' de longitude O. ; le 22, notre latitude étoit au 14.^d 25′ N., & la longitude au 153.^d 11′ à l'Eſt. Dans cet intervalle, nous éprouvâmes un courant qui portoit au Nord. Nous trouvant alors preſqu'à la latitude de *Tinian*, je dirigeai ma route ſur cette Iſle.

CHAPITRE

CHAPITRE XI.

Arrivée du Dauphin *& de la* Tamar *à* Tinian. *Description de l'état de cette Isle. Détail de ce qui s'y est passé.*

LE 28, nous vîmes un grand nombre d'oiseaux qui continuèrent de voler autour de nous jusqu'au 30, où à deux heures après-midi nous eûmes connoissance de la terre dans l'O. $\frac{1}{2}$ rumb N. Nous reconnûmes que c'étoient les Isles de *Saypan*, de *Tinian* & d'*Aiguigan*. Ces trois Isles se montroient dans l'éloignement sous l'apparence d'une seule, qui, au moment où le soleil passa sous l'horison, s'étendoit du N. O. $\frac{1}{2}$ rumb N., en passant par l'O. jusqu'au S. O. A sept heures, nous gouvernâmes au plus près du vent, & passâmes la nuit à louvoyer. Le 31, à six heures du matin, les extrémités des Isles, qui se présentoient toujours comme une seule Isle, nous restoient depuis le N. O. $\frac{1}{4}$ N. jusqu'au S. O. $\frac{1}{4}$ S. à la distance de cinq lieues. Le côté oriental de ces Isles gît N. E. $\frac{1}{4}$ N. & S. O. $\frac{1}{4}$ S. *Saypan* est la plus occidentale, & depuis la pointe N. E. de cette Isle jusqu'à la pointe S. O. d'*Aiguigan*, la distance est d'environ dix-sept lieues : ces trois Isles sont éloignées l'une de l'autre de deux & trois lieues. *Saypan* est celle qui est la plus grande, & *Aiguigan*, dont les terres sont élevées & d'une forme ronde, est

ANN. 1765.
Juillet.

la plus petite. Nous vînmes attaquer le côté oriental de ces Isles ; à midi, nous rangeâmes la pointe méridionale de *Tinian*, entre cette Isle & *Aiguigan* ; & nous vînmes jetter l'ancre à sa pointe S. O. par 16 brasses d'eau, fond de gros sable & de corail, en face d'une baie de sable blanc, environ à cinq-quarts de mille du rivage & à près de trois-quarts de mille d'une chaîne de rochers qui se trouve à une certaine distance de la côte, dans l'endroit même où le Lord Anson avoit mouillé avec le *Centurion*. L'eau y étoit tellement transparente, qu'on en appercevoit distinctement le fond à la profondeur de 24 brasses, c'est-à-dire de 140 pieds.

Aussi-tôt que notre vaisseau fut amarré, je descendis à terre pour marquer l'endroit où il conviendroit de dresser les tentes pour les malades, qui étoient en grand nombre. Nous n'avions pas un seul matelot qui n'eût ressenti les atteintes du scorbut, & plusieurs en étoient à la dernière extrémité. Nous trouvâmes plusieurs cabanes que les Espagnols & les Indiens avoient quittées l'année précédente ; car aucun d'eux n'y étoit encore venu de cette année, & il n'étoit pas probable qu'ils y arrivassent de quelques mois ; on y avoit le soleil presqu'au zénith, & la saison des pluies étoit commencée.

Après avoir marqué la place où l'on devoit dresser les tentes, j'entrepris avec six ou sept de mes Officiers, de pénétrer dans les bois pour découvrir ces points de vue charmans, ces perspectives enchanteresses, ces prairies dont la verdure n'est interrompue que par l'émail des fleurs, & qu'animent de nombreux troupeaux qui y paiſſent en liberté : nous étions impatiens de jouir de la vue de cette délicieuſe contrée, dont on trouve une deſcription ſi intéreſſante dans le voyage du Lord Anſon. Cependant l'objet le plus important étoit de nous procurer du bétail, qui nous devenoit de premiere néceſſité ; mais le bois étoit ſi épais, ſi embarraſſé de broſſailles, que nous ne voyions pas à deux toiſes devant nous ; & que, pour ne pas nous perdre dans une forêt preſque impraticable, nous étions obligés de nous appeller les uns les autres. L'exceſſive chaleur nous avoit fait partir en chemiſe, ſans autres vêtemens que nos longues culottes & nos ſouliers, qui en un moment furent en lambeaux. Nous parvinmes néanmoins avec des peines infinies à traverſer ces bois ; mais, à notre grande ſurpriſe, la contrée s'offrit à nos regards ſous un aſpect bien différent du tableau qu'on nous en avoit fait. Les plaines étoient entièrement couvertes de roſeaux & de buiſſons qui s'élevoient, en pluſieurs endroits, plus haut que nous, & par-tout au moins juſqu'à la ceinture ; nos jambes continuellement embaraſſées dans ces eſpèces de ronces étoient toutes déchirées. Durant cette marche, nous étions couverts de mouches de la tête aux pieds ; ſi nous voulions parler, nous étions ſûrs d'en avoir la bouche pleine, & pluſieurs nous entroient juſques dans la gorge. Après avoir marché ainſi l'eſpace de trois ou quatre milles, nous apperçûmes un taureau que nous tirâmes ; & un peu avant la nuit, nous revinmes à l'en-

Ann. 1765.
Juillet.

droit de notre débarquement aussi mouillés que si nous nous fussions plongés dans l'eau, & si harrassés que nous pouvions à peine nous soutenir. J'envoyai aussitôt quelques hommes pour rapporter le taureau qu'on avoit tué ; nos gens, pendant notre absence, s'étoient occupés à dresser des tentes & à transporter nos malades à terre.

LE lendemain premier Août, fut employé à dresser de nouvelles tentes, à descendre sur le rivage nos pièces à l'eau, & à nettoyer le puits destiné à l'aiguade. Je pense que ce puits est le même où le *Centurion* fit son eau ; c'étoit sans contredit le plus mauvais que nous eussions encore trouvé depuis que nous étions en mer : l'eau en étoit saumâtre & toute pleine de vers. La rade, où nous étions à l'ancre, étoit on ne peut pas plus dangereuse dans cette saison ; il n'y avoit qu'un fond de sable qui couvre de grosses masses de corail ; &, comme l'ancre n'a point de tenue sur le sable, on est exposé continuellement au danger de voir ses cables coupés par des coraux durs & tranchans. Pour prévenir cet accident, autant qu'il étoit possible, je fis garnir les cables, & y attacher de distance en distance des tonneaux vuides, pour les faire flotter & empêcher leur frottement sur les coraux. J'usai encore d'une autre précaution dont l'expérience m'avoit fait sentir l'utilité : j'avois d'abord affourché ; mais observant que les cables étoient fort endommagés, je résolus de ne plus mouiller que sur une seule ancre, afin qu'en filant le cable ou en virant dessus, selon que les vents feroient plus ou moins forts, il ne fût jamais assez lâche pour porter sur le fond, & cet expédient réussit au gré de mon attente.

Dans les *Syzygies*, la mer devient en cet endroit prodigieusement grosse: je n'avois pas encore vu des vaisseaux à l'ancre éprouver des roulis de cette force; nous fûmes un jour assaillis par des lames qui, chassées par un vent d'Ouest, étoient si terribles & brisoient avec une telle furie sur le récif, que je fus forcé de remettre en mer & d'y rester près de huit jours; car, si notre cable s'étoit coupé dans la nuit, & que le vent fût venu du large, comme cela arrivoit souvent, rien n'auroit pu empêcher le vaisseau d'être jetté sur les roches, & de s'y briser.

Comme j'étois attaqué du scorbut, je fis dresser ma tente sur le rivage, où je pris ma résidence; j'y fis aussi établir la forge de l'armurier, & l'on commença à réparer toutes les ferrures des deux vaisseaux. Nous fûmes bientôt convaincus que l'Isle produisoit des limons, des oranges ameres, des cocos, le fruit-à-pain (*a*), des goyaves & quelques autres fruits; mais il fut impossible d'y découvrir des melons d'eau, de l'oseille ni d'autres plantes anti-scorbutiques.

Durant notre navigation, il ne nous étoit pas mort un seul homme dans les deux équipages, malgré les cruelles fatigues que nous avions éprouvées, & la diversité des climats que nous avions parcourus; mais

_____

(*a*) On trouve dans le Voyage du Lord Anson une description de ce fruit, pag. 80, vol. II.

deux Matelots moururent à *Tinian* de la fièvre, & plusieurs autres furent attaqués de cette maladie après être guéris du scorbut. Je ne puis m'empêcher de croire que le climat de cette Isle ne soit très-mal-sain, du moins pendant la saison où nous y sommes venus : les pluies y sont violentes & presque continuelles, & la chaleur y est suffisante. Le thermomètre resté à bord fut généralement à 86 ^{d}, ce qui n'est que 9 ^{d} au-dessus de la chaleur du sang : & s'il eût été à terre, il auroit monté beaucoup plus haut. J'avois été sur les côtes de Guinée, aux Indes Occidentales & dans l'Isle *Saint-Thomas* qui est sous la ligne, & je n'avois jamais éprouvé une si vive chaleur. Mais un ciel brûlant n'est pas le seul désagrément qu'on rencontre dans cette Isle ; on y voit une quantité de mille-pieds, de scorpions & de grosses fourmis noires dont les morsures sont également dangereuses ; il s'y trouve encore une infinité d'insectes venimeux qui nous étoient entiérement inconnus, & qui nous furent très-incommodes ; leurs piquûres causoient des douleurs aiguës, & nous tremblions de nous mettre au lit : on n'en étoit pas plus exempt à bord que sur le rivage ; ces insectes, qui y avoient été portés avec le bois, avoient pris possession de tous les recoins, & ne laissoient aucun repos aux Matelots, en quelqu'endroit qu'ils se logeassent.

Aussitôt que nos tentes furent dressées & qu'on eut tout disposé pour le traitement des malades, j'envoyai du monde pour reconnoître les retraites du bétail : on parvint à en découvrir quelques-unes, mais à une grande diſtance de notre quartier, & les animaux étoient ſi ombrageux qu'il étoit très-difficile d'en approcher d'aſſez près pour les tirer ; quelques détachemens, envoyés pour en tuer lorſqu'on ſut leurs retraites, furent quelquefois vingt-quatre heures à les pourſuivre avant de pouvoir les atteindre ; & lorſqu'un de ces animaux avoit été traîné l'eſpace de ſept ou huit milles à travers les bois, & les plaines hériſſées de bruyères, il étoit tout couvert de mouches, exhaloit une odeur fétide, & n'étoit plus bon à rien ; ce qu'il y avoit de plus fâcheux, c'eſt que nos gens, exténués par ces pénibles courſes étoient bientôt attaqués de fièvres dont ils avoient peine à ſe tirer.

ANN. 1765.
Août.

Nous parvenions avec moins de peine à nous procurer de la volaille, les bois de cette Iſle ſont peuplés d'une ſi grande quantité d'oiſeaux de toutes les eſpèces qu'on pouvoit toujours en tirer aiſément ; mais la chair en étoit généralement d'un mauvais goût, & la chaleur étoit telle, qu'une heure après qu'on les avoit tués, ce n'étoit plus que de la pourriture.

L'Isle abonde en cochons ſauvages, qui faiſoient notre plus grande reſſource pour la viande fraîche ; ils ſont très-féroces, & ſi gros qu'ils peſent communément deux cents livres : on pouvoit les tirer ſans beaucoup de difficulté ; mais un Nègre, qui étoit à bord de la *Tamar*, imagina une manière de les prendre au piége, qui eut le plus grand ſuccès : c'étoit un grand avantage ; nous étions non-ſeulement aſſurés de manger chaque jour de la viande fraîche, mais nous pouvions encore en envoyer un bon nombre à bord, ce qui faisoit une excellente provision.

Tandis que nous nous occupions des moyens de nous procurer du bœuf frais avec moins de fatigue, M. Gore, un de nos Contre-Maîtres, découvrit un endroit très-agréable du côté du N. O. de l'Isle, qui étoit fort fréquenté par le bétail, & d'où l'on pouvoit l'amener par mer. J'y envoyai aussitôt un détachement avec une tente, pour y rester plus commodément ; & chaque jour nos bateaux en rapportoient tout ce qu'on avoit tué ; mais quelquefois la mer brisoit avec tant de furie sur le rivage qu'il étoit impossible d'aborder, & le canot de la *Tamar* perdit trois hommes qui tentèrent de franchir la lame.

Nous nous trouvions alors abondamment pourvus de toutes sortes de provisions fraîches. Chaque jour on faisoit cuire du pain pour les malades, & les fatigues diminuant, les fièvres furent moins fréquentes. Le poisson qu'on prend sur cette côte est très-beau, mais très-mal-sain ; il occasionna de fâcheux accidens à ceux qui en mangèrent. L'Auteur du Journal du Lord Anson dit qu'à bord du *Centurion* on crut devoir absolument s'abstenir de poisson, parce que ceux qui en avoient mangé s'étoient trouvés très-incommodés. Mais nous avions mal interprété ce passage ; nous avions cru que ce poisson n'avoit été nuisible aux gens du *Centurion*, que parce qu'ils en avoient mangé avec excès ; & que, dans ce cas, il n'y avoit pas de raison de s'en abstenir totalement, mais qu'il étoit seulement nécessaire d'en manger avec sobriété.

sobriété. Nous acquimes, par notre propre expérience, une connoissance qui auroit pu nous moins coûter; & tous ceux qui mangèrent de ce poisson, même sobrement, furent très-dangereusement malades, & coururent les risques d'en perdre la vie.

Ann. 1765.
Août.

CETTE Isle produit aussi du cotton & de l'indigo en abondance, & assurément elle seroit d'un grand revenu si elle étoit située aux Indes occidentales. Le Chirurgien de la *Tamar* sema différentes graines sur un terrein qu'il avoit pris la peine d'enclorre, mais notre séjour ne fut pas assez long pour retirer aucun avantage de cette plantation.

TANDIS que nous étions en rade, j'envoyai la *Tamar* reconnoître l'Isle de *Saypan*, qui est plus considérable que *Tinian* par son étendue; & l'élévation de ses terres la montre sous un aspect plus agréable. La *Tamar* alla mouiller au vent de cette Isle, à la distance d'un mille du rivage, & par 10 brasses d'eau, même fond que celui que nous avions à *Tinian*. Ses gens descendirent sur une très-belle plage sablonneuse, qui s'étend l'espace de six ou sept milles; ils se promenèrent dans les bois où ils remarquèrent plusieurs arbres qui seroient très-propres à faire des mâts de navire. Ils virent beaucoup de cochons sauvages & de guanaques, mais aucune trace d'autre bétail, ni aucun oiseau. Ils ne trouvèrent près de la plage aucune source d'eau douce, mais ils apperçurent un grand étang dans le milieu des terres, dont ils n'approchèrent pas. De grands tas d'écailles d'huitres perlières, amoncelés sur le bord du rivage, & plusieurs autres vestiges, leur

Tome I.   X

firent juger qu'il n'y avoit pas bien long-tems qu'on étoit venu dans l'isle : il peut se faire que les Espagnols s'y rendent à de certaines saisons de l'année, pour y faire la pêche des perles. Ils virent aussi plusieurs de ces piliers de figure piramidale, qui portent sur une base quarrée, & dont on peut voir la description dans le voyage du Lord Anson.

Le lundi 30 Septembre, nos malades se trouvant parfaitement rétablis, j'ordonnai qu'on rembarquât les tentes, la forge, le four & tout le bagage que nous avions à terre ; & munis de tous les rafraîchissemens que l'Isle fournit, particuliérement d'environ deux milles noix de coco, dont nous avions éprouvé toute l'efficacité contre le scorbut ; nous appareillâmes le lendemain premier Octobre, de la rade de *Tinian*, où nous avions fait un séjour de neuf semaines ; & j'espérai trouver la mousson du N. E. avant d'arriver au méridien des Isles de *Bashee*. Je côtoyai le rivage pour reprendre à bord ceux que nous avions envoyés à la chasse du bétail. Le vent fut très-foible tout le jour jusqu'au lendemain 2, au soir, qu'il passa à l'Ouest joli frais : je fis alors route au Nord ; & le 3, dans la matinée, nous eûmes connoissance d'*Anatacan*, Isle remarquable par l'élévation de ses terres, & qu'avoit reconnue le Lord Anson avant de relâcher à *Tinian*.

CHAPITRE XII.

Navigation depuis Tinian *jusqu'à* Pulo - Timoan. *Description de cette Isle, de ses Habitans & de ses productions. Route depuis* Pulo - Timoan *jusqu'à* Batavia.

Nous continuâmes de faire voile au Nord jusqu'au 10, qu'étant par les 18.ᵈ 33′ de latitude S., & 136ᵈ 50′ de longitude O., nous nous trouvâmes de vingt-deux milles plus au Sud, que nous ne le croyions par notre estime ; différence que nous attribuâmes à un fort courant qui portoit dans cette direction. A cette hauteur, l'aiguille aimantée déclinoit de 5 ᵈ 10′ à l'Est, & pendant quelque tems nous observâmes que sa déclinaison décroissoit régulièrement, de sorte qu'arrivés le 19 par 21ᵈ 10′ de latitude S., & 124ᵈ 17′ de longitude O., la direction de l'aiguille fut le plein Nord.

Ann. 1765. Octobre.

Le 18, le vaisseau se trouva à dix-huit milles au Nord de sa latitude estimée. Nous vîmes autour de notre vaisseau plusieurs oiseaux de terre qui paroissoient très-fatigués. Nous en prîmes un, dans l'instant qu'il se posoit sur un de nos boute-dehors. Cet oiseau nous parut d'une espèce rare ; il étoit de la grosseur d'une oie : le bec & les cuisses d'un noir d'ébène relevoient l'éclat de son plumage plus blanc que la neige ; son cou étoit d'environ un pied de longueur, & aussi menu que celui d'une grue ; & son bec recourbé étoit si long & si gros, qu'il n'étoit pas aisé de concevoir comment les muscles du cou pouvoient le supporter. Il vécut quatre mois de biscuit & d'eau ; mais il dépérissoit chaque jour, & selon l'apparence il mourut faute d'une nourriture qui lui fût plus analogue. Il étoit devenu si maigre, que ce n'étoit plus qu'un squelette. Je ne pense pas que cet oiseau, différent de toutes les espèces de *Toucan* dont Edwards fait mention, ait jamais été décrit par les Naturalistes. Ces oiseaux paroissoient s'être écartés de quelques Isles au Nord desquels nous avons passé, & qui ne sont point sur les cartes.

L'AIGUILLE aimantée resta plein Nord jusqu'au 22, que l'Isle de *Grafton*, la plus septentrionale des Isles de *Bashee*, nous restoit au Sud distante de six lieues. Ayant résolu de toucher à ces Isles, je courus sur celle que nous appercevions ; mais comme la navigation, depuis ces Isles jusqu'au détroit de *Banca*, est très-périlleuse, & qu'un beau ciel & un vent frais nous permettoient de forcer de voiles, je crus qu'il étoit plus prudent de poursuivre notre route, & je remis le Cap à l'Ouest. Entre les Isles de *Bashee*, on en compte cinq principales ; & d'après notre observation, la position de l'Isle de *Grafton*, est par les 21^d 81′ de latitude S., & 118^d 14′ de longitude O. La déclinaison de l'aiman y étoit de 1^d 20′ à l'Ouest.

LE 24, étant par les 16^d 59′ de latitude N., &

113ᵈ 1′ de latitude O., nous reconnûmes les triangles qui font en dehors de la pointe de *Prafil*, & forment un des plus dangereux écueils. Le 30, nous vîmes plufieurs arbres flotter le long du vaiffeau; la plupart étoient de gros bambous. La fonde alors nous rapporta 23 braffes d'eau, fond de fable brun-foncé & de coquilles brifées. Nous étions par les 7ᵈ 14′ de latitude N., & 104ᵈ 21′ de longitude O. La déclinaifon de l'aiman étoit de 30′ à l'O. Le jour fuivant le vaiffeau étoit treize milles au Nord de fa latitude eftimée; ce que nous reconnûmes être l'effet d'un courant; le 2 de Novembre, il fe trouvoit trente-huit milles au Sud de notre eftime. La latitude obfervée, fut de 3ᵈ 54′ N., & la longitude eftimée de 103ᵈ 20′ E. Nous eumes 42 & 43 braffes d'eau, fond de vafe.

A fept heures du matin, du 3, nous vîmes l'Ifle de *Timoan* dans le S. O. ¼ O., à la diftance d'environ douze lieues. Dampierre ayant fait mention de cette Ifle comme d'un lieu où l'on peut fe procurer des rafraîchiffemens, je fus tenté d'y relâcher; nous ne vivions plus que de falaifon, qui commençoit à fe corrompre; mais les légères brifes, les calmes, les courants du Sud, m'empêchèrent d'arriver au mouillage avant le 5 au foir. Nous laiffâmes tomber l'ancre par 18 braffes d'eau, à la diftance d'environ deux milles du rivage, dans une baie du côté oriental de l'Ifle.

Le lendemain, 6, nous allâmes à terre pour voir ce qu'il feroit poffible d'obtenir. Les habitans, qui font des Malais, nous parurent un peuple infolent. Dès qu'ils nous virent approcher du rivage, ils accoururent en grand nombre fur le bord de la mer, ayant un grand couteau d'une main, de l'autre une pique armée d'une pointe de fer, & un cric, efpèce de poignard, à la ceinture. Nous débarquâmes malgré ces apparences menaçantes, & auffitot nous commençâmes à traiter ; mais tout ce qu'il fut poffible de nous procurer, fe réduifit à une douzaine de volailles, une chèvre & un chevreau. Nous offrîmes en échange des couteaux, des haches & d'autres inftrumens de cette efpèce ; mais ils les refusèrent d'un air méprifant, & demandèrent des roupies. N'en ayant pas, nous nous trouvions embarraffés de payer l'acquifition que nous avions faite ; je fongeai à leur offrir des mouchoirs, & par grace, ils daignèrent accepter les meilleurs.

Ces peuples font d'une ftature au-deffous de la médiocre, mais parfaitement bien pris dans leur taille. Leur teint eft de couleur bronzée & prefque noire. Nous vîmes parmi eux un vieillard qui, à quelque différence près, étoit vêtu comme un Perfan ; mais les autres étoient nuds, à la réferve d'un mouchoir qu'ils portent autour de leur tête en manière de turban, & de quelques morceaux d'étoffe dont ils fe ceignent les reins, & qu'ils attachent avec une agrafe d'argent. Il ne parut aucune femme, & probablement ils ont l'attention de ne pas les laiffer voir aux Etrangers. Leurs maifons, bâties en bois de bambou, font propres & régulièrement conftruites ; elles s'élèvent fur des poteaux, à huit pieds environ au-deffus du fol. Leurs canots font auffi très-bien faits. Nous en vîmes quelques-uns d'affez confidérables, & dont ils fe fervent probablement pour aller commercer à *Malacca*. Mais quand nous fûmes à terre, le pays nous parut très-agréable & couvert d'arbres.

Ann. 1765. Novemb.

L'Isle eft montueufe, elle produit en abondance le chou palmite & le cocotier ; mais les habitans ne jugèrent pas à propos de nous faire part de leurs fruits. Nous apperçumes quelques rifières : les autres productions végétales de l'Ifle nous font inconnues ; un féjour de trente-fix heures ne nous laiffa pas le tems de vifiter cette contrée vraifemblablement fertile.

Malgré l'agitation violente & continuelle des vagues dans la baie où nous étions à l'ancre, nous réuffimes à y faire une abondante pêche. Nous jettâmes notre feine avec le plus grand fuccès ; mais il étoit facile de s'appercevoir que cela donnoit de l'ombrage aux Infulaires, qui regardent comme une de leurs propriétés les poiffons qui font fur leurs côtes. Deux belles rivières viennent fe jetter dans la baie ; l'eau en eft parfaite, & nous la trouvâmes fi fupérieure à celle que nous avions à bord, que nous en remplimes autant de pièces qu'on put en charger fur le canot, qui y retourna deux fois. Tandis que nous étions à l'ancre, quelques Infulaires nous apportèrent un animal qui avoit le corps d'un lièvre & les jambes d'un daim ; un de nos Officiers l'acheta. Nous aurions voulu pouvoir le conferver vivant ; mais il nous fut impoffible de lui procurer l'efpèce de nourriture qui lui étoit propre ; il fallut donc le tuer, la chair en étoit d'un très-bon goût. Le tems fut à l'orage durant notre séjour devant cette Isle ; les éclairs & la pluie, accompagnés des plus violens coups de tonnerre, continuèrent presque sans interruption.

Le 7, dans la matinée, voyant l'impossibilité de nous procurer de nouveaux rafraîchissemens, nous appareillâmes pour profiter d'une bonne brise de terre ; dans l'après midi nous apperçûmes que les courans nous portoient dans le S. E. avec une vîtesse qu'on peut estimer d'un mille par heure. La déclinaison de l'aiguille étoit de 38′ à l'Ouest. Nous traversâmes ces parages dans la saison la moins favorable ; car lorsque nous fûmes à la latitude de *Pulo Condore*, nous n'eûmes plus que de légeres brises & des calmes qui n'étoient interrompus que par des pluies violentes, des éclairs & du tonnerre.

Le 10, nous apperçûmes la pointe orientale de l'Isle de *Lingen*, qui nous restoit S. O. ¼ O., distante de onze ou douze lieues. Le courant portoit E. S. E. avec une vîtesse d'un mille par heure : à midi le vent calma, & nous mouillâmes une ancre à jet par 20 brasses d'eau ; à une heure le tems s'étant éclairci, nous eûmes la vue d'une petite Isle dans le S. O. 5ᵈ 30′ S. à la distance de dix ou onze lieues.

Le 11 à une heures après minuit nous levâmes l'ancre & fîmes de là voile : à six heures la petite Isle nous restoit O. S. O., distante d'environ sept lieues; un grouppe d'autres très-petites Isles, que nous prîmes pour les Isles *Domines*, dans l'O. 5ᵈ 30′ N., à la distance de sept ou huit lieues, & deux pointes

remarquables

marquables fur l'Ifle de *Lingen.*, nous reſtoient O. ¼ N. O., dans un éloignement de dix ou douze lieues. Notre latitude obſervée fut alors de 18′ S.; la latitude de la pointe orientale de *Lingen* de 10′ S., & la longitude orientale de 105ᵈ 15′. *Pulo Taya* en eſt preſque au S. ¼ S. O., & diſtante d'environ douze lieues.

ANN. 1765. Novemb.

LE 12, à dix heures du matin, nous vîmes dans le N. E. une petite jonque Chinoiſe: le lendemain à ſept heures du matin, nous eûmes connoiſſance d'une petite Iſle appellée *Pulo Toté*, qui nous reſtoit S. E. ¼ E, à la diſtance d'environ douze lieues. Un peu au Nord de *Pulo Taya*, eſt une très-petite Iſle, nommée *Pulo Toupoa.*

LE jour ſuivant 13, à quatre heures de l'après midi le vent ayant calmé, nous laiſſâmes tomber l'ancre par 14 braſſes d'eau, fond mou; *Pulo Taya* nous reſtant au N. O., dans un éloignement de près de ſept lieues. En cet endroit le courant portoit E. ¼ S. E., avec une vîteſſe que nous eſtimâmes de deux nœuds & deux braſſes par heure. A la diſtance de près de quatre milles nous vîmes un *Sloup* à l'ancre, qui arbora pavillon Hollandois. Dans la nuit nous eſſuyâmes de violentes raffales, accompagnées de très-fortes pluies; dans un coup de vent le greſlin que nous avions mouillé rompit, ce qui nous obligea de laiſſer tomber notre ancre d'affourche. A huit heures du matin du 14, le vent, plus maniable, varia du N. N. O. à l'O. S. O.; nous mîmes dehors la chaloupe, levâmes notre ancre d'affourche, & à neuf heures nous fîmes voile ; un fort courant nous entraînoit vers l'Est, à deux heures nous remîmes le vaisseau à l'ancre sur 15 brasses ; *Pula Taya* nous restant N. O. ¼ N., entre sept ou huit lieues de distance. Le *Sloup* que nous avions vu la veille, portant pavillon Hollandois, étoit resté à l'ancre dans la même place ; j'envoyai un canot avec un Officier pour prendre de lui quelques informations ; l'Officier fut très bien reçu, mais il fut fort surpris de ne pouvoir se faire entendre : il ne se trouvoit sur ce vaisseau que des Malais, sans un seul blanc ; ils présentèrent du thé à l'Officier, & se conduisirent, à son égard, de la maniere la plus honnête. Ce *Sloup* étoit d'une construction singuliere ; son pont étoit de bambou, & deux grosses pièces de bois placées aux deux bouts du vaisseau, lui servoient de gouvernail.

Le lendemain 15, à six heures du matin, nous fûmes sous voile ; à deux heures, *Monopin-Hill*, qui nous restoit S. ¼ S. O., à la distance d'environ dix ou onze lieues, avoit l'apparence d'une petite Isle ; il est au S. ¼ S. O. de sept Isles, dont il est éloigné de près de douze lieues ; sa latitude est de 2^d S. Arrivés à la hauteur des sept Isles, nous gouvernâmes S. O. ¼ S. ; nos fondes furent régulières depuis 12 jusqu'à 7 brasses, & bientôt après nous vîmes la côte de *Sumatra*, courant du O. S. O. à O. ¼ N. O. à la distance d'environ sept lieues. Vers le soir, nous laissâmes tomber l'ancre sur 7 brasses d'eau ; & le lendemain 16, à quatre heures du matin, nous continuâmes notre route en gouvernant S. ¼ S. E., jusqu'à ce que la pointe de *Monopin-Hill* & celle de *Batacarang*, qui est sur la côte de *Sumatra*, nous restèrent l'une à l'E., & l'autre au S. E., afin d'éviter *Frédérick Hendrick*, écueil dangereux situé à mi-chemin entre *Banca* & *Sumatra*. Les fondes nous donnèrent 13 & 14 brasses ; alors nous gouvernâmes E. S. E., cherchant à tenir le milieu du canal, pour nous éloigner également d'une bature, qui est à l'entrée de la rivière de *Palambam* & de celle qui est située à la hauteur de la pointe occidentale de *Banca*. Quand nous fûmes par le travers de la rivière de *Palambam*, nous trouvâmes que le fond s'élevoit régulièrement de 15 jusqu'à 7 brasses ; & après l'avoir dépassée, les fondes rendirent 15 & 16 basses. Nous continuâmes de gouverner E. S. E. entre la troisieme & la quatrieme pointe de *Sumatra*, distantes l'une de l'autre d'environ dix lieues. Les fondes, prises le long de la côte de *Sumatra*, donnèrent depuis 11 jusqu'à 13 brasses ; & la haute terre de *Queda Banca*, qu'on appercevoit au-dessus de la troisieme pointe de *Sumatra*, nous restoit E. S. E. Depuis la troisieme pointe jusqu'à la deuxieme, distance d'environ onze ou douze lieues, la route est S. E. $\frac{1}{4}$ S. La haute terre de *Queda Banca* & la deuxieme pointe de *Sumatra*, gisent entr'elles E. N. E. & O. S. O. ; le canal a près de cinq lieues de large ; & l'on a dans le milieu 24 brasses d'eau. A six heures du soir, nous mouillâmes par 13 brasses ; *Monopin-Hill* nous restoit au N. $\frac{1}{2}$ rumb O., & la troisieme pointe de *Sumatra* au S. E. $\frac{1}{4}$ E. de deux à trois lieues de distance. Nous apperçûmes alors plusieurs vaisseaux, dont la plupart portoient pavillon Hollandois. Dans la nuit, nous eûmes des vents très-frais & par grains, avec du tonnerre, des éclairs & une grande pluie; mais, comme la tenue étoit très-forte dans ce mouillage, la bonté de nos cables nous rassuroit sur le danger d'être jettés à la côte.

Le lendemain au matin, 17, le courant ou la marée portoit au S. E. avec une vitesse que j'estimai de trois nœuds par heure. Nous appareillâmes à cinq heures par un vent d'Ouest modéré & un tems brumeux. Dans la nuit, la direction de la marée changea, & reversa avec la même force dans le N. O.; ainsi la marée en cet endroit monte ou descend douze heures de suite.

Le 19, nous parlâmes à un Senault Anglois de notre Compagnie des Indes, il étoit parti de *Bencoolen* pour se rendre à *Malacca* & ensuite au *Bengale*; nous nous trouvions alors avec les premieres provisions du vaisseau, qui étoient entiérement corrompues; le bœuf & le porc exhaloient une odeur insupportable, & notre pain fourmilloit de vers. Le Maître du Senault n'eut pas plutôt appris notre situation, qu'il nous envoya un mouton, une douzaine de volailles & une tortue; ce qui étoit, je pense, la moitié de ses provisions; & il eut la générosité de ne vouloir rien accepter que nos remercimens : c'est avec plaisir que je lui paie ce tribut de reconnoissance; & je suis bien fâché de ne pas me rappeller son nom, ni celui de son vaisseau.

Dans l'après-midi, nous rangeâmes la pointe de *Sumatra*, & les sondes, le long de la côte du Nord, à la distance d'un mille & demi du rivage, furent de 14 brasses. A trois heures & demie, nous laissâmes tomber l'ancre, & j'envoyai un canot pour reconnoître les fondes, à cause des écueils qui s'étendent au Nord de l'Isle appellée *Lucipara*, qui nous restoit au S. E. ¼ E. à la distance d'environ six lieues. La brise trop foible, & le flot qui portoit fortement au Nord ne nous permirent pas de passer entre ces écueils & la côte de *Sumatra*, avant le 20 après-midi. Les fondes furent régulièrement de 9 & 10 brasses en prolongeant l'Isle, & de 5 & 6 brasses en côtoyant *Sumatra*. Ce canal, continuellement fréquenté, est trop bien connu pour que je doive inférer ici les particularités de notre passage. Je dirai seulement que le mercredi, 17, à six heures du soir, nous passâmes entre les Isles *Edam* & *Horn*, & nous entrâmes dans la rade de *Batavia*. A huit heures, nous jettâmes l'ancre à quelque distance des vaisseaux, l'Isle d'*Onrust* nous restant à l'O. N. O. à la distance de cinq ou six milles.

CHAPITRE XIII.

Séjour à Batavia & départ de ce Port.

LE lendemain, qui étoit le 28 de Novembre conformément à notre journal, mais qui se trouvoit être le 29, selon la vraie date d'Europe, sur laquelle nous avions perdu un jour en suivant le cours annuel du soleil, nous vînmes mouiller plus près de la ville, & nous saluâmes le fort d'onze coups de canon, qui nous furent rendus. Il y avoit dans cette rade plus de cent vaisseaux, grands ou petits, & dans ce nombre un gros vaisseau Anglois de Bombay, qui nous salua de treize coups de canon.

LA Compagnie Hollandoise entretient toujours ici un vaisseau amiral. Le Commandant de cette patache, qui parmi ses compatriotes est un personnage de conséquence, jugea à propos d'envoyer son canot à mon bord; le conducteur aussi mal vêtu qu'il avoit mauvaise mine, me demanda qui nous étions, d'où nous venions, quelle étoit notre destination, & me fit plusieurs autres questions non moins impertinentes; il se disposa en même-tems à écrire mes réponses; mais je lui épargnai cette peine; il fut prié de quitter sur le champ mon bord & de retourner dans son canot, ce qu'il fit sans répliquer.

A notre arrivée à *Batavia*, nous n'avions pas un

seul malade dans les deux équipages ; mais sachant que l'air y est plus malsain qu'en aucun endroit des Indes, dans la saison des pluies qui étoit prochaine, & que l'arrack y est très-commun, je résolus d'en partir aussi-tôt que nous serions prêts à remettre en mer. Je descendis pour faire visite au Général ; mais il étoit à sa maison de campagne, qui est à quatre milles environ de *Batavia* : je trouvai cependant un Officier, qu'on nomme *le Sabandar* & qui est l'introducteur des Etrangers. Il me proposa obligeamment de me conduire chez son Excellence, si je l'aimois mieux que d'attendre son retour. J'acceptai ses offres & nous partîmes sans différer. Le Général me fit le plus gracieux accueil, & me laissa le choix de chercher un logement dans la ville, si je ne voulois pas en prendre un à l'hôtel. Cet hôtel est une grande & belle maison, que le Général afferme à un particulier, avec le privilège exclusif de loger tous les Etrangers, qui sont toujours en très-grand nombre. Un habitant qui oseroit donner un lit à un Etranger, ne fût-ce que pour une seule nuit, payeroit une amende de 500 rixdales ; ce qui fait près de 2500 livres, monnoie de France. Il est peu de grands édifices à *Batavia*, mais les maisons joignent à la régularité de la construction tout ce qui peut en rendre l'intérieur agréable & commode. Les rues sont larges, bien percées, & la plupart traversées par des canaux bordés de grands arbres des deux côtés. Ces canaux, qui lui donnent l'apparence des villes de Hollande, sont sans doute commodes pour les négocians, qui peuvent faire conduire par eau les marchandises devant leurs portes, mais ils doivent aussi entretenir une humidité perni-

Ann. 1765.
Novemb.

cieufe aux habitans. On conçoit que la ville étant bâtie fur un terrein marécageux, les canaux font néceffaires pour l'écoulement des eaux ; mais les arbres qui les embelliffent, gênent la circulation de l'air, & s'oppofent à la difperfion des vapeurs qui s'en élèvent.

Il n'eft guère de ville en Europe plus peuplée. *Batavia* femble être le centre de réunion de toutes les nations : les Hollandois, les Portugais, les Chinois, les Perfans, les Maures, les Malais, les Javans habitent cette ville & compofent la fociété. Les Chinois ont un quartier féparé. Ce font eux qui y font le plus grand commerce : car il arrive annuellement dans cette rade dix ou douze groffes jonques de la Chine. C'eft en grande partie à la richeffe de ce commerce qu'eft due l'opulence dont les Hollandois jouiffent à *Batavia*. Si la variété des plaifirs, la bonne chère, & les productions de la terre les plus capables de flatter le goût, concourent à rendre ce féjour agréable, la jouiffance en eft troublée par une infinité d'infectes vénimeux qui ne vous laiffent aucun repos. Ses dehors approchent de la magnificence des environs de Londres. On y eft fur-tout frappé de la beauté des chemins, embellis d'un côté par un canal, qu'ombragent des rangées de grands & fuperbes arbres ; & au-delà de ce canal, navigable pour de très-groffes barques, les maifons de campagne des habitans offrent un coup-d'œil enchanteur. Ils réfident, autant que les affaires peuvent le leur permettre, dans ces belles maifons de plaifance où ils refpirent un air plus pur

&

& plus falubre que dans la ville. Le luxe y est à un tel degré, que c'est presqu'un déshonneur que d'y être à pied.

ANN. 1765.
Novemb.

IMPATIENT de quitter *Batavia* où nous étions arrivés le 28 Novembre, je pressois notre expédition. Dès que nous eûmes embarqué les rafraîchissemens, une provision de riz & d'arrack pour le reste du voyage, nous appareillâmes; & le 10 Décembre nous fîmes voile de cette rade. Le fort nous salua d'onze coups de canon, & le vaisseau amiral de treize, qui furent rendus de mon bord. Nous reçûmes aussi le salut d'un vaisseau Anglois. Nous gouvernâmes sur l'Isle *du Prince*, qui est dans le détroit de *la Sonde*; & le 14 nous y vînmes mouiller. Dans ce passage il nous vint de la côte de *Java* des canots chargés de tortues; ils nous en fournirent une si grande quantité, qu'on ne servoit rien autre chose aux deux équipages. Nous restâmes à l'ancre jusqu'au 19 devant l'Isle *du Prince*, où nous ne vécûmes encore que de tortues, que les habitans de l'Isle nous vendoient à très-bon compte. Après y avoir fait de l'eau & du bois, autant que nous pûmes en prendre, nous mîmes à la voile, & avant la nuit nous avions doublé la pointe de l'Isle de *Java*. Ce fut alors qu'une fièvre putride parut se développer avec fureur dans nos équipages; trois de mes matelots en moururent, & plusieurs autres furent si malades qu'on les jugeoit sans espérance. Cependant nous n'avions pas perdu un seul homme à *Batavia*; ce qui fut regardé, malgré

Décemb.

la brieveté de notre séjour, comme un exemple extraordinaire de bonheur. Nous ne fûmes pas quinze jours en mer, que nous eûmes la consolation de voir tous nos malades parfaitement rétablis.

CHAPITRE XIV.

Arrivée au Cap de Bonne - Espérance. *Retour en Angleterre.*

Nous continuâmes de faire voile pendant près de quarante-huit jours, sans qu'il nous arrivât rien de remarquable. Seulement, dans cet intervalle de tems, nous eûmes le malheur de perdre un de nos meilleurs canonniers. Il se laissa tomber du bord, & tous nos efforts ne purent le sauver. Le 10 Février, nous eûmes la vue de la côte d'Afrique, dont nous n'étions plus qu'à sept lieues, & qui s'étendoit depuis le N. N. O. jusqu'au N. E. Elle paroissoit coupée en plusieurs hautes montagnes entre lesquelles on voyoit la terre s'abaisser en pente douce & couverte de sable blanc. Sa latitude S. étoit de 34ᵈ 15′, & sa longitude O. de 21ᵈ 45′. L'aiguille aimantée déclinoit de 22ᵈ à l'Ouest; & la sonde nous rendit 53 brasses, fond de gros sable brun.

Ann. 1765.
Décemb.

1766.
Février.

Nous portâmes sur la terre, & lorsque nous en fûmes à deux lieues environ, nous vîmes une épaisse fumée qui s'élevoit d'une plage sablonneuse. J'imaginai que cette fumée étoit produite par les Hottentots, & j'étois surpris qu'ils choisissent pour leur résidence cette partie de la côte, qui ne paroît être composée que de dunes, où l'on n'apperçoit ni arbrisseau, ni verdure,

& sur laquelle la mer brise avec une violence qui doit y rendre la pêche impraticable.

Le 12, à trois heures après-midi, nous doublâmes le Cap *Lagullas*, d'où la côte court O. N. O. jusqu'au Cap de *Bonne-Espérance*, qui en est éloigné de trente lieues. Le jour suivant, 13, nous passâmes entre l'Isle *Pingoin* & la *Pointe Verte*, & nous entrâmes dans la baie *des Tables* sous nos huniers tous les ris pris ; les vents étant au S. S. E. grand frais & par grains violens. A trois heures après-midi, nous laissâmes tomber l'ancre, & nous saluâmes le fort qui nous rendit le salut. Les Hollandois me dirent qu'aucun de leurs vaisseaux n'auroit osé entrer dans la baie avec un vent si désavantageux, & qu'ils nous avoient vu avec surprise entrer & manœuvrer avec plus de facilité & de promptitude, qu'on ne le fait d'ordinaire par le vent le plus favorable.

Le lendemain, 14, dans la matinée, je descendis à terre pour me rendre chez le Gouverneur : sa voiture m'attendoit déja sur le rivage. Je vis un homme avancé en âge, & très-populaire : il me reçut avec une extrême politesse : il eut l'honnêteté de m'offrir un appartement dans la maison de la Compagnie durant mon séjour au Cap, & me pria de disposer de sa voiture, comme si elle m'appartenoit. Etant un jour à dîner chez lui avec quelques autres personnes, j'eus occasion de parler de la fumée que j'avois vue sur une plage sablonneuse en un endroit de la côte où tout annonçoit la stérilité de la terre ; & j'ajoutai que cela m'avoit causé quelque étonnement. Il me dit qu'il n'y avoit pas long-tems qu'un autre vaiſſeau, qui s'étoit approché de cette partie de la côte, avoit vu comme moi cette grande fumée, quoique cette terre, qu'on fuppofoit être une Iſle, fût inhabitée; il m'apprit à ce fujet qu'il y avoit près de deux ans que deux vaiſſeaux Hollandois de la Compagnie des Indes avoient fait voile de *Batavia* pour le Cap, & que jamais on n'en avoit eu de nouvelle; il foupçonnoit que l'un de ces deux vaiſſeaux, ou même tous les deux, avoient fait naufrage fur cet endroit de la côte, & que les fumées qu'on avoit apperçues venoient de ces malheureux qui s'y étoient perdus; & il ajouta qu'on avoit déja envoyé pluſieurs fois des bateaux pour éclaircir ces conjectures, mais que la mer briſoit fur la côte avec tant de furie, qu'ils avoient été forcés de revenir fans ofer y defcendre. Je fus touché du récit d'une fi trifte aventure, & je regrettai de n'en avoir pas été informé auparavant; car j'aurois fait tous mes efforts pour trouver ces infortunés, & les tirer d'un lieu où ils doivent probablement périr de mifère.

Ann. 1766.
Février.

Le Cap eft une excellente relâche pour les vaiſſeaux qui doivent doubler cette pointe méridionale de l'Afrique. Le climat en eft très-frais, la campagne très-belle, & l'on y trouve en abondance des rafraîchiſſemens de toute efpèce. Le jardin de la Compagnie eft un endroit délicieux : à l'un des bouts de ce jardin, eft une ménagerie qui appartient au Gouverneur; il n'épargne rien pour la remplir d'un grand nombre d'animaux curieux & rares : j'y ai vu trois belles autruches & quatre zèbres d'une taille extraordinaire. Nos gens, à qui je permettois d'aller à terre chacun à leur tour, profitoient de cette liberté pour se régaler des vins du Cap, & ils ne revenoient guère à bord sans en avoir bu avec excès. Tandis que nous étions dans cette rade, nous y vîmes arriver plusieurs vaisseaux, les uns Hollandois, les autres François, quelques-uns Danois, mais il n'y en avoit point qui n'eût une destination ultérieure.

Après un séjour, que j'avois prolongé jusqu'à trois semaines pour laisser aux équipages le tems de se remettre des fatigues qu'ils avoient essuyées, je pris congé du bon vieux Gouverneur, & muni de tous les rafraîchissemens nécessaires, je fis voile le 7 Mars de la baie *des Tables*, par un vent très-favorable du S. E.

LE 16, à six heures du matin, nous eûmes la vue de l'Isle de *Sainte-Helene* dans l'O. ¼ N. O., distante d'environ seize lieues; & sur le midi, nous apperçûmes un gros vaisseau portant pavillon françois. Nous continuâmes notre route, & quelques jours après, comme nous faisions voile par un très-beau tems & un vent frais, à une distance considérable de la terre, le vaisseau reçut une secousse aussi rude que s'il eût donné sur un banc: la violence de ce mouvement nous alarma tous, & nous courûmes sur le pont; nous vîmes la mer se teindre de sang dans une très-grande étendue; ce qui dissipa nos craintes. Nous en conclûmes que nous avions touché sur une baleine ou sur un grampus, & que vraisemblablement notre vaisseau n'en avoit reçu aucun dommage; ce qui étoit vrai.

Dans ce même tems nous perdîmes le second maître charpentier, jeune homme induſtrieux & actif; il avoit preſque toujours été dans un état de langueur depuis notre départ de *Batavia*.

Le 25, nous paſsâmes la ligne par 17^d 10$'$ de longitude O. Le lendemain au matin, le Capitaine Cumming ſe rendit à mon bord pour m'informer que trois pièces de la ferrure de ſon gouvernail étoient rompues, ce qui le mettoit hors de ſervice. J'envoyai ſur le champ le charpentier viſiter ce gouvernail, qu'il trouva en plus mauvais état encore que ne l'avoit dit le Capitaine. Les gonds & les roſettes étoient ſi uſés qu'ils ne pouvoient abſolument plus ſupporter le gouvernail. Le charpentier prit le parti d'en faire une machine pareille à celle qu'on avoit faite pour l'*Ipſwich*, & qui avoit ſervi à le reconduire en Angleterre. Cette machine fut achevée en cinq jours environ. La *Tamar* s'en ſervit avec ſuccès; mais craignant qu'elle ne fût hors d'état de ſe ſoutenir contre un vent violent qui la jetteroit à la côte, j'ordonnai à M. Cumming de faire voile pour *Antigoa*, où il pourroit échouer le vaiſſeau, & y faire réparer ſon gouvernail avec une nouvelle garniture de gonds & de roſettes qu'il avoit de rechange; car celle de la *Tamar* étant en fer, on ne devoit pas s'attendre qu'elle durât autant que celle du *Dauphin* qui étoit de cuivre ainſi que ſon doublage.

La *Tamar*, conformément à ſes nouveaux ordres, ſe ſépara de nous le premier d'Avril, & gouverna ſur les Iſles *Antilles*. Lorſque nous arrivâmes par les 34^d de latitude S., & 35^d de longitude O., les vents grands, frais & variables du O. S. O. au O. N. O., & une mer terrible qui brifa autour de nous durant fix jours confécutifs, nous chafsèrent jufqu'à la hauteur de 48.ᵈ N., par les 14.ᵈ de longitude O. Le 7 Mai, à fept heures du matin, nous eûmes connoiffance des Ifles *Sorlingues*, neuf femaines après notre départ du Cap de *Bonne-Efpérance*, & un voyage de vingt-deux mois & quelques jours ; le 9, nous mouillâmes aux *Dunes*. Le même jour je defcendis à *Deal*, & je partis pour me rendre à *Londres*.

Fin du Voyage de Byron.

RELATION D'UN VOYAGE

FAIT

AUTOUR DU MONDE,

Dans les Années 1766, 67, 68 & 69,

Par *Philippe Carteret*, Écuyer, Commandant du Swallow *Sloup de Sa Majesté Britannique.*

RELATION
D'UN VOYAGE
FAIT AUTOUR DU MONDE,

Dans les Années 1766, 1767, 1768 & 1769,

Par PHILIPPE CARTERET, *Écuyer, Commandant du* Swallow *Sloup de Sa Majesté Britannique.*

CHAPITRE PREMIER.

Traversée de Plymouth *à l'Isle de* Madère *; & Passage du Détroit de* Magellan.

BIENTÔT après mon retour d'un Voyage autour du Monde, fait avec le Commodore Byron, je fus

ANN. 1766.
Août.

* La Longitude dans ce Voyage est calculée sur le Méridien de Londres, en prenant d'abord 180 degrés à l'Ouest & ensuite à l'Est.

Aa ij

nommé Commandant du *Swallow* floup de Sa Majefté Britannique, par une commiffion datée du premier Juillet 1766. Le *Swallow* étoit alors à *Chattam*, & l'on m'ordonna de l'équiper avec toute la promptitude poffible. C'étoit un vieux vaiffeau de trente ans de fervice, & je ne le croyois pas en état de faire un long voyage ; il étoit légèrement doublé à la quille, laquelle n'étoit pas même garnie de clous qui puffent fuppléer au défaut d'un doublage plus capable de le défendre des vers. On me fit entendre que je devois accompagner le *Dauphin* dans fon expédition ; mais la différence de grandeur & d'équipement de ces deux bâtimens me donna lieu de penfer qu'ils n'avoient pas la même deftination. Le *Dauphin* avoit un doublage de cuivre & étoit approvifionné de tout ce qui eft néceffaire à une navigation longue & dangereufe ; le *Swallow* au contraire étoit mal pourvu des chofes les plus effentielles. Je me hazardai cependant à demander une forge, du fer, un petit efquif & plufieurs autres chofes que je favois par expérience devoir être très-importantes, fi l'on prétendoit que j'entrepriffe un fecond voyage autour du globe ; on me répondit que le vaiffeau & fon équipement étoient très-propres pour l'ufage qu'on en vouloit faire, & l'on ne m'accorda rien de ce que je défirois. Cette réponfe me confirma dans l'opinion où j'étois que fi le *Dauphin* s'embarquoit pour faire le tour du monde, on ne m'enverroit pas plus loin que les Ifles de *Falkland*, où je ferois remplacé par le *Jafon* excellente frégate qui étoit comme le *Dauphin*, doublée de cuivre & amplement chargée de provifions. Comme je manquois de fil de carret, article abfolument néceffaire dans tous les voyages, je tâchai de m'en procurer à Plymouth, mais on me dit qu'on en avoit mis à bord du *Dauphin* une quantité fuffifante pour les deux vaiffeaux.

Ann. 1766.
Août.

LE 22 Août 1766, l'équipage ayant reçu la veille deux mois de paye, je fis voile du goulet de *Plymouth* conjointement avec le *Dauphin*, commandé par le Capitaine Wallis & la Flûte le *Prince Frédéric*, fous les ordres du Lieutenant Jacques Brine. Nous marchâmes enfemble, fans qu'il nous arrivât rien de remarquable jufqu'au 7 de Septembre jour où nous mîmes à l'ancre dans la rade de *Madère*.

Septemb.

PENDANT que j'étois à cet endroit, ne connoiffant pas encore le lieu de ma deftination, j'écrivis une lettre au Capitaine Wallis pour lui repréfenter que je manquois de fil de carret, & l'informer de la réponfe qui m'avoit été faite lorfque j'en avois demandé au Commiffaire Ordonnateur de *Plymouth*. Il m'en envoya cinq cens livres ; cette quantité n'étoit pas fuffifante pour fatisfaire mes befoins, & je fus forcé bientôt après de mettre en pièces quelques-uns des cables, afin de fauver mes agrêts.

MON Lieutenant m'avertit le 9, dès le grand matin, que neuf des meilleurs matelots s'étoient échappés du vaiffeau pendant la nuit & avoient gagné la côte à la nage, entièrement nuds, & n'emportant rien que leur argent, qu'ils avoient enveloppé dans un mouchoir attaché autour de leurs reins. Il ajouta que les déserteurs ne s'étoient pas quittés jusqu'à ce qu'ils fussent près de la houle qui brise avec violence sur le rivage, & qu'alors un d'eux effrayé du bruit des vagues s'en étoit revenu en nageant près du vaisseau où il avoit été pris à bord, mais que les autres avoient eu le courage de se hazarder au milieu des flots. Comme la perte de ces hommes auroit eu pour nous des suites funestes, j'écrivis sur le champ au Consul pour le prier de m'aider à les recouvrer ; je n'avois pas encore fini ma lettre, lorsqu'il me fit dire qu'au grand étonnement des Naturels du pays on venoit de les trouver nus sur le rivage, qu'on les avoit mis en prison & qu'on n'attendoit que mes ordres pour les renvoyer. Je dépêchai un bateau, & dès que j'appris qu'ils étoient arrivés, j'allai sur le pont. Je fus charmé de voir le repentir sur leurs visages, & je fus intérieurement porté à ne pas leur infliger une punition à laquelle ils sembloient disposés à se soumettre de bon cœur, pour expier leur faute. Je leur demandai ce qui avoit pu les porter à s'enfuir du vaisseau & quitter le service de leur patrie, au risque d'être dévorés par les goulus, ou déchirés en pièces par la houle qui battoit sur la côte. Ils répondirent que quoiqu'ils eussent couru tant de dangers en nageant vers la grève, ils n'avoient jamais eu intention de déserter le vaisseau qu'ils étoient résolus de ne pas quitter tant qu'il pourroit naviguer, mais que sachant bien qu'ils entreprenoient un long voyage dont personne n'étoit assuré de revenir, ils avoient jugé qu'il seroit un peu dur de n'avoir pas une occasion de dépenser leur argent, & s'étoient déterminés à boire encore une bouteille d'eau-de-vie &

revenir ensuite à bord, où ils espéroient arriver avant qu'on s'apperçût de leur départ. Je voulois leur pardonner, & je n'examinai pas trop sévèrement leur apologie, que le reste de l'équipage qui les entouroit paroissoit beaucoup approuver. Je leur fis observer qu'après avoir bu une bouteille d'eau-de-vie, ils auroient été peu en état de traverser la houle à la nage, & je leur dis qu'espérant que désormais ils n'exposeroient leurs vies que dans des occasions plus importantes & que je n'aurois point à me plaindre de leur conduite, je ne leur infligeois d'autre châtiment que la honte & le regret dont je les voyois pénétrés. Je pensai qu'ils avoient besoin de repos, je les avertis de remettre leurs habits & de se coucher. J'ajoutai que si pendant notre voyage j'avois besoin de bons nageurs, je connoissois avec plaisir à qui je pourrois m'adresser. Ayant ainsi dissipé la crainte de ces braves matelots, je fus très-satisfait de remarquer le murmure de contentement qui se fit entendre alors au milieu de tous les gens de l'équipage. Ma clémence fut bien payée par la suite; au milieu des peines & des dangers de notre voyage, ces déserteurs nous rendirent toute sorte de services avec un zèle & une ardeur qui leur fait honneur & qui servit d'exemple aux autres.

Nous remîmes à la voile le 12, & le Capitaine Wallis me donna une copie de ses instructions qui m'apprit l'objet de notre voyage. Il nomma le *Port-Famine* dans le détroit de *Magellan*, pour rendez-vous en cas que nous vinssions à nous séparer.

ANN. 1766.
Septemb.

J'étois convaincu que l'on m'envoyoit à une expédition que le *Swallow* & son équipement n'étoient pas en état d'accomplir ; mais je résolus à tout événement de faire mon devoir, le mieux qu'il me seroit possible.

Novemb.

Nous continuâmes notre route, & il ne nous arriva rien digne d'être rapporté, jusqu'à ce que nous mîmes à l'ancre à la hauteur du Cap de la *Vierge-Marie*, où nous vîmes les Patagons dont j'ai fait la description dans une lettre au Docteur Matty publiée dans le soixantième volume des Transactions Philosophiques. Il seroit inutile de la répéter ici, d'autant plus qu'elle est conforme en général à celle qu'ont donnée le Commodore Byron & le Capitaine Wallis.

Lorsque nous entrâmes dans le détroit, on m'ordonna de marcher en avant du *Dauphin* & de la *Flûte* afin de les piloter au milieu des bas-fonds ; mais mon bâtiment manœuvroit si mal qu'il nous étoit très-rarement possible de le virer sans le secours d'un bateau qui nous touât ; cependant après bien des travaux & bien des dangers nous mîmes à l'ancre dans

Décemb.

le *Port-Famine* le 26 Décembre. Nous démontâmes alors notre gouvernail pour y ajouter une pièce de bois, j'espérois qu'en le rendant plus large, le vaisseau s'en trouveroit mieux ; cette opération ne répondit pas à mon attente.

Après avoir essuyé de nouveaux périls & de nouvelles difficultés pour aborder dans la baie d'*Island*,
où

où nous arrivâmes le 17 Février. Avant de remettre à la voile j'expofai au Capitaine Wallis dans une lettre la fituation de mon vaiffeau, & je le priai d'examiner ce qu'il étoit plus à propos de faire pour le fervice de Sa Majefté; s'il vouloit le renvoyer, ou s'il devoit continuer le voyage. Il me répondit que puifque les Lords de l'Amirauté l'avoient deftiné à une expédition dont je connoiffois bien l'objet, il ne croyoit pas être le maître de changer fa deftination.

Nous continuâmes donc à naviger enfemble dans le détroit pendant quelque-tems, & comme je l'avois déja paffé une fois, on me dit de me tenir en avant & de fervir de guide, en me donnant la liberté de mettre à l'ancre ou à la voile lorfque je le jugerois convenable. M'appercevant que le *Swallow* étoit très-mauvais voilier, qu'il retardoit beaucoup le *Dauphin*, & que probablement il lui feroit manquer la faifon de gagner la mer du Sud, ce qui auroit renverfé le projet du voyage; je propofai au Capitaine Wallis de laiffer le *Swallow* dans quelque anfe ou baie; de monter moi-même fes bateaux pour l'accompagner & l'aider jufqu'à ce qu'il eût traverfé le détroit. Je lui remontrai que par là il acheveroit fon paffage, fuivant toute apparence beaucoup plutôt, que fi mon bâtiment lui faifoit perdre du tems. Afin de lui faire agréer ce plan, je lui fis remarquer qu'il pourroit compléter fes provifions de bouche & de marine, & fon équipage avec ce qui étoit dans mon vaiffeau, & le renvoyer en Angleterre avec ceux de fes gens que la maladie rendoit incapables de le fuivre. J'ajoutai qu'en m'en retournant dans la Grande-Bretagne, j'examinerois la côte orientale des Patagons, ou que j'entreprendrois de faire toutes les autres découvertes qu'il voudroit m'indiquer. Enfin je lui dis que s'il croyoit avoir befoin pour faire réuffir le voyage des connoiffances que j'avois acquifes dans les mers du Sud, j'étois prêt d'aller avec lui à bord du *Dauphin*, & d'abandonner le commandement du *Swallow* à fon premier Lieutenant dont je remplirois la place, ou de faire le voyage moi feul avec le *Dauphin*, s'il vouloit remmener en Europe le *Swallow*; mais le Capitaine Wallis perfifta toujours dans l'opinion, que d'après les ordres que nous avions reçus les deux vaiffeaux devoient continuer leur route fans fe féparer.

Le *Swallow* étoit alors en fi mauvais état qu'en portant toutes fes voiles, il ne pouvoit pas faire autant de chemin que le *Dauphin* avec fes huniers à un feul ris. Nous marchâmes pourtant de conferve jufqu'au 10 Avril, quand nous apperçûmes l'entrée occidentale du détroit & la grande mer du Sud. Jufques-là, je m'étois tenu en avant fuivant les directions qu'on m'avoit données, mais alors le *Dauphin* fe trouvant prefque à notre travers, il'envergua fa mifaine qui lui fit bientôt gagner le pas ; & fur les neuf heures du foir, comme il ne nous montroit point de fignaux, nous le perdîmes de vue. Nous avions une jolie brife Eft, dont nous profitâmes le mieux qu'il nous fut poffible pendant la nuit, portant toutes nos petites voiles, & même les boute-hors du grand perroquet malgré le danger auquel nous nous expofions. Le lendemain, à la pointe du jour, nous voyions encore les huniers du *Dauphin* au-deſſus de l'horiſon, & nous apperçûmes qu'il portoit ſes boutehors. A neuf heures, nous le perdîmes entièrement de vue ; & nous jugeâmes qu'il avoit débouqué le détroit ; mais nous étions toujours au-deſſous de la terre, & nous n'avions que des vents légers & variables. Je n'eus plus d'eſpoir alors de revoir le *Dauphin* ailleurs qu'en Angleterre, puiſque nous n'avions point concerté de plan d'opération, ni nommé aucun rendez-vous, comme nous avions fait de *Plimouth* au détroit de *Magellan*. Cette ſéparation étoit d'autant plus malheureuſe pour moi, que pendant les neuf mois que nous avions navigué enſemble, on n'avoit mis à bord du *Swallow* aucune des étoffes de laines, toiles, verroteries, coûteaux, ciſeaux & autres ouvrages de coûtellerie deſtinés à l'uſage des deux vaiſſeaux, & qui étoient ſi néceſſaires pour obtenir des rafraîchiſſemens des Indiens. Nous manquions d'ailleurs de forge & de fer, ſans quoi nous ne pouvions peut-être pas conſerver notre bâtiment. J'eus cependant la ſatisfaction de ne point appercevoir de marques d'abattement parmi l'équipage, j'encourageai mes gens en leur diſant, que quoique le *Dauphin* fût le meilleur des deux vaiſſeaux, j'eſpérois que ce déſavantage ſeroit amplement compenſé par leur courage, leur habileté & leur bonne conduite.

A midi de ce jour, nous étions en travers du Cap *Pillar*, lorſque une briſe s'élevant au S. O., nous fûmes obligés d'abattre nos petites voiles, de riſer

Ann. 1767.
Avril.

ANN. 1767.
Avril.

nos huniers & de ferrer le vent. Bientôt après elle fraîchit à l'O. S. O. en soufflant directement debout de la mer, & après avoir fait deux bordées, pour doubler la terre, nous eûmes le chagrin d'appercevoir que nous ne pouvions pas en venir à bout. Il étoit presque nuit, le vent augmenta & chassa devant lui une grosse houle, & il survint un brouillard avec une pluie violente. Nous rangeâmes de près la côte méridionale, & j'envoyai un bateau en avant pour découvrir la baie *Tuesday*, (Mardi) que Sir Jean Narbourough dit être à quatre lieues du détroit, ou quelque autre endroit qui pût nous servir de mouillage. A cinq heures, nous ne pouvions pas voir terre, quoiqu'elle soit très-haute & que nous n'en fussions qu'à un demi-mille; à six heures, l'épaisseur de la brume avoit rendu la nuit si ténébreuse que nous ne voyions pas à la moitié de la longueur du vaisseau; je mis à la cape pour attendre le bateau dont j'avois beaucoup de raison d'être inquiet. Nous allumâmes des flambeaux, & nous fîmes de tems en tems des feux pour signal, mais étant toujours incertains si nos gens les appercevoient à travers le brouillard & la pluie, je fis tirer un coup de canon à toutes les demi-heures, & enfin j'eus la consolation de les reprendre à bord: ils n'avoient découvert ni la baie *Tuesday*, ni aucun autre mouillage. Nous fîmes voile le reste de la nuit, tâchant de nous tenir près de la côte méridionale & de conserver autant qu'il nous feroit possible le chemin que nous avions gagné à l'Ouest. Le lendemain, 12, à la pointe du jour, je dépêchai une seconde fois le Maître dans le canot à la recherche d'un endroit où nous pussions mettre à l'ancre sur la côte Sud. J'attendis son retour jusqu'à cinq heures de l'après-midi, dans la perpléxité la plus accablante ; je craignois que nous ne fussions obligés de passer encore une nuit dans ce parage dangereux ; mais je le vis sonder une baie, & sur le champ je tirai vers lui. Peu de tems après le Maître revint à bord, & nous apprîmes avec une joie inexprimable, que nous pouvions y jetter l'ancre en toute sûreté. A l'aide de notre bateau, nous y mouillâmes sur les six heures, & j'allai dans ma chambre pour prendre quelque repos. J'étois à peine couché sur mon lit, que je fus allarmé par un cri & un tumulte universel ; les gens de l'équipage qui étoient dans l'entre-pont couroient en hâte sur le tillac & joignoient leurs clameurs à celles des autres. Je me levai à l'instant imaginant qu'un coup de vent avoit forcé le vaisseau sur son ancre & le chassoit hors de la baie. En arrivant sur le tillac, j'entendis l'équipage s'écrier dans un transport de surprise & de joie, qui approchoit beaucoup de l'extravagance, le *Dauphin !* le *Dauphin !* Dans quelques minutes cependant nous fûmes convaincus que ce que nous prenions pour un vaisseau n'étoit rien autre que des trombes d'eau élevées dans l'air, par un des coups de vent violents qui partoient sans interruption de la haute terre. La brume servoit à nous tromper. Cet erreur déconcerta d'abord l'équipage, mais avant de les quitter, j'eus le plaisir de voir nos gens reprendre leur courage & leur gaieté ordinaires.

LA petite baie où nous étions à l'ancre, est située à environ trois lieues E. ¼ S. E. du Cap *Pillar*. C'est la première plage qui ait quelque apparence de baie en dedans de ce Cap, qui gît au S. ¼ S. E., à environ quatre lieues de l'Isle que Sir Jean Narbourough a appellé *Westminster-Hall*, à cause de la ressemblance qu'elle a de loin avec ce bâtiment. La pointe occidentale de cette baie, qui est coupée perpendiculairement comme la muraille d'une maison, est facile à reconnoître. Il y a trois Isles à deux encablures en-dedans de son entrée, & en-dedans de ces Isles on trouve un très-bon havre, avec un mouillage par 25 & 30 brasses, fond de vase molle. Nous mîmes à l'ancre en dehors de ces Isles; le passage qui est entre-elles n'a pas plus d'un quart d'encablure de largeur; notre petite baie avoit environ deux longueurs de cable de large; les pointes portent E. & O. de l'une à l'autre : la sonde donne 16 à 18 brasses dans l'intérieur, mais la mer est plus profonde à l'endroit où nous étions. Nous avions une ancre par 17 brasses & l'autre par 45, & entre les deux plusieurs brisans & des rochers. Un vent très-fort nous faisoit chasser & le fond étant très-dangereux, nous craignions à chaque instant que nos cables ne fussent coupés. Lorsque nous les relevâmes, nous fûmes fort surpris de voir qu'ils n'étoient endommagés par aucun endroit, quoique nous ne les pussions dégager qu'avec peine d'entre les rochers. La terre est par-tout élevée autour de cette baie & du havre, & comme un courant porte continuellement vers la côte, je ne doute pas qu'il n'y ait quelque autre communication avec la mer au Sud du Cap *De-* *feado* (Defiré). Le Maître nous dit qu'il s'étoit avancé à quatre milles dans un bateau, & qu'alors il n'étoit sûrement pas éloigné de plus de quatre milles de l'Océan occidental; cependant je vis toujours une large entrée au S. O. : le débarquement eft bon par-tout, on peut y faire facilement du bois & de l'eau, & il y a des moules & des oies fauvages en abondance.

De la côte feptentrionale de l'extrémité Oueft du détroit de *Magellan*, qui eft fituée à - peu - près au 52 ^{d} $\frac{1}{2}$ de latitude S. jufqu'au 48 ^{d} la terre, c'eft-à-dire, la côte Oueft du pays des *Patagons*, porte N. & S. Elle eft entiérement compofée d'Ifles coupées par la mer, parmi lefquelles fe trouvent celles que Sharp appelle *Ifles du Duc d'York*. Il les a placées à une diftance confidérable de la côte, mais s'il y avoit plufieurs Ifles dans cette fituation, il eft impoffible que le *Dauphin*, la *Tamar* ou le *Swallow*, ne les euffent pas vues, puifque nous avons navigué les uns & les autres à-peu-près fur le méridien où on les fuppofe. Jufqu'à notre arrivée dans cette latitude nous eûmes un affez bon tems, & nous ne rencontrâmes que peu ou point de courants ; mais lorfque nous fûmes parvenus au Nord du 48 ^{d}, nous trouvâmes un courant fort qui avoit fa direction vers le Septentrion, de forte que nous entrions probablement alors dans la grande baie qui a, dit-on, quatre-vingt-dix lieues de profondeur. Nous y eûmes une grande houle du N. O., & des vents qui fouffloient en général du même rumb ;

cependant nous dérivions chaque jour de douze ou quinze milles au Nord de notre estime.

Le 15, sur les quatre heures du matin, après avoir surmonté beaucoup de difficultés & de périls, nous gagnâmes le travers du Cap *Pillar* avec une brise légere du S. E. & une grosse houle. Entre cinq & six heures, nous découvrîmes le Cap *Deseado*, & dans ce même instant le vent sauta tout-à-coup au S. & S. ¼ S. O., & souffla si fort que ce fut avec peine que nous portions nos huniers risés. Ce changement subit de vent & sa violence excessive rendirent la mer si prodigieusement grosse, que l'eau inondoit notre tillac, & nous courions le plus grand risque de couler à fond. Nous n'osâmes pas diminuer nos voiles, nous avions besoin de toutes celles que nous pouvions porter pour doubler les Isles remplies de rochers, auxquelles Sir Jean Narborough a donné le nom d'*Isles de Direction*; car il n'étoit pas possible de retourner dans le détroit, sans tomber au milieu des terres coupées & sans courir les dangers du voisinage de la côte septentrionale qui étoit au-dessous du vent. Cependant malgré tous nos efforts, le vaisseau dérivoit beaucoup vers ces terres & vers la côte sous le vent. Dans cette conjoncture critique, nous fûmes obligés de défoncer toutes les pièces d'eau placées sur le tillac, d'alléger le bâtiment entre les ponts, & de forcer de voiles ; enfin nous échappâmes heureusement au danger qui nous menaçoit. Après que nous fûmes dehors de ces Isles, & que nous eûmes débouqué le détroit, les flots de

la

la mer venoient plus réguliérement du S. O. ; profitant bientôt après d'un vent qui soufflant du S. S. O. au S. S. E. à midi, nous avions gagné un assez grand espace au large, à environ neuf lieues du Cap *Victoire*, qui est sur la côte septentrionale. Nous dépassâmes ainsi l'entrée occidentale du détroit de *Magellan*, qui suivant moi est très-dangereuse. Nous ne fûmes délivrés qu'au moment où nous allions périr ; car immédiatement après, le vent sauta de rechef au S. O., & s'il avoit continué de souffler dans ce rumb notre perte étoit inévitable.

Ann. 1767.
Avril.

CHAPITRE II.

Passage du Cap Pillar *situé à l'entrée Ouest du Détroit de* Magellan, *à* Masafuero. *Description de cette Isle.*

Ann. 1767.
Avril.

JE pris mon point de départ du Cap *Pillar*, situé au 52 ^{d} 45′ de latitude S. & au 75 ^{d} 10′ de longitude O. du méridien de Londres, & dès que j'eus débouqué le détroit, je gouvernai au Nord le long de la côte du *Chili*. En examinant la quantité d'eau douce que nous avions à bord, je trouvai qu'elle montoit à vingt-quatre ou vingt-cinq tonnes, ce que je ne croyois pas suffisant pour la longueur du chemin que nous entreprenions. Je mis donc le cap au Nord dans le dessein d'aborder à l'Isle de *Juan Fernandès* ou de *Masafuero*, & d'y augmenter nos provisions d'eau avant de faire voile à l'Ouest.

Au milieu de la nuit du 16, nous eûmes d'abord un vent du S. S. E. & ensuite du S. E. : nous en profitâmes avec ardeur pour avancer au N. O. & N. N. O., espérant arriver dans peu de tems au milieu d'un climat plus tempéré. Nos espérances s'évanouirent bientôt; car, le 18, le vent sauta au N. N. O. & souffla directement debout. Nous étions alors à environ cent lieues de l'embouchure du détroit; au 48 ^{d} 39′ de latitude Sud, & suivant notre estime à

4ᵈ 33′ O. du Cap *Pillar*; mais depuis ce tems jusqu'au 8 de Mai, nous eûmes toujours un vent contraire, une tempête continuelle & des raffales précipitées qui s'accroissoient à chaque instant, avec beaucoup de pluie & de grêle ou plutôt de glace à moitié fondue. Nous avions aussi par intervalles du tonnerre & des éclairs plus effrayants que tout ce que nous avions déja éprouvé, & une mer si grosse que le bâtiment étoit souvent au-dessous de l'eau.

Depuis notre débouquement du détroit, & pendant notre passage le long de cette côte, nous vîmes un grand nombre d'oiseaux de mer & en particulier des albatrofs, des mouettes, des coupeurs d'eau, & un oiseau paresseux de la grosseur d'un grand pigeon, que les marins appellent poule du Cap de *Bonne - Espérance*; il est d'un brun foncé ou d'une couleur noirâtre, & on lui donne pour cela quelquefois le nom de mouette noire ; nous apperçûmes aussi beaucoup de pintades de la même grandeur & qui sont joliment tâchetées de noir & de blanc : elles volent toujours, quoique souvent elles paroissent se promener sur l'eau comme les *péterels*, que les marins Anglois appellent poulets de la mere *Carey* ; nous vîmes aussi plusieurs de ces derniers.

La soirée, du 27, fut très-sombre ; comme nous portions à l'Ouest sous nos basses voiles & un hunier risé ; une raffale très-forte fit tout-à-coup sauter le vent qui prit le vaisseau droit en cap. La violence du vent dans les voiles manqua d'emporter les mâts & de faire sombrer le bâtiment. Le vent continuoit dans toute sa fureur, & les voiles étant extrémement mouillées, elles se collèrent si bien aux mâts & aux agrêts, qu'il étoit à peine possible de les hisser ou de les abattre. Cependant nos gens travaillèrent avec tant d'ardeur & d'adresse que nous hissâmes la grande voile, carguâmes le grand hunier, & virâmes le vaisseau sans recevoir beaucoup de dommage; le vent souffla pendant plusieurs heures, mais avant l'aube du jour, il sauta de rechef au N. O., & continua dans ce rumb jusqu'à l'après-midi du 29, tems où il s'appaisa, & nous eûmes calme tout plat l'espace de six heures. Nous n'étions pourtant pas hors de danger, une mer grosse chassoit les flots de tout côté en grande confusion; & en brisant contre le vaisseau, lui imprimoit un roulis si violent & si subit, que je m'attendois à chaque instant à perdre nos mâts. Enfin, il s'éleva un bon vent de l'O. S. O., & nous forçâmes de voiles pour en profiter. Il fut très-fort dans cette direction avec une grosse pluie, pendant quelques heures, mais à midi il retourna au N. O. son rumb ordinaire, & il fut si impétueux, que nous fûmes obligés de naviguer une seconde fois sous nos basses voiles; il y avoit en même-tems une houle prodigieuse qui rompoit souvent sur nous.

Mai. Le lendemain au matin, premier Mai, à cinq heures, comme nous marchions sous la grande voile risée & la voile d'artimon balancée, un grand coup de mer inonda le gaillard où les rames du vaisseau étoient attachées, & en emporta six: elle rompit aussi notre vergue d'artimon, à l'endroit où la voile étoit rifée & un cap de mouton, & mit pendant quelques minutes tout le bâtiment fous l'eau. Nous fûmes cependant affez heureux pour hiffer la grande voile fans la déchirer, quoique nous euffions alors un ouragan & qu'un déluge de pluie, ou plutôt de glace à moitié fondue, tombât fur nous. Le vent bientôt après fauta encore du N. O. au S. O., & il fouffla l'efpace d'une heure plus fortement que jamais ; ce vent amena le cap du vaiffeau directement contre la groffe mer que le vent N. O. avoit élevée, & à chaque pas qu'il faifoit, l'extrémité du mât de beaupré fe trouvoit fous l'eau ; les vagues rompoient fur le château-d'avant jufqu'au pied du grand mât auffi fortement que fi elles euffent brifé fur un rocher ; de forte que nous avions tout lieu de craindre que le bâtiment ne coulât à fond : avec tous fes défauts, c'étoit certainement un bon navire, fans cela il eût été impoffible qu'il réfiftât à la tempête. Nous éprouvâmes dans cette occafion, ainfi que dans plufieurs autres, combien il nous étoit avantageux d'avoir fait des cloifons fur l'avant du demi-pont & fur l'arrière du château-d'avant.

ANN. 1767.
Mai.

LE vent étoit bon, mais nous n'osâmes pas y mettre le cap du vaiffeau ; car fi en virant, quelques-uns de ces énormes flots avoient brifé fur fon côté, ils auroient fûrement emporté tout ce qui fe feroit trouvé devant eux. Quelque tems après cependant la mer fe calma, nous dreffâmes nos vergues & nous fîmes voile, gouvernant au N. $\frac{1}{4}$ N. O. Comme nos gens avoient été debout toute la nuit & qu'ils étoient mouillés jusqu'aux os, je leur fis donner à boire.

LE lendemain au matin, 2, le vent sauta encore au N. O. & N. N. O. Nous avions alors raccommodé, le mieux qu'il nous fut possible, la vergue de notre voile d'artimon qui avoit été rompue, nous la remîmes en place & y enverguâmes la voile, mais nous sentîmes vivement le besoin d'une forge & de fer.

CE besoin nous fut encore plus sensible le 3 à la pointe du jour, quand nous apperçûmes que les pentures du gouvernail étoient brisées. Nous les rechangeâmes comme nous pûmes, & le lendemain, le tems étant plus calme, quoique le vent fût toujours contraire, nous réparâmes les agrêts; les charpentiers rattachèrent un nouveau cap de mouton où l'ancien avoit été rompu, & les voiliers raccommodèrent les voiles qui avoient été endommagées.

LE 5, un ouragan, du N. ¼ N. O. & N. N. O., nous força encore à ne nous servir que de nos basses voiles, & le vaisseau fut si balloté que nous ne pouvions pas le gouverner. Pendant cette tempête, deux de nos cadenes de haubans rompirent, & une mer grosse & impétueuse fit travailler le bâtiment jusqu'à minuit. Il s'éleva alors un petit vent du N. O. qui souffla bientôt avec beaucoup de force. Le 6, à deux heures du matin, des raffales d'Ouest violentes & précipitées nous reprirent encore en cap, ce qui jetta toutes nos voiles en arrière, & manqua de les emporter avant que nous pussions virer le vaisseau. Nous portâmes au Nord avec ce vent, & dans l'après-midi, les charpentiers mirent de nouvelles cadenes aux haubans du grand mât, & aux haubans d'avant en place de celles qui avoient été brisées pendant la nuit. Ce fut une autre occasion pour nous de regretter de n'avoir ni forge, ni fer.

Le vent continua dans cette direction jusqu'à huit heures du matin du 7, quand il retourna au N. O. par un tems variable. Le 8, il sauta au S., & ce fut le premier beau jour que nous eûmes depuis que nous avions quitté le détroit de *Magellan*. Notre latitude à midi, étoit de 36^d 39' S., & nous étions à environ 5^d à l'O. du Cap *Pillar*. Le lendemain, 19, nous vîmes l'Isle de *Mafafuero*, &, le 10, celle de *Juan Fernandès*. Dans l'après-midi, nous rangeâmes de près la partie orientale de cette Isle, & bientôt après avoir fait le tour de son extrémité Nord, nous découvrîmes la baie de *Cumberland*. Je ne savois pas que les Espagnols eussent fortifié cette Isle, je fus très-surpris de voir un nombre considérable d'hommes aux environs du rivage, une maison & quatre pièces de canon aux bords de l'eau, & dans l'intérieur du pays à trois cents verges de la côte, un Fort construit sur le penchant d'une montagne, & portant pavillon Espagnol. Ce Fort, qui est environné de murailles de pierre, a dix-huit ou vingt embrâsures, & l'on apperçoit au-dedans un grand bâtiment qui, à ce que je crois, sert de barraques à la garnison. Il y a vingt-cinq ou trente maisons de différente espèce répandues autour de cette forteresse; nous vîmes beaucoup de bétail paissant sur le sommet des collines, qui nous parurent cultivées, puisque certains cantons sont séparés les uns des autres par des haies. Nous aperçûmes aussi deux grands bateaux amarrés sur le rivage. Les coups de vent qui souffloient directement du côté de cette baie, m'empêchèrent d'en approcher autant que j'aurois voulu ; ils étoient si violents que nous fûmes obligés plusieurs fois de larguer les écoutes de nos huniers, quoique les voiles fussent entiérement risées ; & je crois qu'il est impossible de faire manœuvrer un vaisseau dans cette baie, lorsque le vent souffle fort du Sud. Comme nous traversions la baie à l'Ouest, un des bateaux partit de la côte & rama vers nous, mais il s'en alla, dès qu'il apperçut que les coups de vent & les raffales nous retenoient à une distance considérable de terre. Nous découvrîmes alors l'extrémité Ouest de la baie, sur la partie orientale de laquelle il y a au bord de la mer une petite maison que je pris pour un corps de garde & deux pièces de canon montées sur leurs affuts, sans aucunes fortifications dans le voisinage. Nous virâmes vent arrière & portâmes une seconde fois vers la baie de *Cumberland* ; dès que nous commençâmes à y entrer, le bateau se détacha derechef & s'avança vers nous. Comme les coups de vent ne nous permettoient pas d'approcher de la terre plus près qu'auparavant, nous la cotoyâmes à l'Est ; le bateau nous suivit toujours jusqu'à ce qu'il fut en-dehors de la baie ; enfin la nuit nous surprit & nous le perdîmes de vue, surquoi nous forçâmes de voiles en gouvernant à l'Est.

PENDANT tout ce tems je n'arborai point de pavillon,

pavillon, parce que je n'en avois pas d'autres à bord que des Anglois, que je ne jugeai pas à propos de montrer.

Ann. 1767.
Mai.

Comme je n'avois pas pu faire dans cet endroit les provisions d'eau, de bois & d'autres rafraîchissemens dont nous avions très-grand besoin, après les fatigues de notre passage du détroit, je me pressai de gagner *Masafuero*. Nous arrivâmes le 12 Mai à la hauteur de la partie Sud, la plus orientale de cette Isle; mais le vent étant fort & la mer grosse, nous n'osâmes pas en approcher de ce côté; nous tirâmes donc vers la côte Ouest, où nous jettâmes l'ancre sur une plage excellente propre à contenir une flotte entiere qui dans l'été peut y mouiller très-avantageusement. J'envoyai les bateaux pour chercher de l'eau, il leur fut impossible de débarquer, le rivage est rempli de rochers, & la houle étoit si forte que les nageurs ne pouvoient pas traverser les brisans. Nous en fûmes d'autant plus mortifiés, que nous voyions du vaisseau un beau courant d'eau douce, une grande quantité de bois à brûler & beaucoup de chèvres sur les collines.

Le lendemain au matin, 13, dès qu'il fut jour, j'envoyai les bateaux une seconde fois, pour chercher un endroit où ils pussent débarquer. Ils rapportèrent un petit nombre de pièces d'eau, qu'ils avoient remplies à un petit ruisseau, & ils nous dirent qu'un vent du S. E. souffloit avec tant de violence sur le côté oriental de l'Isle, & élevoit une mer si grosse, qu'ils n'avoient pas pu s'approcher de la côte.

Tome I. Dd

Nous restâmes là, jusqu'au 15, à la pointe du jour; le tems devenu plus calme, nous remîmes à la voile, & le soir au coucher du soleil, nous jetâmes l'ancre sur le côté oriental de l'Isle, dans le même endroit où le Commodore Byron avoit mouillé deux ans auparavant. Sans perdre de tems, j'envoyai remplir quinze pièces d'eau, & je dépêchai un certain nombre d'hommes à terre avec d'autres futailles, que je les chargeai de renvoyer le lendemain, & un détachement nombreux pour couper du bois. Il survint, vers les deux heures du matin, un vent fort du N. O. & des raffales violentes du côté de la côte, qui nous chassèrent hors de la plage où nous avions mouillé, quoique nous eussions deux ancres en avant qui furent en très-grand danger d'être perdues. Nous les rattrapâmes cependant avec beaucoup de peine & mîmes à la voile, en manœuvrant sous le vent de l'Isle, & nous tenant aussi près de la côte qu'il étoit possible. Le tems se calma bientôt, de maniere que nous portâmes nos huniers à double ris. Mais quoique la mer ne fut pas grosse, nous ne pouvions pas virer vent devant, & nous étions forcés de virer vent arrière toutes les fois que nous avions besoin de prendre une direction contraire.

Quoique nous fussions assez éloignés de la côte, j'envoyai, à la pointe du jour, chercher par le canot une charge d'eau, avant que la houle fût assez forte sur le rivage, pour empêcher le débarquement. Sur les dix heures le vent sauta au N. N. E., ce qui nous mit en état d'approcher à peu de distance de l'aiguade,

& d'examiner le lieu de la plage où les raffales nous avoient fait chasser sur nos ancres; mais le tems avoit si mauvaise apparence, & le vent fraîchit si vîte, que nous ne crûmes pas qu'il fût prudent de nous y hasarder. Nous rangeâmes cependant la côte le plus près qu'il nous fut possible, afin de profiter de la mer calme qui nous donnoit des facilités pour décharger le canot qui revint bientôt après avec douze pièces d'eau. Dès que nous eûmes pris celles-ci à bord, je le renvoyai en chercher une autre charge, & comme nous étions à peu de distance de la terre, j'osai dépêcher notre grande chaloupe, bâtiment fort & pesant, avec des provisions pour ceux de nos gens qui étoient à terre. J'ordonnai aux matelots qui le montoient de rapporter une charge d'eau s'ils pouvoient en venir à bout. Dès que ces bâtimens furent partis, nous fîmes des bordées afin de garder ce parage. A midi nous eumes un vent fort, une grosse pluie & un brouillard épais. Nous apperçûmes à une heure les bateaux cotoyant le rivage, pour aborder à la partie sous le vent de l'Isle, dont ce côté est ouvert au vent; nous les suivîmes & nous approchâmes de la côte le plus que nous pûmes, afin de favoriser leur descente à terre. Ils revinrent alors vers nous, & nous les reprîmes à bord ; mais la mer étoit si haute, qu'ils furent fort endommagés par cette opération, & nous apprîmes bientôt qu'ils avoient trouvé la houle si grosse, qu'ils n'avoient pas même pu débarquer leurs futailles vuides. Nous capeyâmes sous la voile d'artimon balancée, en travers de la partie sous le vent de l'Isle, pendant l'après midi ; & quoique tout l'équipage eût été cons-

Ann. 1767.
Mai.

tamment occupé depuis que le vaisseau avoit chassé sur ses ancres, les charpentiers travaillèrent toute la nuit à raccommoder les bateaux.

Le 17, à quatre heures du matin, l'Isle nous restoit à l'Ouest, à quatre lieues de distance, & précisément au vent : nous avions une bonne brise & une mer calme. Sur les dix heures, nous nous trouvâmes très-près de sa partie méridionale, & à l'aide du bateau, nous virâmes de bord. Il n'étoit pas probable qu'avec un vaisseau pareil au nôtre, nous pussions regagner l'endroit de notre mouillage. Comme nous étions près de la côte, quoiqu'assez éloignés du lieu de l'aiguade, je profitai de la circonstance pour renvoyer le canot chercher une autre charge d'eau. Pendant ce tems-là, je louvoyai avec le vaisseau, & vers les quatre heures de l'après midi, le canot revint chargé. Je demandai à mon Lieutenant des nouvelles de nos gens qui étoient à terre; il me dit que la pluie, tombée pendant la nuit, avoit amené de si grands torrents dans l'endroit où ils avoient choisi leur station, qu'ils avoient manqué d'être noyés, & qu'après être échappé avec beaucoup de peine de ce danger, plusieurs des tonneaux s'étoient trouvés perdus. Il étoit trop tard pour que le bateau fît un autre voyage au lieu où jusqu'alors nous avions fait de l'eau ; mais M. Erasme Gower mon Lieutenant, dont je ne puis assez louer les soins & l'activité dans tous les périls que nous avons courus, ayant observé, en s'en revenant avec le canot, que la pluie de la nuit avoit formé plusieurs courants d'eau, sur la partie de l'Isle la plus voisine de nous, & sachant combien tous les délais m'impatientoient, m'offrit d'y aller avec le bateau, & de remplir autant de futailles qu'il en pourroit ramener. J'acceptai cette proposition avec joie, & M. Gower partit. En l'attendant je fis une bordée au large avec le vaisseau ; il s'étoit à peine écoulé une heure, que le tems devint nébuleux, le vent fraîchit, & un brouillard épais & noir couvrit l'Isle de manière qu'il cachoit le sommet des collines : bientôt après nous eûmes un tonnerre & des éclairs effrayans. Comme cet orage nous annonçoit un grand danger, je portai vers l'Isle dans l'espoir de rencontrer le bateau. Nous rangeâmes la côte le plus près qu'il nous fût possible, mais nous ne l'apperçûmes point. La nuit survint, & l'épaisseur du brouillard la rendit extrêmement sombre ; le vent augmenta & la pluie commença à tomber avec beaucoup de violence. Dans cette situation je mis à la cape sous une voile d'artimon balancée ; je fis tirer des coups de canon & allumer des feux, afin de donner des signaux au bateau. Voyant qu'il ne revenoit point, sans pouvoir en expliquer la raison, je tombai dans l'inquiétude la plus accablante ; je n'avois que trop lieu de craindre qu'il n'eût fait naufrage. Il n'est pas possible d'exprimer la satisfaction que je ressentis lorsqu'il arriva sur les sept heures, sain & sauf ; je m'appercevois depuis long-tems qu'une tempête s'apprêtoit à fondre sur nous ; nous le remontâmes à bord avec toute la promptitude possible. Heureusement nous ne perdîmes point de tems, car, quand il fut mis à sa place, nous essuyâmes des rassales, qui, dans un instant, impri-

Ann. 1767.
Mai.

mèrent au vaiſſeau un roulis extraordinaire, & rompirent la vergue de la voile d'artimon, précifément à l'endroit où cette voile étoit rifée. Si nous avions tardé d'une minute à remonter le bateau, il auroit infailliblement fait naufrage; & toutes les perfonnes à bord auroient péri. Cette tempête continua jufqu'à minuit, lorſque le vent ſe calma un peu, de manière que nous pûmes hiſſer nos baſſes voiles & nos huniers. Je demandai à M. Gower comment il avoit tardé ſi longtems de revenir au vaiſſeau, il me répondit qu'après être arrivé près de l'endroit où il vouloit remplir les futailles, trois de ſes hommes les avoient traînées à la nage à terre pour cela, mais que dans peu de minutes, la houle monta ſi haut, & briſa avec tant de furie ſur la côte, qu'il leur fut impoſſible de revenir au bateau; que ne voulant pas les abandonner, parce qu'ils étoient entièrement nuds, il les avoit attendu, dans l'eſpoir de trouver une occaſion favorable pour les reprendre à bord; & qu'intimidé par l'apparence du tems & l'extrême obſcurité de la nuit, il avoit été enfin obligé, malgré toute ſa répugnance, de s'en revenir ſans eux. La ſituation de ces pauvres malheureux me fourniſſoit un nouveau ſujet d'inquiétude & de chagrin; ils étoient nuds ſur une Iſle déſerte, fort éloignés du lieu de l'aiguade où leurs compagnons avoient dreſſé une tente; ſans alimens, ſans abri, au milieu de la nuit, accablés par une pluie violente & continuelle, & qui étoit accompagnée de tonnerre & d'éclairs plus terribles que ceux qu'on éprouve en Europe. Le ſoir du 19, cependant, j'eus la ſatisfaction de les recevoir à bord, & d'entendre de leur propre bouche le récit de leurs aventures. Tant qu'il fut jour, ils s'étoient flattés, ainſi que ceux qu'ils avoient laiſſés dans le bateau, de pouvoir ſe rejoindre ; mais lorſque l'épaiſſeur de la nuit ne fut diſſipée que par la lueur des éclairs, & que la tempête devint à chaque inſtant plus furieuſe, ils penſèrent que leur réunion étoit impoſſible, ſi le bateau reſtoit au même endroit, & que probablement les gens qu'ils y avoient laiſſés avoient pourvu à leur ſûreté en retournant au vaiſſeau. Il étoit également au-deſſus de leurs forces, au milieu des ténèbres & de la tempête, de gagner la tente de leurs compagnons. Ils furent donc réduits à paſſer la nuit dans l'endroit où ils étoient, ſans rien avoir pour les défendre de la pluie & du froid qu'ils commençoient à ſentir dans toute leur rigueur. La néceſſité eſt ingénieuſe ; ils trouvèrent une reſſource paſſagère pour ſe réchauffer & ſe mettre à l'abri de la pluie, en ſe couchant l'un ſur l'autre, & chacun à ſon tour au milieu. On peut bien croire que dans cette ſituation, ils deſirèrent ardemment l'aube du jour. Dès qu'elle parut, ils ſe mirent en marche du côté de la tente. Ils furent obligés d'aller le long de la côte de la mer, car le chemin dans l'intérieur du pays étoit impraticable. Ce n'eſt pas-là ce qui leur arriva de pis ; ils étoient arrêtés ſouvent par de hautes pointes de rochers eſcarpés, ce qui les forçoit de s'écarter dans la mer à une diſtance conſidérable, pour en faire le tour à la nage : s'ils n'avoient pas pris ce grand détour, ils auroient été mis en piéces contre les rochers par la houle, & ce parti-là même, les expoſoit à chaque

ANN. 1767.
Mai.

instant au risque d'être dévorés par les goulus. Sur les dix heures du matin, cependant, ils arrivèrent à la tente, se mourant de faim & de froid ; ils y furent reçus avec beaucoup de surprise & de joie par leurs compagnons, qui partagèrent sur le champ avec eux les provisions & les habillemens qu'ils avoient. Lorsqu'ils vinrent à bord, je donnai ordre qu'on leur servît tous les rafraîchissemens qui leur seroient les plus salutaires, & je leur dis de passer toute la nuit dans leurs hamacs. Le lendemain ils furent aussi joyeux que s'il ne leur étoit rien arrivé, & ils ne souffrirent en aucune manière des suites de leur accident. Ces trois hommes étoient du nombre des braves matelots qui s'étoient sauvés à la nage du vaisseau à Madère, pour boire quelques coups d'eau-de-vie. Je reviens à ma narration suivant l'ordre des tems.

Le 18, le tems fut calme, & le soir nous étions à un demi-mille du mouillage où la tempête nous avoit fait chasser sur nos ancres, mais nous ne pûmes pas l'atteindre, parce que le vent tomba tout-à-coup, & que nous eûmes un courant qui avoit sa direction contre nous. Comme nous étions près de la tente dressée par ceux de nos gens qui étoient chargés de faire de l'eau, j'envoyai un bateau à terre, pour demander des nouvelles des trois hommes dont je viens de décrire les aventures ; il les ramena à bord. Les charpentiers furent occupés pendant tout ce tems à réparer l'accident arrivé à notre vergue d'artimon, & en attendant nous nous servîmes de l'ancienne en tenant la voile balancée. Nous eûmes calme tout

tout plat pendant toute la nuit, & nous trouvâmes le 19, au matin, que le courant & la houle nous avoient fait dériver de neuf milles de terre. Le tems cependant étant alors très-bon, j'envoyai le canot chercher de l'eau, & il revint chargé au vaisseau vers une heure. Bientôt après il s'éleva une brise du N. N. O.; & comme nous étions tout près de terre, je dépêchai une seconde fois le bateau à terre, pour nous rapporter de l'eau. Avant de parvenir à l'ancien lieu de notre mouillage, le calme nous surprit, & le courant nous fit encore dériver. Sur ces entrefaites, le bateau, en cotoyant le rivage, pêcha à l'hameçon & à la ligne assez de poisson pour en servir à tout l'équipage, ce qui compensa un peu le désagrément de notre situation. Sur les huit heures du soir, le vent, accompagné de raffales subites, recommença à souffler avec force, de manière que cette nuit fut encore pour nous fatiguante & dangereuse. Nous eûmes le matin du 20, une brise forte du N. O., & nous forçâmes de voiles vers l'endroit du mouillage. Nous le regagnâmes heureusement sur les quatre heures de l'après midi, nous y mîmes à l'ancre, à deux encablures du rivage, par dix-huit brasses, fond de beau sable, & nous amarrâmes à une petite ancre sur la côte. Lorsque le vaisseau fut en sûreté, il étoit trop tard pour aller au lieu de l'aiguade; j'envoyai cependant la grande chaloupe à la pêche, le long de la côte. Un vent fort l'obligea de s'en revenir avant sept heures; elle rapporta pourtant assez de poisson pour en donner à tout l'équipage. Nous eûmes pendant la nuit un tems sombre, des raffales violentes &

Ann. 1767.
Mai.

beaucoup de pluie. Le vent, qui continuoit à souffler fortement le matin du 21, le long de la côte, nous faisoit souvent chasser sur nos ancres, quoique nous eussions 200 brasses de cable en avant, le rivage étant d'un sable mobile & fin qui cède aisément. La tempête cependant ne nous causa point de dommage; mais la pluie étoit si violente & la mer si grosse, que l'on ne pouvoit rien entreprendre avec les bateaux, ce qui étoit d'autant plus mortifiant, que dans la seule vue de completter nos provisions d'eau, nous avions travaillé sans relâche pendant cinq jours & cinq nuits pour regagner l'endroit où nous étions alors. Sur les huit heures du soir, le vent se calma, il étoit trop tard pour aller chercher de l'eau, mais j'expédiai un bateau, & j'envoyai trois hommes à terre, vis-à-vis du vaisseau, pour tuer des veaux marins, & tirer de leur graisse une huile qui pût nous servir à la lampe & à d'autres usages.

Le vent fut très-fort le lendemain au matin 22, mais comme il souffloit de l'O. N. O., c'est-à-dire de la terre, nous dépêchâmes les bateaux dès qu'il fut jour, & ils revinrent sur les dix heures chargés d'eau & d'un grand nombre de pintades. Ils reçurent ces oiseaux de nos gens qui étoient à terre, & qui leur dirent que lorsqu'il faisoit du vent la nuit, ces animaux se précipitoient en si grande quantité auprès de leur feu, qu'ils avoient beaucoup de peine à les en écarter, de manière que pendant le vent de la nuit dernière, ils n'en avoient pas attrapé moins de sept cents. Les bateaux travaillèrent tout le jour à conduire de l'eau à bord, la houle étoit cependant si grosse, que plusieurs des futailles furent défoncées & perdues. Ils firent un autre voyage un peu avant la pointe du jour du lendemain 23, & à sept heures, il s'en falloit peu que tous nos tonneaux ne fussent remplis. Le tems nous menaçoit d'une tempête, & j'étois très-impatient de recevoir à bord nos gens, ainsi que le petit nombre de pièces d'eau qui étoient encore au lieu de l'aiguade. Dès que les bateaux furent déchargés je les renvoyai, en leur ordonnant de ramener avec toute la promptitude possible, nos gens, la tente, & tout ce que nous avions à terre. Depuis ce tems, le vent augmenta très-promptement, & sur les 11 heures, il fut si fort avec des raffales violentes de terre, que le vaisseau commença à dériver de la côte; nous levâmes la petite ancre pour la rejetter en avant de l'autre; le vent devenoit toujours plus fort, mais comme il souffloit directement de terre, je n'étois pas en peine du vaisseau, qui continuoit toujours à chasser, en tirant à travers le sable, l'ancre & les deux cent brasses de cable que nous avions filées. Je ne pouvois pas lever l'ancre, parce que je voulois donner aux bateaux, le tems de rapporter ce qu'ils étoient allés chercher sur la côte. A deux heures, l'ancre avoit entiérement perdu fond, & le vaisseau étoit dans une eau profonde; nous fumes donc obligés de virer le cable sur le cabestan, & nous tirâmes l'ancre avec beaucoup de peine. Les coups de vent qui nous venoient de terre, étoient si violents, que n'osant pas hisser de voiles, nous nous laissâmes aller à mats & à cordes; l'eau s'élevoit en tourbillons dans l'air, plus haut que la grande hune.

ANN. 1767. Mai.

Comme le vaisseau étoit chassé fort vîte de la côte, & que la nuit approchoit, je commençai à être en peine des bateaux qui avoient à bord vingt-huit de nos meilleurs hommes, outre mon Lieutenant ; mais sur la brune, j'apperçus l'un d'eux qui s'avançoit avec vitesse vers le vaisseau ; c'étoit la chaloupe, qui en dépit des efforts des matelots qu'elle portoit, avoit été forcée sur ses grapins & chassée du rivage. Nous nous empressâmes de la reprendre à bord, mais malgré notre diligence & nos soins, elle fut fort endommagée, lorsque nous la remontâmes dans le bâtiment. Elle portoit dix hommes, qui m'apprirent que lorsqu'elle fut chassée de la côte, elle étoit chargée de quelques bois à brûler, mais qu'ils furent obligés pour l'alléger, de les jetter à la mer, ainsi que plusieurs autres choses. Nous n'appercevions point le canot ; j'avois lieu de craindre, qu'il n'eût été également chassé de la côte, avec les tentes, les dix-huit hommes & mon Lieutenant que je regardai comme perdus. Je savois que si la nuit qui commençoit les surprenoit au milieu de cette tempête, ils périroient infailliblement : il étoit cependant possible que les hommes fussent à terre, & qu'ils conservassent leur vie, tandis que le canot feroit naufrage ; c'est pour cela, que je résolus de regagner la côte, le plutôt possible. A minuit, le tems fut calme ; nous pouvions porter nos basses voiles & nos huniers, & le 24, à quatre heures du matin, nous fîmes autant de voiles que nous pûmes. A dix heures, nous étions très-près de la côte, nous fûmes très-mortifiés de ne point appercevoir le canot, cependant nous continuâmes à porter du côté du rivage, jusqu'à midi, lorfque nous le découvrîmes heureufement amarré à un grapin tout près de terre. Nous courûmes fur le champ à nos lunettes, nous vîmes tous nos gens qui s'embarquoient, & fur les trois heures, ils arrivèrent fains & faufs; ils étoient fi épuifés de fatigue, qu'ils purent à peine gagner le côté du vaiffeau. Le Lieutenant me dit qu'il avoit entrepris de s'en revenir le foir auparavant, mais que dès qu'il fut en mer, une raffale fubite avoit tellement rempli d'eau le bateau, qu'il fut fur le point d'être fubmergé; que tous fes gens l'avoient heureufement vuidé, en pompant avec toute la diligence & l'activité imaginables; qu'il retourna alors à terre, quoique difficilement; & qu'après avoir laiffé un nombre fuffifant d'hommes à bord, pour avoir foin du bateau & le débarraffer de l'eau qui y entroit, il avoit débarqué fur la côte avec le refte des matelots. Il ajouta qu'ayant paffé la nuit dans un état d'inquiétude & de perplexité, qu'il n'eft pas poffible d'exprimer, ils avoient cherché des yeux le vaiffeau dès la pointe du jour, & que ne le voyant point, ils conclurent qu'il avoit péri dans la tempête qui furpaffoit toutes celles qu'ils avoient éprouvées jufqu'alors. Ils ne tombèrent pourtant pas dans l'indolence & l'affaiffement du défefpoir, ils fe mirent à nettoyer le terrein près du rivage, des ronces & des épines qui le couvroient, ils coupèrent plufieurs arbres, dont ils firent des rouleaux pour les aider à tirer le bateau à terre, & le mettre en fûreté; comme ils n'efpéroient pas de revoir jamais le vaiffeau, ils prétendoient attendre jufqu'à l'Eté, & tâcher alors d'aborder à l'Ifle de *Juan-Fernandès*. Ils oublièrent en nous

Ann. 1767.
Mai.

rejoignant, tous les dangers qu'ils avoient couru, & le sentiment de la joie dissipa celui de la tristesse.

Depuis le 16, jour où la tempête nous fit chasser sur nos ancres au lieu du mouillage, nous avions essuyé jusqu'alors une suite continuelle de périls, de fatigues & de malheurs. Le vaisseau avoit beaucoup souffert & marchoit très-mal, le temps sombre & orageux étoit accompagné de tonnerre, d'éclairs & de pluie, & les bateaux que j'étois obligé, même lorsque nous étions sous voile, de tenir toujours occupés, pour nous procurer de l'eau, étoient dans un continuel danger de faire naufrage. Ils étoient assaillis de tout côté par des vents forts, qui ne cessoient de souffler, & par des raffales subites, qui fondoient sur nous avec une violence qu'il est difficile de concevoir. Ces accidents étoient d'autant plus cruels, que je m'y attendois moins; j'avois éprouvé deux ans auparavant avec le Commodore Byron, un tems très-différent dans ces parages. On a cru communément, que les vents soufflent toujours sur cette côte du S. au S. O., quoique Frésier dise qu'il y a rencontré des vents forts, & des grosses mers du N. N. O. & du N. O; malheureusement j'ai fait la même expérience.

Dès que j'eus repris à bord nos gens & nos bateaux, je fis voile pour m'éloigner de ce climat orageux, & je me crus heureux de ne rien laisser derrière moi, que le bois que les matelots avoient coupé pour notre chauffage.

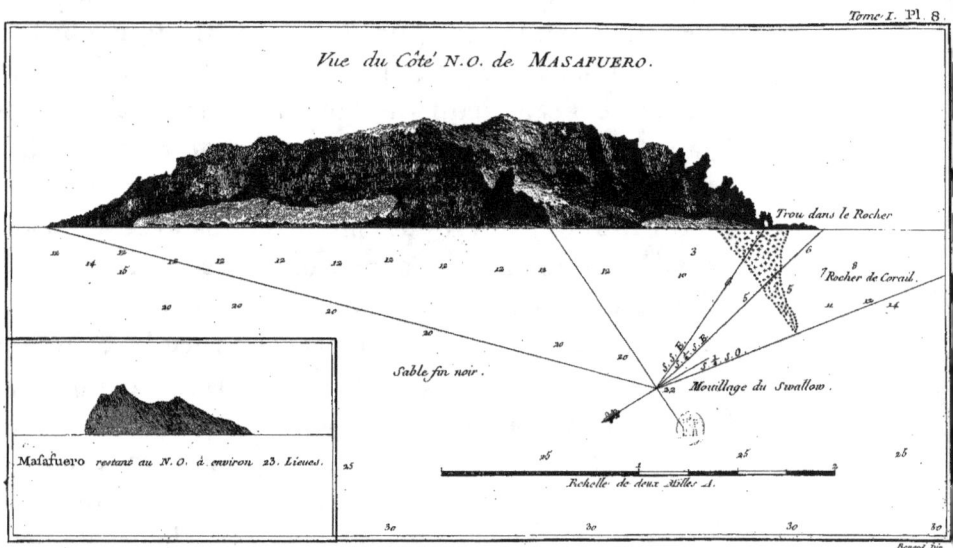

L'Isle de *Mafafuero* eſt ſituée au 33ᵈ 45′ de latitude S., & au 80ᵈ 46′ de longitude O. du méridien de Londres. Elle gît à l'Oueſt de celle de *Juan Fernandès*, dont elle eſt éloignée d'environ trente-une lieues; elles ſont toutes deux à peu-près dans la même latitude. Elle eſt très-élevée & remplie de montagnes, & de loin, elle ne paroît former qu'une montagne ou qu'un rocher; ſa forme eſt triangulaire, & elle a environ ſept ou huit lieues de circonférence. La partie méridionale que nous vîmes, lorſque nous nous approchâmes pour la première fois de l'Iſle à la diſtance de ving-trois lieues, eſt la plus haute; il y a ſur l'extrémité ſeptentrionale, pluſieurs cantons ſans brouſſailles, qui peut-être pourroient être cultivés.

L'Auteur du voyage de l'Amiral Anſon, ne parle que d'un endroit de cette Iſle, capable de procurer un mouillage; il dit qu'il ſe trouve ſur le côté Nord, & dans une eau profonde, mais nous n'avons point vu de place, où l'on ne pût mettre à l'ancre. Sur le côté occidental en particulier, il y a un mouillage à environ un mille de la côte, par 20 braſſes, & à environ deux milles & demi par quarante & quarante-cinq fond de beau ſable noir. Cet Auteur ajoute auſſi, ,, qu'il y a un récif de rochers à la hauteur de la pointe ,, orientale de l'Iſle; qu'il eſt à peu-près de deux milles ,, de longueur, & qu'on peut le reconnoître au moyen ,, de la mer qui briſe ſur lui; « mais il s'eſt trompé, il n'y a ni récif de rochers, ni banc de ſable à la hauteur de la pointe orientale, mais on en trouve un de

Ann. 1767.
Mai.

rochers, & un banc de fable à la hauteur du côté Oueft, & près de fon extrémité méridionale. Il s'eft auffi trompé dans la diftance & la fituation de cette Ifle, relativement à celle de *Juan Fernandès* : il affure que fa diftance eft de vingt-deux lieues, & fa fituation O. ½ S. O. ; nous avons reconnu que la diftance eft plus grande d'un tiers, & que la fituation eft directement à l'Oueft ; car, comme je l'ai déja obfervé, la latitude des deux Ifles eft à-peu-près la même. Nous avons trouvé dans une égale abondance les chèvres dont il parle, & il nous fut auffi facile qu'à lui d'en attraper.

Il y a fur la pointe S. O. de l'Ifle, un rocher avec une ouverture au milieu, qu'il eft aifé de reconnoître ; c'eft une bonne balife dont on peut fe fervir, pour mettre à l'ancre fur le côté occidental, où l'on rencontre le meilleur mouillage qui foit dans les environs. A environ un mille & demi au Nord de cette ouverture, il y a une pointe baffe de terre, & c'eft là que commence le récif dont je viens de faire mention ; il s'étend à l'O. ¼ S. O. à la diftance d'environ trois quarts de mille, & la mer brife continuellement fur lui. Pour mettre à l'ancre dans ce mouillage, il faut s'avancer jufqu'à ce qu'on n'apperçoive plus l'ouverture du rocher, c'eft-à-dire, à environ une encablure, fur cette pointe baffe de terre, enfuite porter au S. ¼ S. E. ½ E. ; on peut alors jetter l'ancre par vingt ou vingt-deux braffes, fond de beau fable noir & de coquilles. Il y a encore des mouillages dans plufieurs endroits fur

les

les autres côtés de l'Isle, & en particulier à la hauteur de la pointe septentrionale, par 14 & 15 brasses, fond de beau sable.

On trouve de l'eau & du bois en abondance tout autour de l'Isle, mais on ne peut pas en faire sans beaucoup de difficulté ; une grande quantité de pierres & de larges fragmens de rochers détachés de la haute terre embarrassent par-tout le rivage, & une houle si forte brise par-dessus, qu'il est impossible à un bateau d'approcher en sûreté à plus d'une encablure de la côte. Pour y débarquer, il faut nécessairement aller à la nage à terre, y amarrer le bateau en-dehors des rochers ; & pour s'y procurer de l'eau & du bois, il n'y a pas d'autre méthode que de tirer l'un & l'autre à bord avec des cordes. Il y a pourtant plusieurs endroits où il seroit aisé de débarquer commodément en construisant un quai, ce que devroit faire un seul vaisseau, s'il avoit quelque tems à séjourner dans l'Isle.

Cette partie de *Masafuero* est une très-bonne relâche pour des rafraîchissemens, sur-tout en été ; nous avons parlé des chèvres qu'on y trouve, & il y a dans les environs de l'Isle un si grand nombre de poissons, qu'un bateau peut avec trois lignes & autant d'hameçons en attraper assez pour en servir à cent personnes. Nous prîmes entr'autres d'excellens merlans noirs, des *cavallies*, de la morue, des plies & des écrevisses. Nous prîmes aussi un martin-pêcheur qui pesoit 87 livres & qui avoit cinq pieds & demi de long. Les goulus y sont si voraces, qu'en sondant, un de ces animaux mordit au plomb ; nous le tirâmes au-dessus de l'eau,

Tome I.   F f mais nous le perdîmes parce qu'il rendit le plomb qu'il avoit dans sa bouche. Les veaux marins y sont si nombreux, que je crois sincèrement que si on en prenoit plusieurs milliers dans une nuit, on ne s'en appercevroit pas le lendemain. Nous fûmes obligés d'en tuer une grande quantité, parce qu'en côtoyant le rivage, ils couroient continuellement contre nous, en faisant un bruit épouvantable. Ces poissons donnent une huile excellente; leur cœur & leur fressure sont très-bons à manger; ils ont une saveur qui approche de celle du cochon, & leurs peaux forment la plus belle fourure de cette espèce que j'aie jamais vue. On y trouve aussi plusieurs oiseaux, & entr'autres de très-gros faucons. J'ai observé plus haut que nos gens ne prirent pas moins de sept cens pintades dans une nuit. Nous n'avons pas eû beaucoup d'occasions d'examiner les productions végétales de cette Isle, mais nous y avons vu plusieurs feuilles du chou des montagnes, ce qui est une preuve que l'arbre qui le porte y croît.

CHAPITRE III.

Passage de Masafuero *aux Isles de la* Reine Charlotte. *Plusieurs erreurs corrigées sur le gisement de la Terre de* Davis. *Description de quelques petites Isles que nous supposons être celles qui furent vues par* Quiros.

Lorsque nous partîmes de *Masafuero*, nous avions une grosse mer du N. O., & une houle de S. considérable; le vent qui souffloit du S. O. à l'O. N. O. m'obligea de porter au Nord dans l'espoir de rencontrer le vent alisé S. E.; car le vaisseau étoit si mauvais voilier, qu'il ne pouvoit marcher sans un vent fort qui nous fût favorable. Ayant ainsi couru au Nord plus loin que je ne le projettois d'abord, & trouvant que je n'étois pas éloigné de la latitude déterminée pour les deux Isles appellées *Saint-Ambroise* & *Saint-Félix* ou *Saint-Paul*, je crus rendre un service aux Navigateurs, en examinant si les vaisseaux pouvoient y rafraîchir; d'autant plus que les Espagnols ayant fortifié *Juan-Fernandès*, elles pourroient être utiles à la Grande-Bretagne, si par la suite elle entroit en guerre avec l'Espagne. Les Cartes de M. Green, publiées en 1753, placent ces Isles du 26ᵈ 20′ au 27ᵈ de latitude S. & depuis 1ᵈ ¼ à 2ᵈ ½ à l'Ouest de *Masafuero*. Je mis donc le Cap de manière à me tenir dans cette latitude, mais consultant bientôt après les

Ann. 1767.
Mai.

Élémens de navigation de Robertſon, je trouvai que l'Iſle *Saint-Ambroiſe* y eſt ſituée au 25^d 30′ de latitude S. & au 82^d 20′ de longitude O. du méridien de Londres. Je crus que la ſituation d'Iſles d'une ſi petite étendue pouvoit être déterminée avec plus d'exactitude dans cet Ouvrage que dans la Carte, & je portai plus au Nord pour gagner ce parallèle. L'évènement prouva cependant que je n'aurois pas dû avoir tant de confiance dans ces *Élémens de navigation*; je manquai les Iſles; comme je vis un grand nombre d'oiſeaux & de poiſſons, ſigne certain qu'il y a terre dans le voiſinage, j'ai les plus fortes raiſons de conclure que j'avançai trop au Nord. Je ſuis fâché de dire qu'en examinant plus ſoigneuſement les tables des latitudes & longitudes de Robertſon, j'ai reconnu qu'elles ſont fautives en pluſieurs points. Je me ſerois abſtenu de cette cenſure, ſi je n'avois pas cru qu'il étoit néceſſaire de prévenir pour la ſuite un inconvénient pareil à celui que j'éprouvai.

En réfléchiſſant ſur la deſcription donnée par Wafer, Chirurgien à bord du vaiſſeau commandé par le Capitaine Davis, je penſe qu'il eſt probable que ces deux Iſles, ſont la terre que rencontra Davis dans ſa route au Sud des Iſles de *Galapagos*, & que la terre placée dans toutes les Cartes marines ſous le nom de *Terre de Davis*, n'exiſte point. Je n'ai point changé de ſentiment en liſant ce qui eſt dit dans le Voyage de Roggewin fait en 1722, d'une terre qu'on appelle *Iſle Orientale*, ce qui confirme la découverte de Davis ſuivant quelques perſonnes qui imaginent que c'eſt la même terre que ce Navigateur a appellée de son nom.

Il est clair par la narration de Wafer qu'excepté ce qui regarde la latitude, on doit ajouter peu de foi au journal tenu à bord du vaisseau de Davis, puisqu'il avoue que l'équipage manqua de périr pour avoir supposé la variation de l'aiguille à l'Ouest, tandis qu'elle étoit à l'Est. Il nous dit aussi qu'ils gouvernèrent au S. $\frac{1}{4}$ S. E. $\frac{1}{2}$ E. des Isles de *Galapagos*, jusqu'à ce qu'ils découvrirent terre au 27^d 20′ de latitude S.; or, il est évident qu'une pareille route les auroit portés non pas à l'Ouest mais à l'Est des *Galapagos*, & qu'ils se seroient trouvés à deux cent lieues de *Copiapo* & non pas à cinq cent, comme le dit cet Auteur; car la variation de l'aiguille n'y est pas à présent de plus d'une demi-pointe à l'Est; elle devoit être encore moindre alors, puisque la déclinaison à l'Est a toujours augmenté sur toute cette côte. Si la distance placée dans toutes nos Cartes marines, entre les Isles de *Saint-Ambroise* & *Saint-Felix* & les *Galapagos*, est exacte, Davis en suivant la route qu'il décrit auroit dû appercevoir les deux premières. S'il y avoit une terre de *Davis* ou quelque autre pareille dans la situation qui lui est assignée dans nos Cartes marines, il est sûr que je l'aurois rencontrée, ou au moins que je l'aurois vue; ainsi qu'il sera démontré dans le cours de cette narration. Je me tins entre le 25^d 50′ & le 25^d 30′ de latitude jusqu'à ce que j'eusse gagné cinq degrés à l'Ouest de notre point de départ, cherchant les Isles que j'avois dessein d'examiner; ne voyant point de

Ann. 1767.
Mai.

terre alors & les oiseaux nous ayant quittés, je tirai plus au Sud & j'atteignis le 27 ᵈ 20ʹ de latitude S.; j'y restai jusqu'à ce que nous fussions arrivés entre le 17 & le 18 ᵈ, à l'Ouest de notre point de départ. Nous eûmes dans ce parallèle de petites fraîcheurs, un fort courant au Nord & d'autres raisons de conjecturer que nous étions près de cette terre de *Davis*, que nous recherchions avec grand soin; mais un bon vent s'élevant de rechef, nous gouvernâmes O. ¼ S. O. & nous arrivâmes au 28 ᵈ ½ de latitude S., d'où il suit que si cette terre ou quelque chose de semblable existoit, je l'aurois infailliblement rencontrée, ou qu'au moins je l'aurois vue. Je me tins ensuite au 28 ᵈ de latitude S. 40 ᵈ à l'O. de mon point de départ, & suivant mon estime à 121 ᵈ O. de Londres. Le tems & le vent ne me permirent pas de gagner une latitude méridionale plus avancée; mais je suis allé au Sud de la situation assignée à ce continent supposé, qu'on appelle dans toutes les Cartes *Terre de Davis*.

Nous continuâmes à chercher cette terre jusqu'au 17 Juin, lorsqu'étant au 28 ᵈ de latitude Sud, & au 112 ᵈ de longitude Ouest, nous vîmes plusieurs oiseaux de mer qui voloient en troupes & quelques algues; ce qui me fit conjecturer que nous approchions ou que nous avions passé près de quelque terre. A ce tems, il souffla du Nord un vent fort, qui rendit la mer grosse; nous avions cependant de longues lames qui venoient du Sud, de sorte que toutes les terres qui sont dans cette plage ne peuvent être que des petites Isles couvertes de rochers. Je suis porté à croire que s'il y a quelque terre, elle est située au Nord ; & ce pourroit être l'Isle orientale de Roggewin, que ce Navigateur a placée au 27 ᵈ de latitude S., & que quelques Géographes ont supposée à la distance d'environ sept cent lieues du continent de l'Amérique méridionale, si toutefois on peut se fier à ce que dit cet Auteur.

Ann. 1767.
Mai.

C'étoit alors le milieu de l'hiver dans ces parages & nous avions des vents forts & une grosse mer qui nous obligeoient fréquemment de naviguer sous nos basses voiles : les vents étoient variables, & quoique nous fussions près du tropique, le tems étoit sombre, brumeux & froid, accompagné souvent de tonnerre, d'éclairs, de pluie & de neige mêlées ensemble. Le soleil étoit dix heures au-dessus de l'horison, mais nous passions souvent plusieurs jours sans le voir ; le brouillard étoit si épais, que lorsque cet astre étoit au-dessous de l'horison, les ténèbres étoient effrayantes. L'obscurité du tems étoit tout à la fois une circonstance désagréable & dangereuse, nous restions quelquefois un tems assez long sans pouvoir faire une observation ; cependant, nous étions obligés de porter jour & nuit toutes nos voiles. Notre vaisseau étoit si mauvais voilier & notre voyage si long, que cette précaution devint nécessaire pour ne pas mourir de faim, malheur qui auroit été autrement inévitable eu égard à la situation où nous nous trouvions.

Nous continuâmes notre route à l'Ouest jusqu'au soir du 2 Juillet, tems où nous découvrîmes une terre qui nous restoit au Nord. En nous en approchant le lendemain, elle nous parut être un grand rocher qui s'élevoit hors de la mer; elle n'avoit pas plus de cinq milles de circonférence, & sembloit inhabitée; elle étoit cependant couverte d'arbres, & nous apperçûmes un petit courant d'eau douce sur l'un des côtés. J'avois envie d'y débarquer, mais la houle qui à cette saison brise sur la côte avec beaucoup de violence rendit ce projet impraticable. Je sondai sur le côté occidental de cette terre, à un peu moins d'un mille de la côte, je trouvai 25 brasses fond de corail & de sable, & il est propable que dans un beau tems d'été, l'abordage y seroit très-aisé. Nous vîmes un grand nombre d'oiseaux de mer voltiger autour de nous, à un mille du rivage, & il nous parut qu'il y avoit du poisson dans cette partie de la mer. Cette terre est située au 20 ^{d} 2′ de latitude S., & au 133 ^{d} 21′ de longitude O. à environ mille lieues à l'O. du continent de l'Amérique. Elle est si élevée que nous la reconnûmes à plus de quinze lieues de distance ; nous l'appellâmes *Isle de Pitcairn*, parce qu'elle fut découverte par le fils de Pitcairn, Major des soldats de marine, qui a péri malheureusement à bord de l'*Aurore*.

PENDANT que nous étions dans le voisinage de cette Isle, le tems fut extrêmement orageux, avec de longues lames venant du Sud, plus grosses & plus élevées qu'aucunes de celles que nous avions vues auparavant. Les vents étoient variables; mais ils souffloient principalement du S. S. O., de l'O. & de l'O. N. O. Nous eûmes très-rarement des vents d'Est, de sorte que nous fûmes empêchés de gagner une latitude méridionale

fort

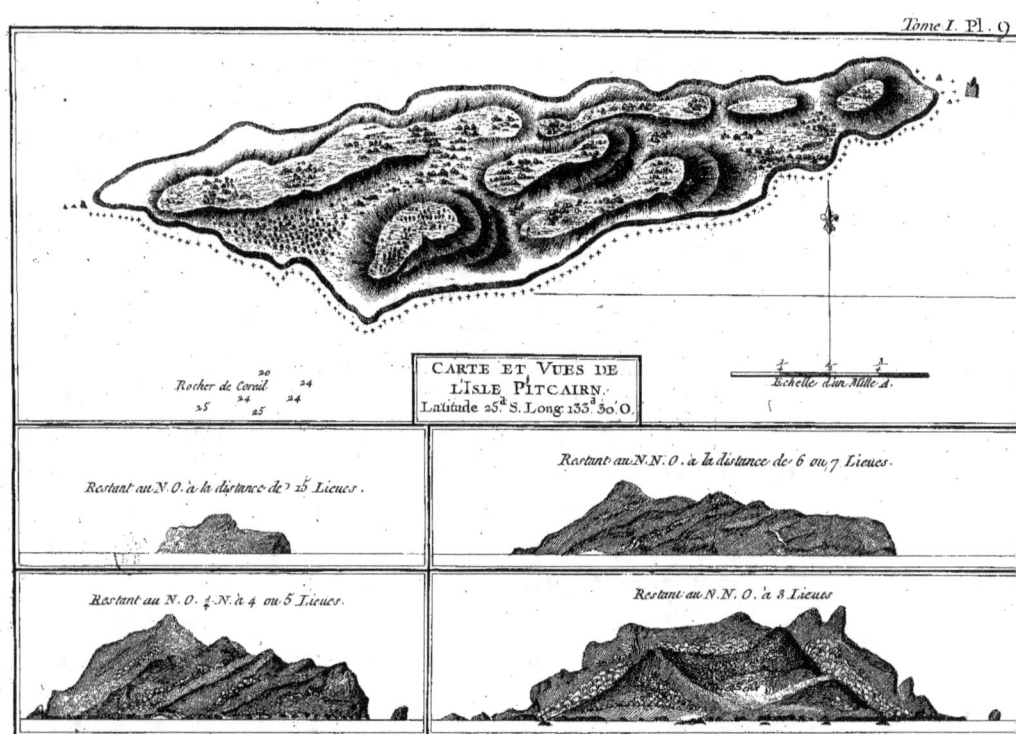

fort avancé, & que nous dérivions continuellement au Nord.

Nous trouvâmes le 4, que le vaisseau faisoit beaucoup d'eau ; il avoit travaillé si long-tems au milieu d'une mer grosse & dangereuse, qu'il étoit très-endommagé. Nos voiles étant aussi fort usées, se déchiroient à chaque instant ; & le voilier étoit toujours à l'ouvrage pour les raccommoder. L'équipage avoit joui jusqu'à présent d'une bonne santé, mais il commença à être attaqué du scorbut. Pendant notre séjour dans le détroit de *Magellan*, je fis faire un petit abri couvert d'une toile peinte qui servoit de tapis de pied dans ma chambre ; nous nous procurâmes par ce moyen sans beaucoup de peine & de travail, une assez grande quantité d'eau de pluie, pour que nos gens eussent toujours à discrétion de cette boisson importante. Cette espèce de banne, nous mettoit aussi à l'abri de l'inclémence du tems. Je pense que ce sont ces précautions qui nous préservèrent si long-tems du scorbut, quoique peut-être ce bonheur soit dû en partie à l'esprit de vitriol qu'on mêloit dans l'eau de pluie ainsi conservée ; notre Chirurgien en mettoit toujours une petite dose, dans chaque tonneau lorsqu'on les remplissoit.

Nous découvrîmes le 11, une petite Isle, basse & plate qui sembloit presque être de niveau avec le bord de la mer, & qui étoit couverte d'arbres verds. Comme elle nous restoit au Sud & directement au-dessus du vent, nous ne pûmes pas l'atteindre. Elle est située au 22.^{d} de latitude S. & au 141.^{d} 34′ de longitude O.;

ANN. 1767.
Mai.
Isle d'Osnabrugh.

nous lui donnâmes le nom d'*Isle de l'Evéque d'Osnabrugh*, en honneur du second fils de Sa Majesté (*a*).

Nous rencontrâmes le 12, deux autres Isles plus petites qui étoient aussi couvertes d'arbres verds, mais qui nous parurent inhabitées. Nous étions tout près de la plus méridionale ; c'étoit une bande de terre en forme de demi-lune, basse, plate & sablonneuse. De l'extrémité Sud de cette Isle, jusqu'à la distance d'environ un demi-mille, il y a un récif sur lequel la mer brise avec beaucoup de fureur. Nous ne trouvâmes point de mouillage, mais le bateau débarqua. Elle est d'un aspect agréable, sans avoir ni végétaux comestibles, ni eau. Il y avoit cependant plusieurs oiseaux si peu sauvages qu'ils se laissoient prendre à la main. L'autre Isle ressemble beaucoup à celle-ci, dont elle est éloignée d'environ cinq à six lieues. Elles gisent O. N. O. & E. S. E. l'une de l'autre. La première est située au 20 ᵈ 38′ de latitude S. & au 146 ᵈ de longitude O. & la seconde au 20 ᵈ 34′ de latitude Sud & au 146 ᵈ 15′ de longitude Ouest. Nous les appelâmes *Isles du Duc de Glocester* ; la variation de l'aiguille fut trouvée de 5 ᵈ E. Ces Isles sont probablement la terre vue par Quiros, puisque la situation est à peu près la même. Si nous nous trompons dans cette conjecture, la terre qu'il apperçut ne pouvoit pas être plus considérable. Quoiqu'il en soit, nous avançâmes au Sud de ces Isles, & les grandes lames que nous y eûmes, nous convainquirent qu'il n'y avoit

Isles du Duc de Glocester.

———
(*a*) Parmi les Isles découvertes par le Capitaine Wallis, il y en a une autre qui porte le même nom.

point de terre près de nous dans cette direction. Le vent étant à l'Eſt, je mis le Cap au Sud une ſeconde fois, & le ſoir du lendemain 13, comme nous gouvernions à l'O. S. O. nous obſervâmes que nous perdions les longues lames venant du côté du Sud ; mais nous les retrouvâmes à ſept heures du jour ſuivant. Lorſque nous les perdîmes nous étions au 21 ^{d} 7 $'$ de latitude S. & au 147 ^{d} 4 $'$ de longitude O., & quand nous les retrouvâmes nous étions au 21 ^{d} 43 $'$ de latitude S. & au 149 ^{d} 48 $'$ de longitude Oueſt ; de ſorte que j'imagine qu'il y avoit alors quelque terre au Sud qui n'étoit pas fort éloignée.

Depuis ce tems juſqu'au 16, les vents furent variables du N. E. ¼ N., au N. O. & au S. O. ils ſoufflèrent très-fort avec un tems ſombre, une pluie abondante & accompagnée de raffales violentes, dont l'une manqua de nous être fatale. Nous étions au 22 ^{d} de latitude S., & au 70 ^{d} 30 $'$ O. du point de notre départ ; nous trouvâmes la variation de l'aiguille de 6 ^{d} 30 $'$ E. & les vents orageux étoient ſuivis d'un calme tout plat. Quelque-tems après cependant le vent s'éleva encore à l'O., & enfin il ſe fixa à l'O. S. O. ce qui nous chaſſa bientôt au Nord, de façon que le 20, nous étions au 19 ^{d} de latitude S. & au 75 ^{d} 30 $'$ de longitude O. du point de notre départ. La déclinaiſon de l'aiguille étoit de 6 ^{d} Eſt.

Le 22, nous nous trouvâmes au 18 ^{d} de latitude S. & au 161 ^{d} de longitude Oueſt, c'eſt-à-dire, à environ dix-huit cent lieues à l'Oueſt du continent de l'Amérique, & dans toute cette route, nous ne vîmes rien qui indiquât une grande terre. Nos gens commençoient à être très malades du scorbut qui avoit fait de grands progrès. Voyant que tous nos efforts pour gagner une latitude méridionale plus avancée, étoient inefficaces, & que le mauvais tems, le changement de vents & par-dessus tout, les défauts du vaisseau rendoient notre marche lente, je crus qu'il étoit absolument nécessaire de prendre la route, dans laquelle le bâtiment & l'équipage seroient plus en sûreté. Au lieu donc d'entreprendre de m'en revenir par le S. E., projet qu'il auroit été presque impossible d'exécuter, eu égard à notre situation & à la saison de l'année, je portai au Nord afin de gagner les vents alisés. Je me tins toujours dans les parages, qui sur la foi des Cartes, devoient me conduire à quelque Isle où je pourrois me procurer les rafraîchissemens dont nous avions si grand besoin. J'avois dessein, si le vaisseau pouvoit être réparé, de poursuivre mon voyage au Sud, au retour de la saison convenable, pour faire de nouvelles découvertes dans cette partie du globe. Je projettois enfin, si je découvrois un continent & que je pusse y trouver une quantité suffisante de provisions, de me maintenir le long de la côte au Sud, jusqu'à ce que le Soleil eût passé l'équateur, de gagner alors une latitude Sud fort avancée, & de tirer à l'Ouest vers le Cap de *Bonne-Espérance*, ou de m'en revenir à l'Est, & enfin après avoir touché aux Isles *Falklands*, s'il étoit nécessaire, de partir promptement delà pour aborder en Europe.

JE ne rencontrai le véritable vent alisé que lorsque

je fus au 16 ᵈ de latitude S. & en avançant au N. O. & au N., nous trouvâmes que la variation de l'aiguille augmentoit très-rapidement ; car, lorsque nous eûmes gagné le 18 ᵈ 15 ′ de latitude S. & le 80 ᵈ ¼ de longitude O. de notre point de départ, elle étoit de 7 ᵈ 30 ′ E. Nous eûmes un mauvais tems, des vents forts & une grosse mer jusqu'au 25. Etant alors au 12 ᵈ 15 ′ de latitude S., nous vîmes un grand nombre d'oiseaux voler en troupes ; & nous supposâmes que nous étions près de quelque terre, & en particulier de plusieurs Isles placées dans les Cartes, l'une desquelles fut apperçue en 1765, par le Commodore Byron qui l'appella l'*Isle du Danger* ; cependant nous n'en vîmes aucune. A ce tems, le vent souffloit si fort, que quoique nous l'eussions en poupe, nous fûmes obligés de riser nos huniers. Le tems étoit toujours très-sombre & pluvieux. Le lendemain étant au 10 ᵈ de latitude S. & au 167 ᵈ de longitude O., nous nous tînmes à peu près dans le même parallèle, espérant rencontrer quelques-unes des Isles appellées *Isles de Salomon* ; dont la plus méridionale est située dans les Cartes à cette latitude. Nous eûmes ici le vent alisé fort, avec des raffales violentes & beaucoup de pluie. En continuant cette route jusqu'au 3 Août, nous nous trouvâmes à ce jour au 10 ᵈ 18 ′ de latitude S. & suivant notre estime au 177 ᵈ ½ de longitude E., à environ deux mille cent lieues de distance O. du continent de l'Amérique, & à 5 ᵈ à l'O. de la situation qui est assignée à ces Isles dans les Cartes. Nous n'avions pourtant pas le bonheur de rencontrer aucune terre ; nous passâmes probablement près de

Ann. 1767.
Mai.

quelqu'une que la brume nous empêcha de voir ; car dans cette traversée, un grand nombre d'oiseaux de mer, voltigèrent souvent autour du vaisseau. Le Commodore Byron dans son dernier voyage, avoit dépassé les limites septentrionales de cette partie de l'Océan, dans laquelle on dit que les *Isles de Salomon* sont situées ; & comme j'ai été moi-même au-delà des limites Sud sans les voir, j'ai de grandes raisons de conclure, que si ces Isles existent, leur situation est mal déterminée dans toutes nos Cartes.

Dès le 14ᵈ de latitude S. & le 163ᵈ 46′ de longitude O.; nous eûmes un vent fort du S. E., ce qui faisoit une mer grosse à notre arrière. Depuis ce tems je n'observai pas les longues lames venant du Sud, jusqu'à ce que nous fûmes arrivés au 10ᵈ 18′ de latitude S., & au 177ᵈ 30′ de longitude E.; elles revinrent alors du S. O. & S. S. O., & nous trouvâmes un courant portant au Nord, quoiqu'un courant contraire nous eût suivis presque tout le chemin depuis notre départ du détroit de *Magellan*. Cette raison me fit conjecturer que le passage entre la Nouvelle Zélande & la Nouvelle Hollande commence là. La variation de l'aiguille y étoit de 11ᵈ 14′ E.; le 5, étant au 10ᵈ ½ de latitude S., & au 175ᵈ 44′ de longitude E., l'aiguille déclinoit de 11ᵈ 15′ E.; le 8, elle déclinoit de 11ᵈ ½ E., par le 11ᵈ de latitude S., & le 171ᵈ 14′ de longitude E.

Nous nous apperçûmes à ce tems que notre provision de lignes de lock étoit sur le point de finir, quoique nous eussions déja converti à cet usage toutes les lignes qui nous fervoient pour la pêche. Je fus quelque tems en grande peine pour inventer comment nous fuppléerions à ce défaut, mais après des recherches foigneufes, nous trouvâmes par hafard que nous avions un petit nombre de braffes de cordage blanc ; ce fut un tréfor ineftimable dans la fituation où nous étions ; je les fis détordre, mais les fils étant trop gros pour ce que nous voulions en faire, il fut néceffaire de les mettre en étoupe. Après cette opération, il nous reftoit encore la partie la plus difficile de l'ouvrage : car cette étoupe ne pouvoit pas être filée, fans qu'au moyen du peigne on l'eût convertie en filaffe fon état primitif : les matelots ne favoient pas faire cette befogne ; &, quand même ils l'auroient fu, nous n'aurions pas été moins embarraffés, puifque nous n'avions point de peignes. Les difficultés s'accumuloient les unes fur les autres ; & il falloit fabriquer un peigne avant d'effayer de convertir ces cordages en filaffe. Nous reffentimes encore combien c'étoit pour nous un grand inconvénient de manquer de forge ; la néceffité cependant, la mere fertile de l'invention, nous fuggéra un expédient. L'armurier fe mit à limer des clous & fit une efpèce de peigne, & un des Quatiers-Maîtres fe trouva affez habile dans l'ufage de cet inftrument, pour rendre l'étoupe affez fine pour être filée auffi-bien que la groffiéreté de nos inftrumens le permettoit. Nous eûmes par ce moyen des lignes de lock affez paffables ; cette opération fut pourtant plus difficile pour nous que de faire des cordages avec nos vieux cables après qu'ils avoient été convertis en fil de carret ; reffource que nous avions été forcés d'employer longtems auparavant. Nous avions aussi déja consumé tout notre fil retors à coudre des voiles : sachant que la quantité dont on avoit fourni mon vaisseau, ne seroit pas suffisante pour tout le voyage ; si je n'avois pas pris sous ma garde tout celui qui étoit destiné à réparer la seine, ce défaut nous auroit été fatal.

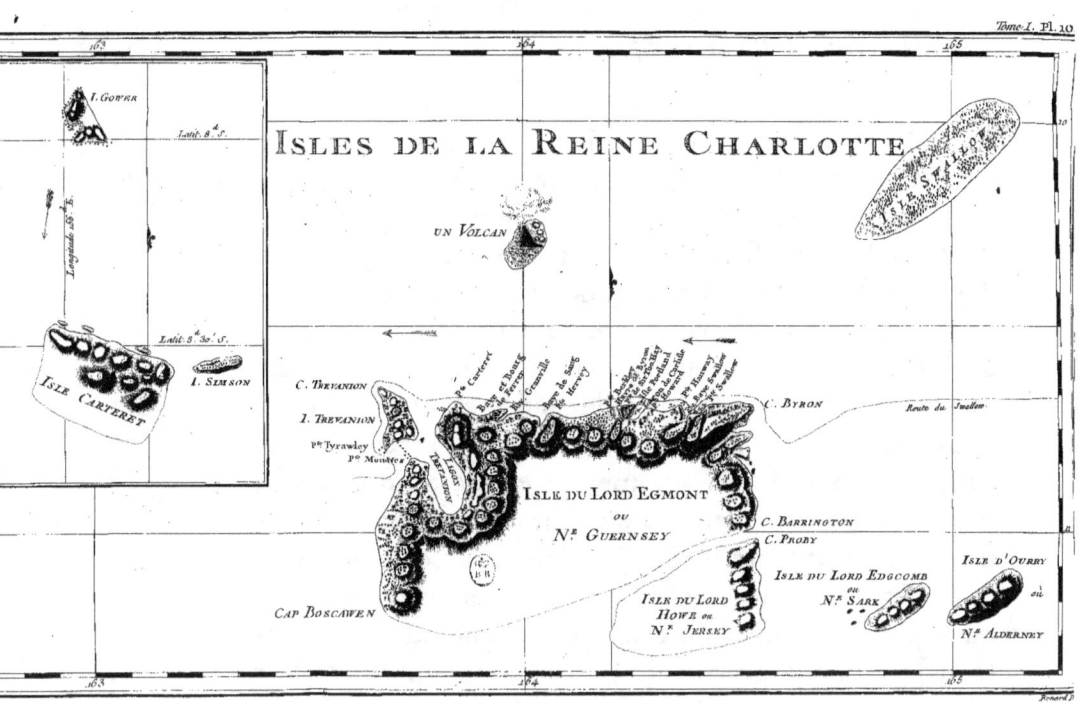

CHAPITRE IV.

Histoire de la Découverte des Isles de la Reine Charlotte. *Description de ces Isles & de leurs Habitans. Ce qui nous arriva à l'Isle d'Egmont.*

Le scorbut continuoit toujours à faire de grands progrès parmi l'équipage, & ceux de nos gens, que la maladie ne rendoit pas inutiles, étoient épuisés par un travail excessif. Notre mauvais vaisseau qui étoit depuis si longtems au milieu des tempêtes & des orages ne vouloit plus manœuvrer. Le 10, notre situation devint plus malheureuse & plus allarmante ; il fit une voie d'eau dans les épaules qui, étant sous l'eau, nous mirent dans l'impossibilité de l'arrêter pendant que nous étions en mer. Tel étoit notre état, lorsque le 12, à la pointe du jour, nous découvrîmes terre. Le transport subit d'espérance & de joie, que cet évènement nous inspira, ne peut être comparé qu'à celui que ressent un criminel qui entend sur l'échaffaud le cri de sa grace. Nous trouvâmes ensuite que la terre étoit un grouppe d'Isles ; j'en comptai sept, & je crois qu'il y en avoit un plus grand nombre. Nous portâmes vers deux de ces Isles qui étoient droit à notre avant, lorsque nous apperçûmes cette terre la premiere fois, & qui paroissoient jointes ensemble. Le soir, nous mîmes à l'ancre sur le côté N. E. de la

Ann. 1767.
Août.

plus grande & de la plus élevée des deux, par 30 braſſes bon fond & à environ trois encablures de la côte. Nous vîmes bientôt après des naturels du pays qui étoient noirs, à tête laineuſe & entiérement nuds. Je dépêchai ſur le champ le Maître avec le bateau pour chercher une aiguade & leur parler; mais ils diſparurent avant qu'il pût aborder ſur le rivage. Le Maître me dit à ſon retour qu'il y avoit un beau courant d'eau douce vis-à-vis le vaiſſeau & tout près de la côte, mais que tout le pays dans ce canton étant une forêt impénétrable juſqu'au bord de l'eau, il feroit difficile & même dangereux d'y en puiſer, ſi les Inſulaires vouloient nous oppoſer de la réſiſtance: il ajouta qu'il n'y avoit point de végétaux comeſtibles pour rafraîchir les malades, & qu'il n'avoit point vu d'habitations dans tout ce qu'il avoit parcouru de l'Iſle qui eſt ſauvage, abandonnée & montagneuſe.

APRÈS avoir réfléchi ſur ce rapport, & voyant qu'il feroit fatigant & incommode d'y faire de l'eau à cauſe d'une houle qui avoit ſa direction autour de la baie, ſans parler des dangers qu'on avoit à redouter des naturels du pays, s'ils formoient contre nous une ambuſcade dans les bois; je réſolus de rechercher ſi on ne pourroit pas trouver une aiguade plus convenable.

LE lendemain au matin, 13, étant alors ſous le vent de l'Iſle, dès qu'il fut jour, j'envoyai le Maître avec quinze hommes dans le canot bien armé & bien approviſionné, pour examiner la côte à l'Oueſt, tâcher de découvrir un endroit où nous puſſions plus aiſément faire de l'eau & du bois, nous procurer quelques rafraîchissements pour les malades, & mettre le vaisseau à la bande afin de visiter & d'arrêter la voie d'eau. Je lui donnai quelques verroteries, des rubans & d'autres quincailleries que j'avois par hasard à bord, afin qu'il pût, au moyen de ces présens, gagner la bienveillance des Insulaires s'il en rencontroit quelques-uns. Je lui ordonnai cependant de ne point s'exposer, & sur-tout de s'en revenir sur le champ au vaisseau, s'il voyoit approcher un certain nombre de pirogues qui le menaçassent d'hostilités, & s'il trouvoit en mer ou sur la côte des petites troupes d'Indiens, de les traiter avec toutes les bontés possibles, afin d'établir un commerce amical entr'eux & nous. Je le chargeai de ne jamais quitter le bateau lui-même pour aucune raison, & de ne pas envoyer plus de deux hommes à terre, pendant que le reste se tiendroit tout prêt pour la défense. Je lui recommandai, dans les termes les plus forts, de s'occuper uniquement de l'objet de son voyage, parce qu'il étoit de la derniere importance pour nous de découvrir un endroit convenable pour réparer le bâtiment; enfin je le conjurai de revenir le plus promptement qu'il lui seroit possible.

PEU de tems après que j'eus dépêché le canot pour cette expédition, j'envoyai à terre la chaloupe avec dix hommes à bord bien armés, &, avant huit heures, elle nous rapporta une tonne d'eau. Je la renvoyai sur les neuf heures, mais voyant quelques naturels du pays s'avancer vers l'endroit de la côte où nos gens débarquoient, je leur fis signal de revenir; je ne savois pas contre combien d'Insulaires ils seroient exposés, & je n'avois point de bateau pour aller à leur secours, s'ils venoient à être attaqués.

Dès que nos hommes furent rentrés à bord, nous vîmes trois des naturels du pays s'asseoir sous les arbres en travers du vaisseau. Comme ils continuèrent à nous regarder jusqu'à l'après-midi, aussitôt que j'apperçus le canot, je ne craignis plus de mettre en mer les deux bateaux à la fois, & j'envoyai mon Lieutenant dans la chaloupe avec quelques verroteries, des rubans, &c. pour tâcher d'établir quelque commerce avec eux, &, par leur entremise, avec le reste des habitans. Les trois Insulaires cependant quittèrent leur place & s'avancèrent le long du rivage, avant que la chaloupe pût aborder à terre. Les arbres les cachèrent bientôt à mon Lieutenant & à ses gens qui voguoient vers la côte; mais nous tinmes les yeux fixés sur eux depuis le vaisseau, & nous vimes qu'ils rencontrèrent trois autres Insulaires. Après avoir conversé entr'eux pendant quelques tems, les trois premiers s'en allèrent, & ceux qui étoient venus à leur rencontre, marchèrent à grands pas du côté de la chaloupe. Sur quoi je fis signal à mon Lieutenant de se tenir sur ses gardes; il apperçut les Indiens, & comme il remarqua qu'il n'y en avoit que trois, il approcha la chaloupe du rivage & leur fit des signes d'amitié; il leur tendit, comme présens, les verroteries & les rubans que je lui avois donnés, tandis que l'équipage avoit grand soin en même-tems de cacher ses armes. Les Indiens, sans faire attention à ce qu'on leur offrit, s'avancèrent hardiment à la portée du trait & décochèrent alors leurs flèches qui heureusement pafsèrent au-deffus de la chaloupe fans faire aucun mal. Ils ne fe préparèrent pas à une feconde décharge, ils s'enfuirent fur le champ dans les bois; nos gens tirèrent quelques coups de fufil après eux, mais ils ne blefsèrent perfonne : peu de tems après cet évènement le canot vint au côté du vaiffeau, & la premiere perfonne que j'apperçus fut le Maître qui avoit trois coups de flèches dans le corps. Il ne falloit pas d'autre preuve pour le convaincre d'avoir tranfgreffé mes ordres ; & il n'étoit plus poffible d'en douter en entendant le rapport qu'il me fit, quoiqu'il le rendît fans doute favorable à fa caufe. Il dit qu'ayant vu à quatorze ou quinze milles à l'Oueft, de l'endroit où étoit le vaiffeau, quelques maifons d'Indiens & feulement cinq ou fix habitans, il avoit fondé quelques baies, & qu'après avoir amarré fon bateau à un grapin, il avoit débarqué avec quatre hommes armés de fufils & de piftolets : que les Infulaires furent d'abord effrayés & s'enfuirent, qu'ils revinrent bientôt, & qu'il leur donna quelques quincailleries & d'autres bagatelles qui parurent leur faire beaucoup de plaifir : qu'il leur demanda par fignes quelques noix de cocos qu'ils lui apportèrent avec de grandes démonftrations d'amitié & d'hofpitalité, ainfi qu'un poiffon grillé & des ignames bouillies ; qu'il marcha alors avec fon détachement vers les maifons qui n'étoient pas éloignées de plus de quinze ou vingt verges du bord de l'eau ; & qu'il vit bientôt après un grand nombre de pirogues, venant autour de la pointe

Ann. 1767. Août.

Oueſt de la baie, & pluſieurs Indiens parmi les arbres; que ce ſpectacle lui ayant cauſé de l'allarme, il quitta la maiſon où il avoit été reçu, & qu'il s'en retourna promptement avec ſes compagnons vers le bateau; mais qu'avant qu'il pût arriver à bord, les Inſulaires avoient commencé l'attaque de leurs pirogues & du rivage contre lui & le reſte de nos gens qui étoient dans la chaloupe. Il dit qu'ils étoient au nombre de trois ou quatre cents, qu'ils avoient pour armes des arcs de ſix pieds cinq pouces de long, & des flèches de quatre pieds quatre pouces, qu'ils décochoient par pelotons, avec autant d'ordre que nos troupes d'Europe les mieux diſciplinées; qu'obligé de ſe défendre, lui & ſes gens avoient fait feu au milieu des Indiens pour pouvoir gagner le bateau, & qu'ils en avoient tué & bleſſé pluſieurs; que les Inſulaires, loin d'être découragés, continuèrent à s'avancer en décochant toujours leurs flèches par pelotons, de façon que leur bordée étoit perpétuelle; que le grapin étant engagé dans des rochers, il n'avoit pu démarer le bateau que fort lentement, & que pendant cet intervalle lui & la moitié de l'équipage avoient été bleſſés dangereuſement; qu'enfin ils coupèrent la corde & s'enfuirent ſous leur miſaine, faiſant feu avec leurs gros mouſquetons chargés chacun de huit ou dix balles de piſtolets; que les Indiens les pourſuivirent avec leurs arcs, & que quelques-uns ſe mirent pour cela dans l'eau juſqu'à la poitrine; que quand ils ſe furent débarraſſés de ceux-ci, les pirogues les pourſuivirent avec beaucoup de courage & de vigueur, juſqu'à ce qu'une d'elles fut coulée à fond, ainsi que les hommes qu'elle avoit à bord, que le reste étant fort diminué par le feu de la Mousqueterie, ils s'en retournèrent enfin à terre.

ANN. 1767.
Août.

C'est ainsi que l'histoire nous fut racontée par le Maître qui mourut quelque tems après avec trois de mes meilleurs matelots, des blessures qu'ils avoient reçus. Quelque coupable qu'il fût par sa propre confession, il nous parut que le témoignage de ceux qui lui survécurent, le rendoit encore plus criminel. Ils nous assurèrent que les Insulaires lui prodiguèrent les plus grandes marques de confiance & d'amitié, jusqu'à ce qu'au sortir d'un repas qu'il venoit de recevoir d'eux, il leur donna une juste cause d'offense, en ordonnant à ses gens d'abattre un cocotier. Il insista sur l'exécution de son ordre, malgré le grand déplaisir que les Insulaires exprimèrent à cette occasion.

Dès que l'arbre fut à bas, ils s'en allèrent tous, excepté un qui sembloit être une personne d'autorité. Un Officier de poupe, membre du détachement qui étoit à terre, observa qu'ils se rassembloient en corps entre les arbres; il en avertit sur le champ le Maître, & lui dit que probablement ils méditoient une attaque. Le Maître profitant de cet avis, au lieu de retourner au bateau comme je le lui avois prescrit, tira un de ses pistolets. L'Indien, qui jusqu'alors avoit resté avec eux, les quitta brusquement, & alla joindre ses compatriotes dans le bois. Même après ceci, le Maître, par un entêtement qu'on ne peut pas expliquer, continua à perdre son tems à terre, & il n'entreprit pas de regagner le bateau avant que l'attaque fût commencée.

En voulant chercher un meilleur endroit pour le vaisseau, nous avions été si malheureux, que je résolus d'essayer ce qu'on pourroit faire dans celui où nous étions. Le lendemain, 14, le bâtiment fut donc mis à la bande autant que cela nous étoit possible, & le charpentier, qui seul de l'équipage avoit une santé passable, calfata les épaules dans la partie de la quille qu'il put visiter. Quoiqu'il n'arrêta pas entièrement la voie d'eau, il la diminua beaucoup. Un vent frais souffla directement dans la baie après midi, ce qui nous porta très-près de la côte. Nous observâmes un grand nombre de naturels du pays qui se cachoient dans les arbres, & qui attendoient vraisemblablement que le vent forçât le bâtiment sur le rivage.

Le jour suivant, 15, le vent étant beau, nous virâmes vent arrière tout près de la côte avec une croupière sur notre cable, & nous disposames notre bordée de manière qu'elle portoit sur le lieu de l'aiguade, & protégeoit les bateaux qui iroient y puiser. Comme nous avions raison de croire que les naturels du pays, apperçus parmi les arbres le soir de la veille, n'étoient pas fort éloignés, je fis tirer deux coups dans les bois avant d'envoyer nos gens à terre dans le bateau pour faire de l'eau. Le Lieutenant partit aussi dans le canot bien armé & bien équippé. Je lui ordonnai, ainsi qu'aux hommes qu'il conduisoit, de se tenir à bord & tout près du rivage; afin de défendre

le

le bateau tandis qu'il prendroit sa charge. Je lui enjoignis en même-tems de tirer des coups de carabine dans le bois sur les flancs de l'endroit où nos gens seroient occupés à remplir les futailles. Ces ordres furent exécutés ponctuellement ; le rivage étoit escarpé, de sorte que les bateaux purent se tenir près de nos travailleurs. Le Lieutenant fit du canot dans les bois, trois ou quatre décharges de mousqueterie, avant que les matelots allassent à terre, & aucun des naturels du pays ne paroissant, ils débarquèrent & se mirent à l'ouvrage. Malgré toutes ces précautions, un quart-d'heure après leur débarquement, ils furent assaillis d'une volée de flèches dont l'une blessa dangereusement à la poitrine un des matelots qui faisoit de l'eau, & une autre s'enfonça dans un tonneau sur lequel M. Pitcairn étoit assis. Le Lieutenant à bord du canot, fit faire sur le champ plusieurs décharges de petites armes dans cette partie du bois d'où les flèches avoient été tirées. Je rappellai les bateaux afin de pouvoir chasser plus efficacement les Indiens de leurs embuscades, à coups de canons chargés à mitraille. Dès que nos bateaux & nos gens furent à bord, nous continuâmes à faire feu, & nous vîmes bientôt environ deux cens Insulaires sortir des bois & s'enfuir le long du rivage en grande précipitation. Nous jugeâmes alors que la côte étoit entièrement balayée ; mais peu de tems après nous en apperçûmes un grand nombre qui se rassembloient sur la pointe la plus occidentale de la baie, où ils se croyoient probablement hors de notre portée. Pour les convaincre du contraire, je fis tirer un canon à boulet. Le boulet effleurant la furface de l'eau, fe releva & tomba au milieu d'eux, fur quoi ils fe difpersèrent avec beaucoup de tumulte & de confufion, & nous n'en vîmes plus aucun. Nous fîmes enfuite de l'eau fans être inquiétés de nouveau ; mais tandis que nos bateaux étoient à terre, nous eûmes la précaution de tirer les canons du vaiffeau dans les côtés du bois, & le canot, qui fe tint près du rivage comme auparavant, faifoit en même-tems, par pelotons, une décharge continuelle de fa moufqueterie. Comme nous n'apperçûmes point de naturels du pays pendant tout ce feu, nous croirions qu'ils n'osèrent pas s'avancer fur les bords du bois, fi nos gens ne nous avoient dit qu'ils entendirent en plufieurs endroits des gémiffemens & des cris femblables à ceux des mourans.

Quoique j'euffe été jufqu'ici attaqué d'une maladie bilieufe & inflammatoire, j'avois cependant toujours pu tenir le tillac ; mais les fymptômes devinrent fi menaçans, que je fus obligé le foir de me mettre au lit. Le Maître fe mouroit des bleffures qu'il avoit reçues dans fon combat avec les Indiens ; mon Lieutenant étoit auffi très-mal ; le canonnier & trente de nos gens, étoient incapables de faire leur fervice, & parmi ceux-ci il y en avoit fept des plus vigoureux & de la meilleure fanté qui avoient été bleffés avec le Maître. Nous n'avions point d'efpoir de nous procurer en cet endroit les rafraîchiffemens dont nous avions befoin. Ces circonftances affligeantes découragèrent beaucoup l'équipage, & je perdis l'efpérance de pouvoir continuer mon voyage vers le Sud.

Excepté mon Lieutenant, le Maître & moi, il n'y avoit personne à bord qui fût en état de reconduire le vaisseau en Angleterre; je voyois le Maître aux portes du tombeau, & il étoit très-incertain si mon Lieutenant & moi pourrions recouvrer la santé. J'aurois fait de nouveaux efforts pour trouver des rafraîchissemens, si j'avois eu des instrumens de fer, de la coutellerie & d'autres quincailleries avec lesquelles je pusse regagner l'amitié des naturels du pays, & acheter d'eux les provisions qui croissent dans leur Isle. Mais je manquois de tout cela, & ma situation ne me permettant pas d'exposer de nouveau la vie du petit nombre de nos gens qui pouvoient encore travailler, je levai l'ancre à la pointe du jour du 17, & je portai le long de la côte vers cette partie de l'Isle où j'avois envoyé le canot. J'appellai cette Isle, *Isle d'Egmont* en honneur du Comte de ce nom : c'est certainement la même à laquelle les Espagnols ont donné le nom de *Santa-Cruz*, ainsi qu'on le voit par la description qu'en ont faite leurs Ecrivains. J'appellai *Baie Swallow*, l'endroit où nous mouillâmes; il y a environ sept milles à l'Est depuis la pointe la plus orientale de cette baie que je nommai *Pointe Swallow*, jusqu'à la pointe N. E. de l'Isle, que j'appellai *Cap Byron*, & depuis la pointe la plus occidentale de cette baie, que je nommai la *Pointe Hanway*, jusqu'à ce même cap, il y a de distance dix ou onze milles. Entre la *pointe Swallow* & la *pointe Hanvay* au fond de la baie, il y a une troisième pointe qui ne s'avance pas si loin que les deux premières, & un peu à l'Ouest de cette pointe, on trouve un excellent mouil-

Ann. 1767. Août.

Isle d'Egmont.

lage ; mais il faut prendre des précautions pour mettre à l'ancre, parce qu'il y a peu de fond. Lorsque nous étions à l'ancre dans cette baie, la *pointe Swallow* nous restoit E. ¼ N. E., & la *pointe Hanway* O. N. O. En dehors de cette pointe, est un récif sur lequel la mer brise à une très-grande hauteur ; nous avions au N. O. ¼ O., la partie extérieure de ce récif, & une Isle qui a l'apparence d'un volcan, étoit justement au-dessus des brisans. Bientôt après que nous eûmes dépassé la *pointe Hanway*, nous vîmes un petit village situé sur le rivage, & environné de cocotiers. Il est placé dans une baie, entre la *pointe Hanway* & une autre pointe à laquelle je donnai le nom de *pointe How*. La *pointe Hanway* est éloignée de la *pointe How* d'environ quatre à cinq milles. Près de la côte, la sonde donne 30 brasses ; mais en traversant la baie à la distance d'environ deux milles, nous n'avions point de fond. Après avoir passé la *pointe How*, nous découvrîmes une autre baie ou havre, qui paroissoit être un lagon profond ; je l'appellai *Havre de Carlisle*. Vis-à-vis l'entrée du Havre de *Carlisle*, & au Nord de la côte, nous trouvâmes une petite Isle que j'appellai *Isle de Portland*. Sur le côté occidental de cette Isle, on trouve un récif qui s'avance dans la mer ; l'entrée du Havre est sur le côté oriental, & elle se prolonge en dedans & en dehors E. N. E. & O. S. O : elle a environ deux encablures de largeur, & à-peu-près 8 brasses d'eau. Je crois que le havre y est bon, mais un vaisseau seroit obligé de se faire touer pour y entrer ou pour en sortir, & d'ailleurs il coureroit risque d'être attaqué

Tome I. Pl. II.

Côté Septentrional de la plus grande des Isles de la Reine Charlotte, tel qu'il nous a paru en naviguant le long de la côte à l'Ouest.

Côté Sud d'un Volcan 6 Lieues au Nord de l'Isle ci dessus

BAYE SWALLOW

Echelle de 5 Milles Anglois

Havre Byron

Echelle d'une Encablure

Benard

par les naturels du pays qui font hardis jufqu'à la témérité, & qui combattent avec une opiniâtreté peu commune chez des fauvages fans difcipline. Quand le vaiffeau fut à un mille de la côte, nous n'avions point de fond à 50 braffes. A quatre ou cinq milles à l'Oueft de l'Ifle de *Portland*, on rencontre un beau havre petit & rond, & qui eft juftement affez vafte pour contenir trois vaiffaux ; nous l'appellâmes *le Havre de Byron*. Lorfque nous fûmes en travers de fon entrée, il nous reftoit S. ¼ S. E. ½ E., & l'Ifle *du Volcan* N. O. ½ O. Notre bateau y entra & trouva deux courans, l'un d'eau douce & l'autre d'eau falée ; le courant d'eau falée nous fit conjecturer qu'il avoit une communication avec le havre de *Carlifle*. En avançant à environ trois lieues du havre, nous apperçûmes la baie où le canot avoit été attaqué par les Indiens, & je lui donnai pour cela le nom de *Baie de Sang* (*Bloody Bay*). Il y a un petit ruiffeau d'eau douce dans cette baie, & nous y vîmes plufieurs maifons régulièrement conftruites. Au bord de l'eau, on en trouve une beaucoup plus longue que toutes les autres, bâtie & couverte de chaume ; elle nous parut être une efpèce de maifon d'affemblée. C'eft dans celle-ci que le Maître & nos gens furent reçus tandis qu'ils étoient à terre ; ils me dirent que les deux côtés & le plancher étoient couverts d'une belle natte, & qu'on y avoit fufpendu un grand nombre de flèches en paquets, pour fervir au befoin. Ils ajoutèrent qu'il y avoit dans cet endroit plufieurs jardins ou vergers enclos de murs, & plantés de cocotiers, de bananiers, de planes, d'ignames &

Ann. 1767.
Août.

d'autres végétaux ; nous apperçûmes du vaisseau un grand nombre de cocotiers parmi les maisons du village. Environ à trois milles à l'Ouest de ce village, nous en découvrîmes un autre fort étendu, vis-à-vis duquel, près du bord de l'eau, il y avoit un parapet de pierre d'à-peu-près quatre pieds six pouces de hauteur, construit non en ligne droite, mais à angles, comme nos fortifications. Les armes de ces peuples & leur courage dans les combats qui est en grande partie l'effet de l'habitude, nous donnent beaucoup de raisons de supposer qu'ils ont entr'eux des guerres fréquentes. En avançant à l'Ouest de cet endroit, nous trouvâmes, à deux ou trois milles de distance, une petite anse formant une espèce de baie dans laquelle une rivière a son embouchure. Nous aminâmes de la grande hune cette rivière, il nous parut qu'elle couloit bien avant dans le pays, & qu'elle est navigable, au moins à son embouchure, pour de petits bâtimens ; nous l'appellâmes Rivière *de Granville*. Il y a à l'Ouest une pointe à laquelle nous donnâmes le nom de *Pointe Ferrers*. Depuis cette pointe la terre forme une grande baie, & il y a dans les environs une ville fort étendue ; les habitans sembloient y fourmiller, comme les abeilles dans une ruche. Lorsque le vaisseau passa en son travers, il en sortit une multitude incroyable d'Indiens, tenant dans leurs mains quelque chose qui resembloit à un paquet d'herbes vertes, dont ils paroissoient se frapper les uns les autres, dansant en même-tems ou courant en cercle. Environ à sept milles à l'Ouest de la *pointe Ferrers*, on en rencontre une autre qui fut appellée *Pointe Carteret*,

& de laquelle un récif, qu'on apperçoit au-deſſus de l'eau, ſe prolonge à la diſtance d'une encablure. Nous vîmes ſur cette pointe une grande pirogue, avec un abri ou pavillon conſtruit au milieu ; & un peu à l'Oueſt un autre grand village défendu & probablement environné d'un parapet de pierre comme celui dont nous venons de parler. Quand le vaiſſeau paſſa, les habitans accoururent auſſi en foule ſur le rivage, & exécutèrent la même eſpèce de danſe en rond. Peu de tems après ils lancèrent en mer pluſieurs pirogues, & dirigèrent leur route vers nous ; ſur quoi nous mîmes en panne, afin qu'ils euſſent le tems de nous approcher. Nous eſpérions pouvoir les engager à venir à bord ; mais lorſqu'ils furent aſſez près pour nous appercevoir plus diſtinctement, ils ceſsèrent de ramer & nous contemplèrent ſans paroître diſpoſés à avancer davantage ; c'eſt pourquoi nous fîmes voile & les laiſſâmes derrière nous. A environ un demi-mille de la pointe *Carteret*, nous avions 60 braſſes, fond de ſable & de corail. Depuis cette pointe la terre porte O. S. O. & S. O. ; elle forme un lagon profond, à l'embouchure duquel eſt ſituée une Iſle, & qui a deux entrées. Nous appellâmes l'Iſle, *Iſle de Trevanion*. Cette entrée a environ deux milles de largeur, & s'il y a un mouillage dans le lagon, c'eſt ſûrement un bon havre pour les vaiſſeaux. Après avoir traverſé la première entrée, & lorſque nous fûmes à la hauteur de la partie N. O. de l'Iſle à laquelle nous donnâmes le nom de Cap *Trevanion*, nous vîmes un grand bouillonnement d'eau, & en conſéquence nous dépêchâmes le bateau pour ſonder. Nous n'avions pourtant

Ann. 1767.
Août.

point de fond par 50 brasses ; la rencontre des marées étoit la seule cause du bouillonnement. En tirant autour de ce Cap, nous trouvâmes que la terre portoit au Sud ; nous continuâmes à longer la côte, jusqu'à ce que nous découvrîmes l'entrée occidentale du lagon entre l'Isle de *Trevanion* & celle d'*Egmont*. Ces deux Isles sembloient former en cet endroit une ville continue dont les habitans étoient innombrables. Le bateau alla examiner cette entrée ou passage, & il rapporta que le fond étoit de corail & de rocher, avec des sondes très-irrégulières. Dès que les naturels du pays virent le bateau quitter le vaisseau ; ils envoyèrent plusieurs pirogues armées pour l'attaquer. Quand la premiere fut à portée, elle décocha ses flèches sur les gens du bateau, qui, se tenant sur leurs gardes, tirèrent une volée de coups de fusils qui tuèrent un des Indiens & en blessèrent un autre. Nous tirâmes en même-tems parmi eux, du vaisseau, un gros canon chargé à mitraille ; ils s'enfuirent tous alors à terre en grande précipitation, excepté la pirogue qui avoit commencé l'attaque & qui fut saisie avec l'Insulaire blessé, par le bateau qui les amena au vaisseau. Je fis sur le champ prendre l'Indien à bord, & j'ordonnai au Chirurgien d'examiner ses blessures. Il parut qu'une balle lui avoit percé la tête, & qu'une seconde lui avoit cassé le bras ; le Chirurgien pensant que la blessure de la tête étoit mortelle, je le fis remettre dans sa pirogue, & malgré son état il rama vers la côte. C'étoit un jeune homme qui avoit la tête laineuse comme celle des negres, & une petite barbe ;

il

il avoit les traits fort réguliers, & il n'étoit pas aussi noir que les habitans de Guinée. Il étoit d'une taille moyenne & entièrement nud, ainsi que tous les autres naturels du pays que nous avons vus sur cette Isle. Sa pirogue très-petite, & grossiérement travaillée, n'étoit rien autre que la partie d'un tronc d'arbre creusé ; elle avoit pourtant un balancier. De toutes celles que nous avons apperçues, aucune ne portoit de voiles.

Ann. 1767.
Août.

Cette place forme l'extrémité Ouest de l'Isle d'*Egmont*, sur le côté septentrional ; elle est située exactement dans la même latitude que l'extrémité orientale qui est sur le même côté. La distance entre ces deux extrémités, est d'environ cinquante milles précisément à l'Est & à l'Ouest. Il y a un fort courant qui a sa direction à l'Ouest le long de la côte.

Je gardois toujours le lit, & ce fut avec un regret infini que j'abandonnai l'espoir d'obtenir des rafraîchissemens dans cet endroit, d'autant plus que nos gens me dirent avoir vu, lorsque nous faisions voile le long de la côte, des cochons, des volailles en grande abondance, des cocotiers, des bananiers, des planes & beaucoup d'autres végétaux qui nous auroient bientôt rendu la santé & la vigueur que nous avions perdues par les fatigues & les peines d'un long voyage ; mais je ne pouvois plus m'attendre à établir amicalement un commerce avec les naturels du pays, & je n'étois pas en état de me procurer par la force ce dont j'avois besoin. J'étois dangereusement malade ; la plus grande partie de mon équipage, comme je l'ai déja observé, étoit infirme, & le reste

Tome II. Kk

découragé par les contretems & les travaux. Quand même mes gens auroient été bien portans & de bonne volonté, je n'avois point d'Officiers pour les conduire ni les diriger dans une pareille entreprise, ni pour commander le service à bord du vaisseau. Les obstacles, qui m'empêchèrent de prendre des rafraîchissemens dans cette Isle, furent cause aussi que je n'examinai pas les autres Isles situées dans les environs. Le peu de forces que nous avions diminuoient à chaque instant. J'étois incapable de poursuivre le voyage au Sud, & courant risque de manquer la mousson, je n'avois point de tems à perdre : j'ordonnai donc de gouverner au Nord, dans l'espoir de relâcher & de nous rafraîchir dans le pays que Dampierre a appellé *Nouvelle-Bretagne*. Je décrirai pourtant le mieux qu'il me sera possible, l'apparence & la situation des Isles que je laissai derrière moi.

JE donnai le nom général d'*Isles de la Reine Charlotte*, à tout le grouppe de ces Isles, tant de celles que je vis que des autres que je n'apperçus pas distinctement; & je donnai en outre des noms particuliers à plusieurs d'entr'elles, à mesure que j'en approchois.

LORSQUE nous découvrîmes la terre pour la première fois, nous en apperçûmes deux qui nous restoient en face ; j'appellai la plus méridionale, *Isle du Lord How*, & *Isle d'Egmont*, l'autre dont j'ai déja fait mention. L'Isle *du Lord How* est située par 11ᵈ 10ʼ de latitude S., & 164ᵈ 43ʼ de longitude E. Le Cap *Byron*, qui est la pointe orientale de l'Isle d'*Egmont*, gît au 10 ᵈ 40′ de latitude S. & au 164 ᵈ 49′ de longitude E. Les côtés à l'Est de ces deux Isles, qui sont exactement sur la même ligne, à-peu-près au N. ¼ N. O. & S. ¼ S. E. s'étendent à environ onze lieues, en y comprenant le passage qui a quatre milles de large ; elles forment un coup-d'œil agréable, & paroissent toutes deux être fertiles & couvertes de grands arbres d'une très-belle verdure. L'Isle *du Lord How*, quoique plus plate & plus unie que l'autre, est cependant une terre élevée. A environ treize lieues du Cap *Byron*, à l'O. N. O. ½ N. du compas, il y a une Isle d'une hauteur prodigieuse & d'une figure conique. Son sommet a la forme d'un entonnoir dont nous vîmes sortir de la fumée, mais point de flammes ; c'est sûrement un volcan, & je l'appellai pour cela *Isle du Volcan*. Je donnai le nom d'*Isle de Keppel* à une longue Isle plate qui nous restoit au N. O. lorsque nous avions droit en face les Isles d'*How* & d'*Egmont*. Elle est située au 10 ᵈ 15′ de latitude S. & suivant notre estime au 165 ᵈ 4′ de longitude E. J'appellai *Isle du Lord Edgcomb*, la plus grande des deux autres qui gisent au S. E., & *Isle d'Ourry* la plus petite. L'Isle d'*Edgcomb*, située par 11 ᵈ 10′ de latitude S. & 165 ᵈ 14′ de longitude E., est d'un très-bel aspect. L'Isle d'*Ourry* gît au 11 ᵈ 10′ de latitude S. & au 165 ᵈ 19′ de longitude E. Je n'ai pas donné de nom particulier à plusieurs autres Isles qui avoisinent celles-ci.

Ann. 1767.
Août.

Isle du Volcan.
Isle de Keppel.

Isle du Lord Edgcomb.
Isle d'Ourry.

Les habitans de l'Isle d'*Egmont* dont j'ai déja décrit la figure, sont extrêmement agiles, vigoureux & actifs.

Ils semblent aussi propres à vivre dans l'eau que sur la terre, car ils sautent de leurs pirogues dans la mer presqu'à toutes les minutes. Les pirogues qui s'avancèrent contre nous de l'extrémité occidentale de l'Isle, ressembloient toutes à celle que nos gens amenèrent à bord ; elles pouvoient dans l'occasion porter environ douze hommes, quoique trois ou quatre les conduisissent ordinairement avec une dextérité étonnante. Nous en vîmes cependant d'autres plus grandes sur le rivage & qui avoient au milieu un abri ou pavillon.

Nous prîmes deux de leurs arcs & un paquet de leurs flèches, dans la pirogue qui fut saisie avec l'homme blessé ; au moyen de ces armes ils frappent un but à une distance incroyable. Une des flèches qu'ils tirèrent traversa les planches du bateau & blessa dangereusement un Officier de poupe à la cuisse. Ces flèches ont une pointe de pierre, & nous ne vîmes parmi eux aucune apparence de métal. Le pays en général est couvert de bois & de montagnes, & entrecoupé d'un grand nombre de vallées ; plusieurs petites rivières coulent de l'intérieur dans la mer, & il y a beaucoup de havres sur la côte. La déclinaison de l'aiguille y est d'environ 11^d 15′ E.

CHAPITRE V.

Départ de l'Isle d'Egmont & Passage à la Nouvelle-Bretagne. Description de plusieurs autres Isles & de leurs Habitans.

Nous fîmes voile de cette Isle le soir du 18 Août, avec un vent alisé frais soufflant de l'Est, & de petites raffales par intervalles. Nous portâmes d'abord O. N. O.; car avant de gagner la latitude de la *Nouvelle-Bretagne*, je ne désespérois pas de rencontrer quelques autres Isles où nous serions plus heureux que dans celles que nous venions de quitter.

Ann. 1767. Août.

Nous découvrîmes le 20, une petite Isle basse & plate, & le soir nous nous trouvâmes par son travers; elle est située au 7ᵈ 56' de latitude S. & au 158ᵈ 56' de longitude E.; je lui donnai le nom d'*Isle de Gower*. Nous n'y rencontrâmes point de mouillage, à notre grand regret: en échange des clous & d'autres bagatelles que nous avions, nous ne pûmes nous procurer qu'un petit nombre de noix de cocos des habitans, qui ressemblent beaucoup à ceux que nous avions vus à l'Isle d'*Egmont*. Ils promirent par signes de nous en apporter une plus grande quantité le lendemain, & nous louvoyâmes toute la nuit, qui fut très-sombre. Le jour suivant 21, à la pointe du jour, nous

Isle de Gower.

reconnûmes qu'un courant nous avoit fait dériver considérablement au Sud de l'Ifle, & nous avoit conduit dans un endroit d'où nous pouvions en appercevoir deux autres. Elles font fituées à peu près à l'E. & à l'O. l'une de l'autre & éloignées d'environ deux milles. Celle qui eft à l'Eft, eft beaucoup plus petite que fa voifine, & nous lui donnâmes le nom d'*Ifle de Simpfon*; nous appellâmes *Ifle de Carteret* la feconde qui eft élevée & d'une belle apparence. L'extrémité Orientale de celle-ci porte à peu près au Sud de l'*Ifle de Gower*, dont elle eft éloignée d'environ dix ou onze lieues. L'Ifle *Carteret* gît au 8 ^{d} 26 ′ de latitude S. & au 159 ^{d} 14 ′ de longitude E.; & fa longueur de l'Eft à l'Oueft eft d'environ fix lieues. Nous trouvâmes la variation de l'aiguille de 8 ^{d} 30 ′ E. Ces deux Ifles nous reftoient directement au vent, & nous portâmes fur l'Ifle de *Gower*. Elle a à peu près deux lieues & demie de long fur le côté occidental, qui eft garni de baies; elle eft partout couverte d'arbres dont la plupart font des cocotiers. Nous y trouvâmes un nombre confidérable d'Indiens avec deux bateaux ou pirogues, qui à ce que nous fuppofâmes, appartenoient à l'Ifle *Carteret*, & qui n'y étoient venues que pour pêcher. Nous envoyâmes le bateau à terre, & les naturels du pays tentèrent de maffacrer nos 'gens; les hoftilités ayant ainfi commencé, nous faifîmes leurs pirogues, dans lefquelles il y avoit environ cent cocos que nous mangeâmes avec plaifir. Nous vîmes quelques tortues près du rivage; mais nous n'eûmes pas le bonheur d'en attraper aucune. La pirogue que nous avions prife étoit assez grande pour porter huit ou dix hommes, elle étoit construite avec art de planches très-bien jointes, & ornée de coquillages & de figures grossierement peintes : les coutures étoient revêtues d'une substance assez ressemblante à notre mastic noir, mais elle me parut avoir plus de consistance. Les Insulaires avoient pour armes des arcs, des flèches & des piques ; les pointes des piques & des flèches étoient de silex. Nous conjecturâmes par quelques signes qu'ils firent en montrant nos fusils, qu'ils n'ignoroient pas entiérement l'usage des armes à feu. C'est la même race d'hommes que nous avions vus à l'Isle d'*Egmont*, & comme ceux-ci, ils étoient entiérement nuds. Leurs pirogues sont d'une structure différente & beaucoup plus grandes, quoique nous n'en ayons apperçu aucune qui eût des voiles. Les cocos que nous y achetâmes, ainsi qu'à l'Isle d'*Egmont*, furent d'un très-grand secours à nos malades.

Ann. 1767.
Août.

Depuis notre départ de l'Isle d'*Egmont*, nous avions observé un courant dont la direction étoit très-forte vers le Sud, & nous reconnûmes que dans le voisinage de ces Isles, son impétuosité augmentoit de beaucoup. En conséquence, lorsque je fis voile de l'Isle de *Gower*, je gouvernai au N. O., dans la crainte qu'en prenant un autre parti je ne trouvasse la terre trop loin vers le Sud ; car si nous étions entrés dans quelque golfe ou baie profonde, notre équipage étoit si malade, & le vaisseau en si mauvais état, qu'il nous auroit été impossible de nous en tirer.

Le 22, sur les huit heures du matin, comme nous

continuions notre route avec un bon vent frais, Patrick Dwyer un des soldats de marine, tomba par malheur du tillac dans la mer. Nous lançâmes sur le champ la pirogue que nous avions saisie à l'Isle de *Gower* ; nous mîmes le vaisseau à la cape, & nous détachâmes le canot avec toute la promptitude possible ; mais le pauvre misérable quoique très-fort & plein de santé, étoit allé au fond dès le premier instant de sa chûte, & nous ne le vîmes plus. Nous reprîmes la pirogue à bord ; elle s'étoit si fort endommagée en frappant contre un des canons, lorsque nos gens la lancèrent en mer, que nous fûmes obligés de la mettre en pièces.

La nuit du 24, nous rencontrâmes neuf Isles ; elles s'étendent à peu près au N. O. $\frac{1}{4}$ O. & S. E. $\frac{1}{4}$ E. dans une espace d'environ quinze lieues. Elles sont situées par le $4^d\ 36'$ de latitude S. & le $154^d\ 17'$ de longitude E. suivant notre estime. Je pense que ce sont les Isles appellées *Ohang-Java*, & qui furent découvertes par Tasman ; car leur situation approche beaucoup de celle qui leur est assignée dans les Cartes françoises, corrigées en 1756 pour les vaisseaux du Roi. Je crois que les autres Isles de *Carteret*, de *Gower* & de *Simpson*, n'ont été apperçues par aucun Navigateur Européen avant moi. Il y a sûrement dans cette partie de l'Océan beaucoup de terres qui ne sont pas encore connues.

Une de ces Isles est d'une étendue considérable ; les huit autres ne sont guères que de grands rochers ; mais quoiqu'elles soient basses & plates, elles sont
bien

bien couvertes de bois & remplies d'habitans. Les Insulaires sont noirs & ont la tête laineuse, comme les Nègres d'Afrique. Les arcs & les flèches sont leurs armes. Ils ont de grandes pirogues qui portent une voile ; l'une d'elle s'approcha de nous, mais elle n'osa pas venir à bord.

Ann. 1767.
Août.

Nous portâmes au Nord de ces Isles & nous gouvernâmes O. ¼ S. O. avec un fort courant S. O. A onze heures du soir, nous rencontrâmes une autre Isle fort grande, plate, verdoyante & d'un coup d'œil agréable ; nous n'apperçûmes point d'habitans, mais par le grand nombre de feux que nous y vîmes la nuit, nous jugeâmes qu'elle étoit bien peuplée. Elle est située au 4ᵈ 50′ de latitude S. & quinze lieues à l'Ouest de la plus septentrionale des neuf Isles ; nous lui donnâmes le nom d'*Isle de Sir Charles Hardy*.

Isle de Sir Charles Hardy.

Le lendemain 25, à la pointe du jour, nous découvrîmes une autre Isle grande & haute, & qui s'élevant en trois montagnes considérables, avoit de loin l'apparence de trois Isles. Nous l'appellâmes *Isle de Winchelsea*. Elle est située à environ dix lieues au S. ¼ S. E. de l'*Isle de Sir Charles Hardy*. Le vent souffloit par raffales, avec un tems variable & un courant très-fort qui avoit sa direction à l'Ouest.

Isle de Winchelsea.

Sur les dix heures du matin du 26, nous vîmes une grande Isle au Nord, je supposai que c'étoit la même qui fut découverte par Schouten, & qu'il appella *Isle de Saint-Jean*. Nous apperçûmes bientôt après une haute terre, que nous reconnûmes par la suite pour la *Nouvelle-Bretagne*, & comme nous en approchions, nous trouvâmes un très-fort courant S. S. O. qui ne faisoit pas moins de trente-deux milles par jour.

LE lendemain 27, n'ayant que de petits vents, un courant N. O. nous porta dans une baie ou golfe profond, à laquelle Dampierre a donné le nom de Baie de *Saint-George*.

LE 28, nous mîmes à l'ancre dans une baie près d'une petite Isle, située à environ trois lieues au N. O. du Cap *Saint-George*, & qui a été appellée *Isle de Wallis*. Je trouvai que ce cap gît à peu près au 5ᵈ de latitude S. &, suivant notre estime, au 152ᵈ 19′ de longitude E., c'est-à-dire, à environ deux milles cinq cent lieues directement à l'Ouest du continent de l'Amérique, & 1ᵈ ½ plus à l'Est qu'il n'est placé dans la Carte Françoise dont nous avons parlé. L'après-midi, j'envoyai le canot pour examiner la côte, & un bateau pour nous procurer quelques cocos, & pêcher à la seine. Les gens du bateau ne prirent point de poisson, mais ils rapportèrent environ cent cinquante cocos, qui furent distribués à l'équipage à la discrétion du Chirurgien. Nous avions vu des tortues en entrant dans la baie, & espérant que quelques-unes pourroient tirer pendant la nuit vers la côte de l'Isle qui étoit sablonneuse, stérile & inhabitée, comme les endroits que ces animaux fréquentent plus volontiers, je dépêchai un petit nombre d'hommes à terre pour tâcher d'en prendre ; mais ils revinrent le matin sans avoir réussi.

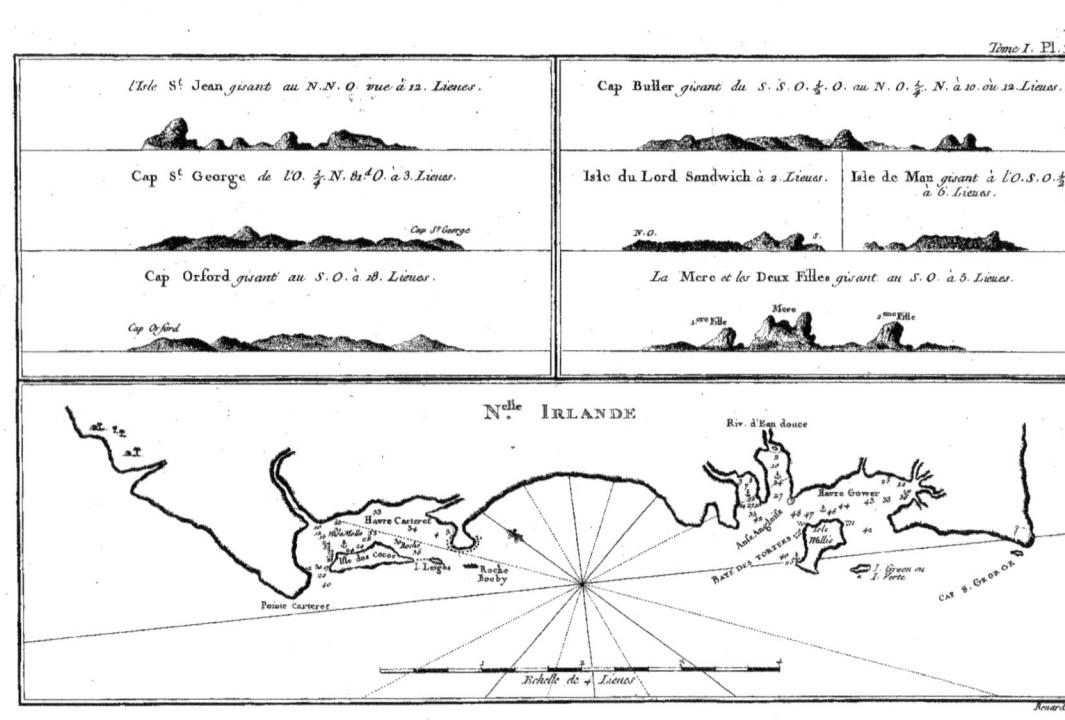

Nous jettâmes l'ancre seulement pour attendre que les bateaux eussent trouvé un mouillage plus convenable ; ils découvrirent plusieurs bons havres dans le voisinage. Nous tâchâmes alors de lever l'ancre, mais, avec les forces réunies de tout l'équipage, nous ne pûmes pas en venir à bout : c'étoit une preuve allarmante de notre foiblesse ; & pleins de douleur nous eûmes recours à de nouveaux moyens ; avec ce secours, & en employant nos derniers efforts, nous dégageâmes l'ancre du fond ; mais le vaisseau étant porté sur la côte, elle reprit presque au même instant sur un fond de roches. Il fallut recommencer notre travail de nouveau, tous ceux qui étoient en santé employèrent le reste du jour toutes leurs forces, sans parvenir à la relever. Nous n'étions pas disposés à couper le cable, quoiqu'il fût fort usé, nous aurions souffert difficilement cette perte ; nous voulions en faire du fil de carret, dont nous avions grand besoin. Nous cessâmes avec répugnance notre entreprise pendans la nuit, & le lendemain, après avoir un peu réparé nos forces, nous fûmes plus heureux. Nous relevâmes enfin l'ancre, mais nous la trouvâmes si endommagée qu'elle étoit désormais inutile, une des pattes étant rompue.

De cet endroit nous fîmes voile à une petite anse éloignée d'environ trois ou quatre milles, à laquelle nous donnâmes le nom d'*Anse Angloise*. Nous y mîmes à l'ancre, & nous commençâmes à faire du bois & de l'eau que nous y trouvâmes en grande abondance, sans parler du lest. J'envoyai aussi le bateau chaque jour pêcher à la seine, mais quoiqu'il y eût une grande quantité de poissons, il n'en prit que très-peu : il eut un si mauvais succès, probablement parce que l'eau étoit claire & le rivage rempli de roches, & peut-être aussi parce que nous n'étions pas assez habiles dans cet art. Quoique nous ne réussissions pas, nous continuâmes ce travail jour & nuit ; nous eûmes recours à l'hameçon, mais pas un seul poisson ne voulut y mordre. Nous vimes un petit nombre de tortues, nous n'en prîmes aucune ; nous étions condamnés au supplice de Tantale, voyant continuellement des objets que notre appétit désiroit avec ardeur, & toujours malheureux, lorsque nous tâchions de les saisir. Nous ramassâmes cependant à la marée basse, un petit nombre d'huitres de rochers & de très-gros pétoncles, & nous nous procurâmes à terre quelques cocos & l'espèce de chou qui croît au haut de l'arbre qui les produit ; ce chou est blanc, frisé, d'une substance remplie de suc ; lorsqu'on le mange cru, il a une saveur ressemblante à celle de la châtaigne ; & quand il est bouilli, il est supérieur au meilleur panais. Nous le coupâmes en petites tranches dans du bouillon fait avec nos tablettes, & ce bouillon épaissi ensuite avec du gruau d'avoine, nous fournit un très-bon mêt. Nous fûmes obligés de couper autant d'arbres que nous emportâmes de ces choux ; nous détruisimes, avec beaucoup de regret, tant de fruits qui sont peut-être les meilleurs anti-scorbutiques du monde, mais la nécessité n'a point de loi. Ces végétaux frais & sur-tout le lait ou plutôt l'eau de coco, rendirent très-promptement la santé à nos malades. Ils se trouvèrent aussi fort-bien, de manger le fruit d'un grand arbre, qui ressemble à une prune & en particulier à celle qu'on appelle dans les Isles d'Amérique, *prune de la Jamaïque*. Nos gens lui donnèrent le même nom. Elle a un goût aigrelet & agréable ; mais elle n'a que peu de chair, probablement faute de culture. Ces prunes ne sont pas abondantes, de sorte qu'ayant les deux qualités d'un mets délicat, la rareté & l'excellence, il n'est pas étonnant qu'elles soient recherchées avec empressement.

La côte dans les environs de cet endroit est remplie de rochers & le pays élevé & montagneux ; mais il est couvert d'arbres de différentes espèces, dont quelques-uns sont d'une grandeur énorme, & pourroient probablement servir à plusieurs usages. Entr'autres, nous trouvâmes les muscadiers en grande abondance ; je cueillis quelques muscades, mais elles n'étoient pas mûres Il est vrai qu'elles ne me paroissoient pas être de la meilleure qualité ; peut-être cela provient-il en partie de ce qu'elles croissent sans être cultivées, & en partie de ce qu'elles sont trop à l'ombre sous les grands arbres. L'arbre qui donne la noix de cocos est excellent, mais il n'y en a pas beaucoup. Je crois qu'il y a ici toutes les différentes espèces de palmier, avec l'arbre qui produit la noix de betel, diverses sortes d'aloës, des cannes à sucre, des bambous, des rattans, & plusieurs arbres, arbrisseaux & plantes que je ne connois pas. On n'y trouve aucun végétal comestible. Les bois sont remplis de pigeons, de tourterelles, de freux, de perroquets & d'un grand oiseau à noir plumage qui fait un bruit assez ressemblant à l'aboyement d'un chien, & de plusieurs autres que je ne puis ni nommer ni décrire. Nos gens ne virent que deux petits quadrupèdes qu'ils prirent pour des chiens. Le charpentier & un autre homme les apperçurent légèrement passant dans les bois, tandis qu'ils coupoient de petites solives à l'usage du vaisseau; ils dirent qu'ils étoient très-sauvages & qu'ils s'enfuirent fort vîte. Nous vîmes des millepieds, des scorpions, & un petit nombre de serpents de différentes espèces, mais point d'habitans. Nous rencontrâmes pourtant plusieurs habitations abandonnées, & par les coquilles répandues dans les environs, & qui sembloient sorties récemment de l'eau, ainsi que par quelques morceaux de bois à moitié brûlés & qui étoient des restes de feu, nous avons lieu de croire que des hommes venoient de quitter cet endroit lorsque nous y arrivâmes. Si l'on peut juger de l'état d'un peuple par celui de ses habitations, ces Insulaires doivent être dans les derniers degrés de la vie sauvage, car ils avoient pour demeures les plus misérables huttes que nous ayions jamais vues.

PENDANT notre séjour en ce lieu, nous nettoyâmes le vaisseau, & nous le mîmes à la bande pour visiter sa voie d'eau que les charpentiers arrêtèrent le mieux qu'ils purent. Nous trouvâmes le doublage très-usé & la quille fort rongée par les vers. Nous l'enduisîmes dans tous les endroits que nous pûmes mettre hors de l'eau, avec de la poix & du goudron chauds mêlés ensemble. Le charpentier coupa plusieurs poutres pour différens ufages & particuliérement pour des bou-tehors, n'en ayant plus que peu de ceux que nous avions embarqués en Angleterre.

ANN. 1767.
Août.

L'ANSE *Angloife* eft fituée au N. E. ½ N. à trois ou quatre milles de l'Ifle *Wallis*. On trouve à main droite en y allant un petit banc de rochers qu'il fera aifé de reconnoître au moyen de la mer qui brife fur lui. La marée a fon flux & fon reflux une fois dans vingt-quatre heures ; elle monta à environ neuf ou dix heures, & elle fut haute entre trois & quatre de l'après-midi ; enfuite le jufant continua toute la nuit, & il y eut marée baffe fur les fix heures du matin. L'eau s'élève & tombe entre huit ou neuf pieds, quelquefois plus & d'autres fois moins. J'ignore fi cette variation n'eft pas plutôt l'effet des brifes de terre & de mer que d'une marée régulière. Nous mouillâmes avec notre feconde ancre par 27 braffes, fond de fable & de vafe. Nous filâmes dans l'anfe un cable & demi ; nous amarrâmes la poupe & la proue avec la petite ancre, & nous l'attachâmes avec des hanfières fur chaque épaule. Le vaiffeau mouilloit alors par 10 braffes au fond de la baie à une encablure de la côte ; la pointe *Wallis* nous reftant S. O. ¼ S. à environ trois ou quatre milles de diftance. Il y a une quantité d'eau & de bois excellens, & on peut y faire du bon lest. La variation de l'aiguille étoit de 6ᵈ ½ E.

LE 7 Septembre, je levai l'ancre, mais avant de mettre à la voile, je pris poffeffion de ce pays & de toutes fes Ifles, baies, ports & havres, au nom de

Septemb.

Sa Majesté George III, Roi de la Grande-Bretagne. Nous clouâmes à un grand arbre une planche couverte de plomb fur laquelle étoient gravés les armes de l'Angleterre, de l'Ecoffe & de l'Irlande, le nom du vaiffeau & de fon Commandant, le nom de l'anfe, le tems où nous y arrivâmes & le jour auquel nous en partîmes. Pendant notre mouillage, j'envoyai le bateau examiner les havres fitués fur la côte ; il s'en revint chargé de cocos qu'il fe procura dans un joli petit havre qui gît à environ quatre lieues O. N. O. de l'endroit où nous étions. L'Officier qui commandoit le bateau rapporta qu'il avoit cueilli les fruits fur les arbres qui y croiffent en grande abondance, mais qu'il avoit obfervé que plufieurs de ces arbres étoient marqués, & qu'il y avoit tout près plufieurs huttes des Naturels du pays ; je ne crus pas devoir le faire partir pour une feconde expédition, cependant comme les rafraîchiffemens qui s'offroient à nous étoient d'une grande importance pour les malades, je réfolus de faire entrer le vaiffeau dans le havre, & de le placer de manière qu'il protégeât les hommes qui iroient abattre des arbres & couper des choux palmiftes & leurs fruits. Dès le grand matin, nous fîmes voile de l'*Anfe Angloife* avec une brife de terre ; & le foir nous mîmes le vaiffeau en travers du bois, où les noix de cocos avoient été recueillies, & à peu de diftance de la côte. Nous nous procurâmes plus de mille noix de cocos, & autant de choux palmiftes que nous pûmes en confommer pendant qu'ils étoient bons : j'y aurois refté affez long-tems pour donner à mes gens tous les rafraîchiffemens dont ils avoient

besoin,

besoin, mais vu la saison de l'année, le plus petit délai auroit été dangereux. Nous avions de grandes raisons de supposer que pour conserver une partie de notre équipage, il falloit gagner *Batavia*, pendant que la mousson continuoit à souffler de l'Est. Il est vrai qu'elle devoit encore durer assez pour que tout autre vaisseau que le mien eût pu faire trois fois ce trajet ; mais je savois que ce tems étoit à peine suffisant pour le *Swallow* qui se trouvoit en très-mauvais état. Si nous avions été obligés d'attendre ici une autre saison, il eût probablement été impossible de faire naviguer ce bâtiment, d'autant plus qu'il n'avoit qu'un simple doublage, & que sa quille n'étant pas garnie de clous, elle auroit été entièrement rongée des vers. D'ailleurs nos provisions se seroient épuisées long-tems avant cette époque. Le 9, à la pointe du jour, je levai donc l'ancre avec une petite brise de terre, & je quittai ce mouillage, qui étoit sans contredit le meilleur de ceux que nous avions rencontrés depuis notre départ du détroit de *Magellan*.

Ann. 1767.
Septemb.

Nous donnâmes à cet endroit le nom de *Havre de Carteret*. Il gît à environ quatre lieues à l'O. N. O. de l'*Anse Angloise*, & il est formé par deux Isles & par la côte de la *Nouvelle-Irlande*. Nous appellâmes *Isle des Noix de Cocos*, la plus grande qui est située au N. O. ; & *Isle de Leigh* l'autre qui gît au S. E. Il y a un bas-fond entre ces deux Isles, & entre chacune d'elles se trouve une entrée dans le havre ; l'entrée S. E. ou sur le vent est formée par l'Isle de *Leigh*, & on y trouve un rocher qui paroît au-dessus de

Isle des Noix de Cocos.
Isle de Leigh.

l'eau, & auquel nous donnâmes le nom de *Rocher de Booby*. Le paſſage eſt entre le rocher & l'Iſle ; le rocher n'eſt pas dangereux, parce que l'eau eſt très-profonde tout autour. L'entrée N. O. ou ſous le vent, eſt formée par l'Iſle des *Cocos* ; c'eſt la meilleure des deux ; on y a un bon mouillage, au lieu que l'eau eſt trop profonde dans l'autre. Nous entrâmes dans le havre par le premier paſſage & nous en ſortîmes par le ſecond. A l'extrémité S. E. du havre, il y a une grande anſe qui eſt à l'abri de tous les vents & propre à recevoir un vaiſſeau. L'anſe ſemble ſervir d'embouchure à une rivière, mais nos gens ne purent pas s'en aſſurer. On rencontre dans la partie N. O. du havre une autre anſe que nos bateaux viſitèrent & d'où ils nous rapportèrent une très-bonne eau. On peut auſſi y conduire un vaiſſeau, & elle eſt très-convenable pour y faire de l'eau & du bois. On y mouilleroit de 5 à 30 braſſes, & par-tout ſur un fond de vaſe molle. Le havre porte à-peu-près au S. E. ¼ S. & N. O. ¼ N. ; il a environ trois milles de long & quatre encablures de large. Nous mîmes à l'ancre par 30 braſſes près de l'entrée N. O. & en travers des arbres qui ſont ſur l'Iſle des *Noix de Cocos*.

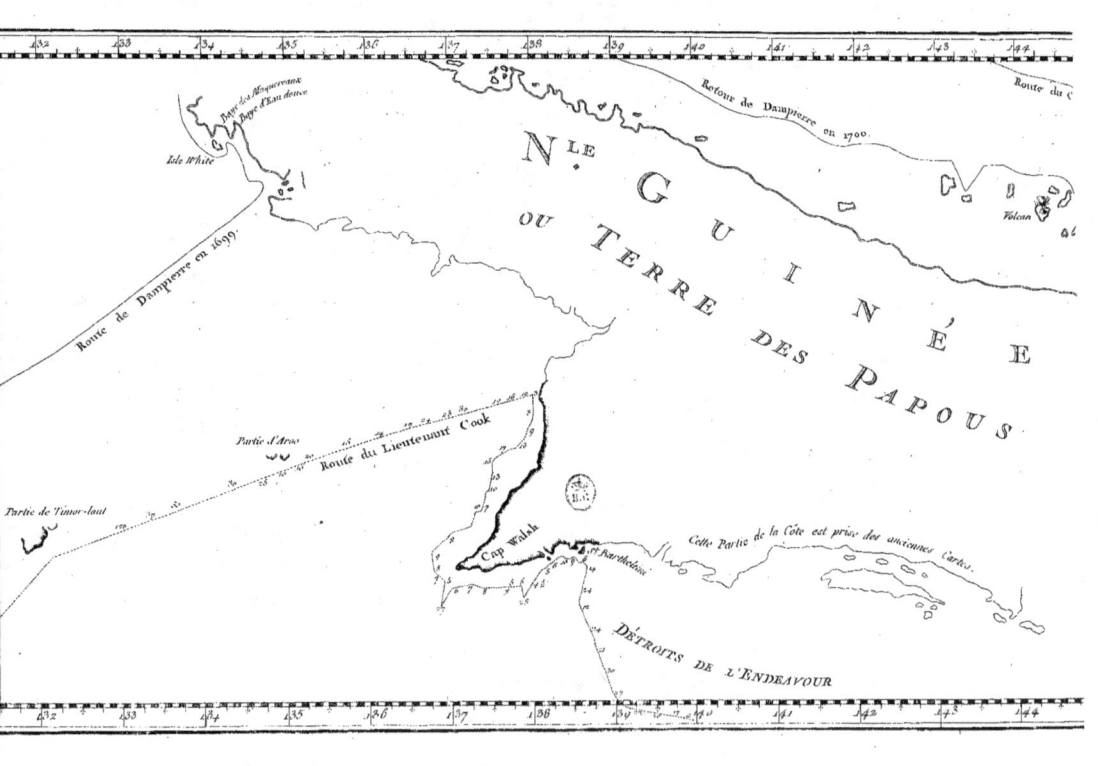

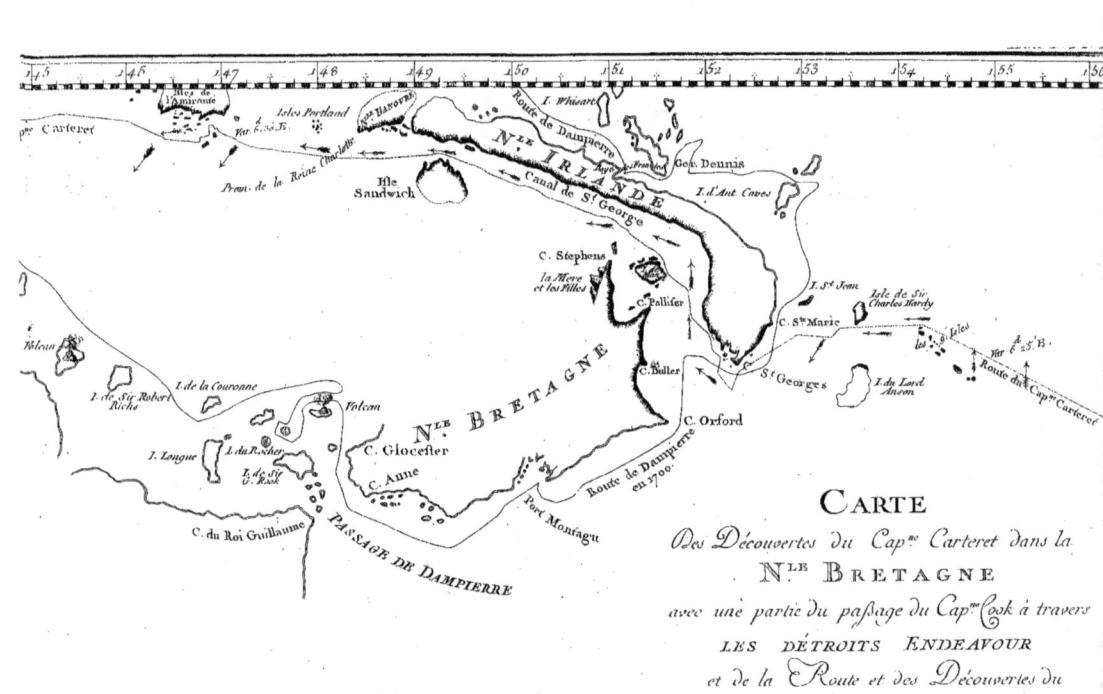

CHAPITRE VI.

Découverte d'un Détroit qui partage en deux Isles la Terre appellée Nouvelle-Bretagne. Description de la Terre des deux côtés & de plusieurs Isles situées sur la route. Détails sur leurs Habitans.

LORSQU'APRÈS avoir quitté le havre dont nous venons de parler, nous eûmes avancé environ quatre lieues au large, nous rencontrâmes un gros vent de l'E. S. E., direction tout-à-fait contraire à celle qui auroit été favorable pour faire le tour de la terre & doubler le Cap *Sainte-Marie*. Nous trouvâmes en même-tems un fort courant qui nous portoit au N. O., dans une baie profonde ou golfe que Dampierre appelle *Baie Saint-George*, & qui est située entre le Cap *Saint-George* & le Cap *Orford*. Comme il étoit impossible de faire le tour de la terre contre le vent & le courant, & de suivre la route de Dampierre, je fus obligé de tenter un passage à l'Ouest par ce golfe, & le courant me fit espérer que j'y réussirois. Quand j'eus gagné environ cinq milles au S. O. de l'Isle *des Cocos*, je gouvernai au N. O. & au N. N. O., suivant la direction de la terre, & j'eus bientôt lieu de croire que ce qui a été appelé baie *Saint-George*, & qu'on a regardé comme formé par deux pointes de la même

AN. 1767.
Septemb.

Ifle, étoit véritablement un canal entre deux Ifles. L'évènement juftifia cette conjecture.

Nous reconnûmes avant la nuit que ce canal eft partagé par une Ifle affez grande que j'appellai *Ifle du Duc d'York*, & par quelques Ifles plus petites répandues autour de celle-ci. Je laiffai à cette terre fon ancien nom de *Nouvelle-Bretagne*. Sur fon côté le plus méridional, ou fur celui de la plus grande des deux Ifles qui font féparées par le canal ou détroit, on trouve quelques terres élevées & trois montagnes remarquables qui gifent l'une près de l'autre, & que j'appellai *la Mere & les Filles* (*Mother and Daughters*). La *Mere* eft au milieu & la plus grande des trois; nous vîmes par derrière une groffe colonne de fumée, de forte que l'une de ces montagnes eft probablement un volcan. On les apperçoit aifément, dans un tems clair, à vingt lieues de diftance; & ceux qui ne les connoiffent pas les prendroient pour des Ifles. Elles paroiffent fort larges, & la *Mere* porte à-peu-près à l'Oueft de l'Ifle du *Duc d'York*. A l'Eft de ces montagnes, il y a une efpece de Cap que j'appellai *Cap Pallifer*, & un autre à l'Oueft que je nommai *Cap Stephens*. Le Cap Stephens eft la partie la plus feptentrionale de la *Nouvelle-Bretagne*. Au Nord de ce Cap eft une Ifle à laquelle je donnai le nom d'*Ifle de Man*. Le Cap *Pallifer* & le Cap *Stephens*, courent à-peu-près au N. O. & au S. E. l'un de l'autre. Entre les deux, il y a une baie; la terre, près des bords de l'eau, eft baffe, unie & agréable au coup-d'œil; & en fe retirant vers *la Mere & les Filles*, elle s'éleve par degrés en montagnes très hautes, qui font en général couvertes de grands bois, avec plusieurs clarières qui nous parurent des endroits cultivés. Nous vîmes un grand nombre de feux pendant la nuit sur cette partie du pays, ce qui nous donna lieu de penser qu'il étoit habité. L'Isle du Duc d'*York* est située entre les deux pointes appellées *Cap Palliser* & *Cap Stephens*. Comme il n'étoit pas sûr de tenter dans l'obscurité l'un ou l'autre des deux passages que cette Isle forme dans le détroit, nous mîmes à la cape pendant la nuit & nous eûmes toujours la sonde à la main; mais il n'y avoit point de fond pour 140 brasses. Le détroit, y compris les deux passages, a environ quinze lieues de largeur. La terre du *Duc d'York* est unie & d'un aspect agréable; l'intérieur est couvert de grands bois; les habitations des naturels du pays, assez voisines l'une de l'autre, sont rangées près des bords de l'eau parmi des bocages de cocotiers, de façon que le tout forme un coup-d'œil des plus beaux & des plus pittoresques qu'il soit possible d'imaginer. Nous apperçûmes plusieurs de leurs pirogues qui sont très-bien faites, & le matin, du 10, quand je mis à la voile, quelques-unes s'avancèrent vers le vaisseau; mais comme nous avions alors un vent frais, nous ne pûmes pas nous arrêter pour les attendre. Cette Isle est située au 4^d 9' de latitude S., & au 151^d 20' de longitude E., à vingt-cinq lieues du Cap *George*. Comme je n'ai pas longé la côte de la *Nouvelle-Bretagne*, mais la côte la plus septentrionale du détroit, je traversai le passage qui est formé par cette côte & le côté correspondant de l'Isle du *Duc d'York*;

Ann. 1767.
Septemb.

il a environ huit lieues de largeur, & peut être regardé comme le premier goulet du détroit. En gouvernant enfuite au N. O. ¼ O. toute la nuit, nous trouvâmes, le 11, à la pointe jour, que nous avions perdu de vue l'Ifle la plus méridionale, ou la *Nouvelle-Bretagne*; & après nous être affuré que la baie fuppofée eft un détroit, je l'appellai *Canal de Saint-George*, & je donnai à l'Ifle feptentrionale le nom de *Nova-Hibernia*, ou *Nouvelle-Irlande*. Le tems étant brumeux, avec un vent fort & des raffales fubites, je continuai à porter le long de la côte de la *Nouvelle-Irlande*, à la diftance d'environ fix lieues, jufqu'à ce que je fuffe en travers de fon extrémité occidentale, & changeant alors de direction, je gouvernai O. N. O. Je remarquai clairement que nous étions pouffés le long de la côte par un fort courant à l'Oueft. A midi nous trouvâmes par les obfervations que nous avions dérivé beaucoup au Nord du lock; mais comme il étoit impoffible que le courant eût fa direction exactement au Nord, puifque c'eût été précifément contre la terre, je fus obligé, pour corriger mon eftime, de ne pas fuppofer moins de vingt-quatre milles, ce qui eft à-peu-près l'étendue du gifement de la terre, le long de la côte. La variation de l'aiguille étoit à ce tems d'environ une demi-pointe à l'Eft. Nous découvrîmes fur le foir une belle Ifle, grande, & qui forme un détroit ou paffage entr'elle & la *Nouvelle-Irlande*. Le tems fut très-fombre, accompagné de raffales & de pluie; nous mîmes à la cape, ne fachant pas à quels dangers la navigation de ce détroit pouvoit nous expofer. La nuit fut orageufe avec beaucoup de tonnerres & d'éclairs; mais le tems s'éclaircit vers les deux heures du matin. Le 12, les coups de vent se changèrent en petite brise, & la lune répandant une clarté très-brillante, nous remîmes à la voile, & nous trouvâmes un fort courant qui nous portoit à l'Ouest à travers le paſſage du second goulet qui a environ cinq lieues de largeur. L'Iſle eſt d'une aſpect agréable & très-peuplée; je l'appellai *Iſle de Sandwich*, en honneur du Comte de ce nom, aujourd'hui premier Lord de l'Amirauté. Elle eſt plus grande que l'Iſle du *Duc d'York*, & il nous ſembla qu'il y avoit quelques baies & havres très-bons ſur la côte. On trouve ſur ſa partie ſeptentrionale un pic remarquable, en forme de pain de ſucre, & il y en a un autre exactement ſemblable & oppoſé à celui-ci, ſur la côte de la *Nouvelle-Irlande*. Ils ſont éloignés l'un de l'autre d'environ cinq lieues dans la direction du S. ¼ S. E. ½ E. & N. ¼ N. O. ½ O. Pendant le tems que nous fûmes à la hauteur de cette Iſle, nous entendîmes la nuit un bruit continuel, ſemblable au ſon d'un tambour. Le tems étant calme lorſque nous paſſâmes à travers le détroit, dix pirogues, portant environ cent cinquante hommes, partirent de la côte de la *Nouvelle-Irlande*, & s'avancèrent vers le vaiſſeau. Elles s'approchèrent aſſez pour que nous puſſions leur donner quelques quincailleries que nous leur tendîmes au bout d'un grand bâton, mais aucun des Indiens ne voulut ſe haſarder à monter à bord. Ils ſembloient préférer le fer à toutes les autres choſes que nous leur donnions; quoique ce fer, ſi l'on en excepte les clous, ne fût pas travaillé; car, comme je l'ai obſervé

Ann. 1767.
Septemb.

Iſle de Sandwich.

plus haut, nous n'avions point avec nous d'ouvrages de coutellerie. Les pirogues étoient très-longues & très-étroites, avec un balancier, & quelques-unes étoient bien faites. Une d'elles avoit au moins quatre-vingt-dix pieds de longueur, puisqu'elle étoit de très-peu plus courte que notre vaisseau. Cependant elle étoit formée d'un seul arbre ; elle avoit quelques ornemens en sculpture dans les côtés : trente-trois hommes la faisoient marcher ; nous n'y vîmes aucune apparence de voiles. Ces Insulaires sont noirs, & ont de la laine à la tête comme les Negres, mais ils n'ont pas le nez plat & les lèvres grosses. Nous pensâmes que c'étoit la même race d'hommes que les habitans de l'Isle d'*Egmont*. Comme eux ils sont entièrement nuds, si l'on en excepte quelques parures de coquillages qu'ils attachent à leurs bras & à leurs jambes. Ils ont pourtant adopté une pratique sans laquelle nos Dames & nos petits-Maîtres ne sont pas supposés être habillés complettement ; les cheveux, ou plutôt la laine de leur tête étoient chargés de poudre blanche ; d'où il suit que la mode de se poudrer est probablement d'une plus haute antiquité & d'un usage plus étendu qu'on ne le croit communément. Il est vrai que ces peuples l'étendent plus loin qu'aucun des habitans de l'Europe, car ils poudrent non-seulement leurs cheveux, mais encore leurs barbes. Leurs têtes sont ornées de parures plus brillantes, & j'ai remarqué que la plûpart attachoient en dessus d'une de leurs oreilles, une plume qui sembloit avoir été tirée de la queue d'un coq ; de sorte qu'ils ne manquent pas absolument de volailles pour leur table. Ils sont armés de piques &

de

de grands bâtons en forme de massues; mais. nous n'avons apperçu parmi eux ni arcs ni flèches. Peut-être en avoient-ils dans leurs pirogues, qu'ils jugèrent à propos de nous cacher. De mon côté, j'ordonnai à tous mes gens de se tenir dans leurs postes, tandis qu'ils rôdoient autour du vaisseau. J'observai qu'ils portoient un œil attentif sur nos canons, comme s'ils en eussent craint quelque danger : il est possible qu'ils n'ignorent pas entièrement l'usage des armes à feu. Ils avoient avec eux des filets, qui, ainsi que leurs cordages, sembloient être très-bien fabriqués. Après qu'ils eurent resté quelque tems près de nous, il s'éleva une brise, & ils s'en retournèrent à la côte.

Ann. 1767.
Septemb.

Le pic de l'Isle de *Sandwich* est situé au 2ᵈ 53′ de latitude S. & au 149ᵈ 17′ de longitude E. Dès que les Indiens nous eurent quittés, nous gouvernâmes à peu près à l'Ouest, & bientôt après nous découvrîmes une pointe de terre, que nous reconnûmes par la suite pour l'extrémité S. O. de la *Nouvelle-Irlande*, & à laquelle je donnai le nom de *Cap Byron*. Il gît au 2ᵈ 30′ de latitude S. & au 149ᵈ 2′ de longitude E. vis-à-vis la côte de la *Nouvelle-Irlande*. A l'Ouest du Cap *Byron* il y a une Isle grande & belle, que j'appellai la *Nouvelle-Hanovre*. Entre cette Isle & la *Nouvelle-Irlande*, on trouve un détroit ou passage qui tourne au N. E. Il y a dans ce passage plusieurs petites Isles & sur l'une d'elles un pic remarquable. Je donnai à cette Isle le nom d'*Isle Byron*, & j'appella le passage ou détroit, *Détroit de Byron*. La terre de la

Cap Byron.

Nouvelle-Hanovre.

Isle Byron.

Nouvelle-Hanovre est élevée ; elle est couverte d'arbres parmi lesquels on distingue plusieurs plantations ; le tout forme une belle apparence. J'appellai (*Foreland*), *Promontoire de la Reine Charlotte*, en honneur de Sa Majesté, la pointe S. O. de l'Isle, qui est un mondrain élevé. On reconnoît cette pointe & la terre dans les environs, par un grand nombre de petites collines ; mais la nuit accompagnée d'un tems sombre, de raffales violentes, & de beaucoup de pluie, nous ayant surpris, nous n'avons pas pu les voir assez distinctement pour décrire leur apparence.

Nous gouvernâmes à l'Ouest pendant toute la nuit, & le matin du 13, le tems étant toujours brumeux, nous n'appercevions plus la *Nouvelle-Hanovre* que très-imparfaitement. Mais nous découvrîmes à environ huit lieues à l'Ouest six ou sept petites Isles que j'appellai *Isles du Duc de Portland* & dont deux sont assez larges. La grosseur de la mer me fit appercevoir alors que nous avions dépassé toutes les terres, & je trouvai qu'il étoit plus court & beaucoup plus sûr de passer par le *Canal Saint-George*, en venant de l'Est ou de l'Ouest, que de tourner autour des terres & des Isles qui sont au Nord. L'accident qui me donna l'occasion de faire cette découverte, peut être d'un grand avantage aux Navigateurs. Il est incontestable qu'on peut se procurer des rafraîchissemens de toute espèce auprès des naturels du pays, qui habitent les deux côtes du canal, ou les Isles qui sont situées dans les environs, pour des verroteries, des rubans, des miroirs, & sur-tout des instrumens de fer & des ouvrages de coutellerie, qu'ils aiment paffionnément & dont par malheur nous n'étions pas fournis.

Ann. 1767.
Septemb.

Le *Promontoire de la Reine Charlotte*, la partie S. O. de la *Nouvelle-Hanovre* eft fituée au 2ᵈ 29′ de latitude S. & 148ᵈ 27′ de longitude E. Le milieu des Ifles de *Portland*, gît au 2ᵈ 27′ de latitude S. & au 148ᵈ 3′ de longitude E. La longueur de ce détroit ou canal depuis le Cap *Saint-George* au Cap *Byron*, extrémité S. O. de la *Nouvelle-Irlande* eft de plus de quatre-vingt lieues. La diftance du Cap *Byron* au *Promontoire de la Reine-Charlotte* eft d'environ douze, & il y en a à peu près huit depuis ce Promontoire aux Ifles de *Portland*; de forte que toute la longueur du Canal *Saint-George* eft d'environ cent lieues ou de trois cent milles.

Quoique nous euffions débouqué le détroit, le matin du 13 Septembre, nous ne pûmes point obferver le foleil jufqu'au 15; ce contretems m'a caufé d'autant plus de regret qu'il m'a empêché d'être auffi exact dans mes latitudes & longitudes qu'on auroit lieu de l'attendre. La defcription du pays, de fes productions & de fes habitans, auroit été beaucoup plus complette & plus détaillée, fi je n'avois pas été tellement affoibli & épuifé par la maladie, que je fuccombois prefque fous les fonctions qui retomboient fur moi faute d'officiers. Lorfque je pouvois à peine me traîner, j'étois obligé de faire quart fur quart, & de partager d'autres travaux avec mon Lieutenant dont la fanté étoit auffi en fort mauvais état.

CHAPITRE VII.

Traversée du Canal Saint-George à l'Isle de Mindanao. Description de plusieurs Isles. Ce qui nous arriva dans la route.

ANN. 1767.
Septemb.

Dès que nous eûmes débouqué le Canal *Saint-George*, nous gouvernâmes à l'Ouest. Le lendemain 14, nous découvrîmes une terre qui nous restoit à l'O. N. O. & nous courûmes dessus. Nous reconnûmes par la suite que c'étoit une Isle d'une étendue considérable; & bientôt après nous en vîmes une autre au N. E. de celle-ci, mais elle ne paroissoit être qu'un grand rocher au-dessus de l'eau. Comme nous avions ici des courants forts, & que pendant plusieurs jours je ne fus pas en état de faire aucune observation sur le soleil, je ne pourai pas déterminer la situation de ces Isles avec autant d'exactitude que je l'aurois fait sans ce contretems. En avançant à l'Ouest, nous apperçûmes une terre plus grande, composée de plusieurs Isles qui sont situées au Sud de la plus étendue des deux que nous avions d'abord découvertes. Comme les nuits étoient alors éclairées par la lune, nous portâmes dessus jusqu'à onze heures, & mon Lieutenant qui étoit de quart, s'appercevant que la route que nous suivions nous conduiroit au milieu de ces Isles, & ne voulant pas m'éveiller avant l'heure de faire mon service, il tira au S. ¼ S. E. & S. S. E. en s'en éloignant. Je montai sur le tillac vers minuit, & voyant à une heure que nous les avions dépassées, je gouvernai de nouveau à l'Ouest à petites voiles. Cependant nous étions près des Isles, & sur les six heures un nombre considérable de pirogues, ayant plusieurs centaines d'Indiens à bord, s'avancèrent & ramèrent vers le vaisseau. Une d'entr'elles qui portoit sept hommes, s'approcha assez de nous pour nous héler ; elle nous fit beaucoup de signes que nous ne pouvions pas entendre parfaitement ; mais nous les répétâmes le mieux qu'il nous fut possible pour faire comprendre aux Insulaires, que nous avions pour eux les mêmes dispositions qu'ils avoient à notre égard : afin de mieux gagner leur bienveillance & de les engager à venir à bord, nous leurs tendîmes quelques-unes des bagatelles que nous avions ; sur quoi ils s'approchèrent plus près du vaisseau, & je me flattois qu'ils alloient y monter ; mais au contraire dès qu'ils furent à notre portée, ils lancèrent avec force leurs javelines, sur l'endroit du tillac où nous étions en plus grand nombre. Je crus qu'il valoit mieux prévenir que d'avoir à repousser une attaque générale, qui auroit été d'autant plus meurtrière que le nombre des combattans seroit plus grand ; ne doutant plus que les Insulaires ne fussent nos ennemis, je fis tirer quelques coups de fusil & un des pierriers. Cette décharge ayant tué ou blessé quelques-uns d'entr'eux, ils se retirèrent & joignirent les autres pirogues qui étoient au nombre de douze à quatorze. Je mis à la cape pour attendre la fin de cette attaque, & j'eus la satisfaction de voir qu'après avoir long-tems consulté ensemble, ils reprirent le chemin de la côte. Afin de les intimider encore davantage & d'empêcher plus efficacement leur retour, je fis tirer une pièce de six, chargée à boulet, de façon que le coup tombât dans l'eau au-delà des pirogues. Cet expédient parut avoir un bon effet, car non-seulement ils ramèrent avec plus de promptitude, mais ils dressèrent une voile pour arriver plutôt au rivage. Cependant plusieurs nouvelles pirogues se détachèrent bientôt d'une autre partie de l'Isle & s'avancèrent vers nous. Elles s'arrêtèrent à la même distance que les premières, & une d'elles vint aussi en avant de la même manière. Nous fîmes aux Indiens qui montoient ce bâtiment, tous les signes d'amitié que nous pûmes imaginer; nous leur montrâmes toutes les choses que nous avions & que nous crûmes devoir leur faire plaisir; nous leurs ouvrîmes les bras pour les engager à monter à bord; mais toute notre réthorique fut inutile; dès qu'ils furent à la portée du vaisseau, ils lancèrent sur nous une grêle de dards & de javelines, qui ne nous firent cependant aucun mal. Nous répondîmes à leur attaque par quelques coups de fusils; un d'entr'eux ayant été tué, le reste sauta précipitamment dans la mer, & dès qu'ils furent arrivés à la nage auprès des autres qui les attendoient à quelque distance, ils s'en retournèrent tous au lieu d'où ils venoient. Lorsque nous apperçûmes que la pirogues étoit abandonnée, nous détachâmes notre bateau qui l'amena à bord. Elle avoit cinquante pieds de long, quoique ce fût une des plus petites qui eût été envoyée contre nous. Elle étoit grossièrement travaillée d'un seul arbre, mais elle avoit un balancier. Nous y trouvâmes six beaux poissons, une tortue, quelques ignames, une noix de coco & un sac rempli d'une petite espèce de pommes ou de prunes d'un goût douceâtre & d'une substance farineuse. Ce fruit étoit un peu applati, & il étoit entiérement différent de ceux que nous avions vus auparavant, & des autres que nous avons rencontrés dans la suite. On pouvoit le manger crud, mais il étoit beaucoup meilleur bouilli ou rôti dans les cendres. Nous y trouvâmes aussi deux grands pots de terre qui avoient une forme assez ressemblante à celle d'une cruche, avec une large bouche, mais sans anses, & une quantité considérable de nattes qui servent à ce peuple de voiles & de bannes, en les étendant sur des baguettes courbées, à la façon de nos chariots couverts. Par ce que contenoit ce bâtiment, nous jugeâmes qu'il avoit été employé à la pêche; nous remarquâmes que les Indiens avoient du feu à bord & un pot dessus, dans lequel ils faisoient cuire leurs alimens. Lorsque nous eûmes satisfait notre curiosité en examinant cette pirogue, nous la mîmes en pièces pour en faire du bois à brûler.

Ces Insulaires sont la même race d'hommes que nous avions vus auparavant sur la côte de la *Nouvelle-Irlande*, & à l'Isle d'*Egmont*; ils sont d'une couleur de cuivre foncé, presque noirs, avec une tête laineuse. Ils mâchent du bétel & vont entiérement nuds, si l'on en excepte des parures grossières de coquillages enfilés en cordon qu'ils portent autour de leurs jambes & de leurs bras. Ils poudroient aussi leurs cheveux comme les derniers Insulaires que nous avions visités ; ils avoient en outre le visage peint de rayes blanches : je n'observai pas qu'ils eussent de la barbe. La pointe de leurs lances étoit formée avec une espèce de caillou bleuâtre.

Après avoir quitté ce peuple féroce & ennemi, nous continuâmes notre route le long des autres Isles qui sont au nombre de vingt ou de trente, & d'une étendue considérable ; une d'elles en particulier feroit seule un grand royaume. Je les appellai *Isles de l'Amirauté* ; j'aurois été bien aise de les examiner, si mon vaisseau avoit été en meilleur état, & si j'avois été pourvu de marchandises propres à commercer avec les Indiens, d'autant plus que l'aspect de la terre invite naturellement à y descendre. Elles sont couvertes de la plus belle verdure ; les bois sont élevés & épais, entremêlés de clarières qui ont été défrichées pour des plantations, de bocages de cocotiers & des maisons des habitans qui semblent être très-nombreuses. Il seroit facile d'établir avec ces Insulaires un commerce amical, puisqu'ils sentiroient bientôt tous les avantages de ce trafic, & que notre supériorité rendroit leur résistance inutile. J'ai jugé que le milieu de la plus grande est située à trente-cinq lieues de distance à l'O. ¼ N. du *Promontoire de la Reine Charlotte*, dans la *Nouvelle-Hanovre*. Sur le côté méridional de cette Isle, il y en a une petite qui s'élève en forme de cone, & qui se termine en un pic fort haut. Ce pic gît au 2ᵈ 27′ de latitude S., à cinq degrés & demi à l'Ouest du Cap *Saint-George*, dans

la

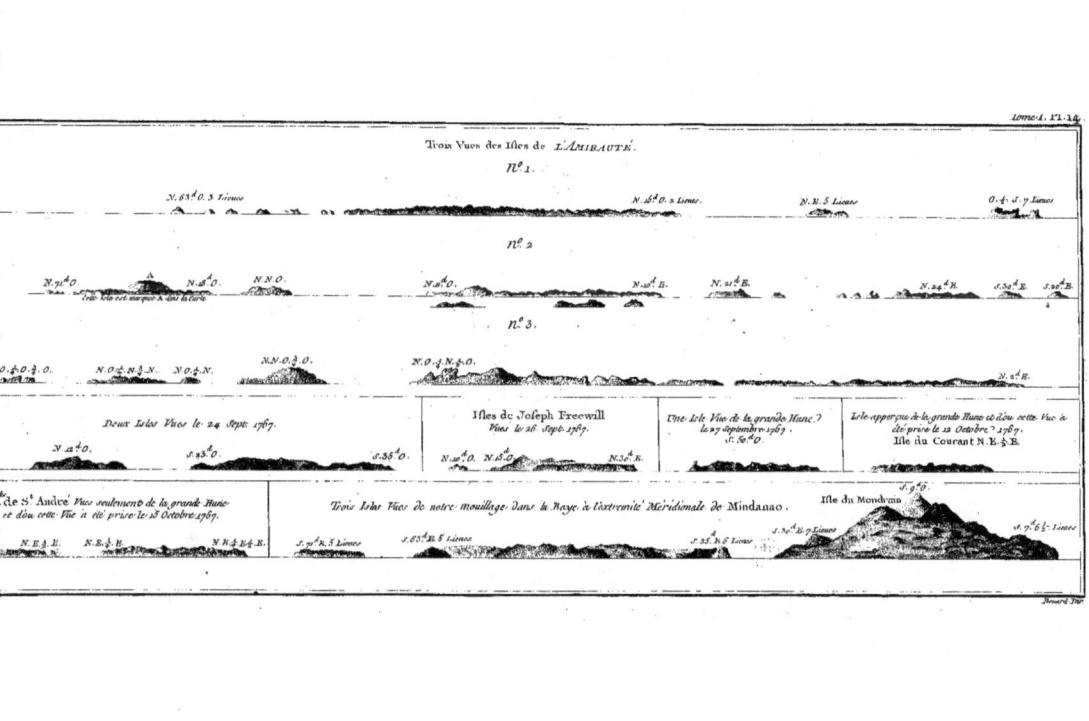

la *Nouvelle-Irlande*. En rangeant la côte méridionale de la grande Ifle, nous trouvâmes qu'elle a dix-huit lieues de long dans la direction de l'Eft & de l'Oueft; je ne fais pas jufqu'où elle s'étend au Nord; mais d'après fon apparence, j'ai des raifons de fuppofer qu'elle fe prolonge à une diftance très-confidérable. Je crois qu'il eft extrêmement probable que ces Ifles produifent plufieurs articles précieux de commerce, & fur-tout des épiceries, d'autant plus qu'elles font fituées dans le même climat & à la même latitude que les Moluques, & que j'ai trouvé les mufcadiers dans la *Nouvelle-Irlande*, fur un fol plus rocailleux & plus ftérile que celui-ci.

Ayant dépaffé ces Ifles, nous continuâmes notre chemin O. $\frac{1}{4}$ N. O., avec une belle brife d'Eft & une mer tranquille. Le 16, au matin, nous trouvâmes, par un réfultat moyen de plufieurs azimuths, que la variation de l'aiguille étoit de 6^d 30′ E. & nous reconnûmes par des obfervations que nous étions au 2^d 19′ de latitude S., & au 145^d 40′ de longitude E. Je fus furpris de voir que la déclinaifon de la bouffole diminuoit par degré fur ce côté de la terre de la *Nouvelle-Bretagne* & de la *Nouvelle-Irlande*, auffi confidérablement que pendant notre route au N. O.; mais je me rappellai que deux ans auparavant j'avois trouvé, à peu de chofe près, la même variation dans ce méridien, aux environs de l'Ifle de *Tinian*.

Le foir du 19, nous découvrîmes deux petites Ifles qui étoient toutes deux une terre baffe, unie &

verdoyante. L'une d'elles ne fut apperçue que du haut du mat du grand perroquet, & je l'appellai *Isle de Durour* Elle est située à-peu-près à 1ᵈ 14′ ou 16′ de latitude S., & au 143ᵈ 21′ de longitude E. Nous cotoyâmes pendant la nuit l'autre Isle à laquelle je donnai le nom d'*Isle de Matty*; nous vîmes les habitans courir en grand nombre avec des lumières le long du rivage & vis-à-vis du vaisseau. Le côté que nous rangeâmes me parut être d'environ six milles de longueur, E. ¼ N. E. & O. ¼ S. O. Comme il étoit nuit, nous ne pûmes rien appercevoir de plus, & ayant une jolie brise dont il nous étoit impossible de ne pas profiter, nous poursuivîmes notre route. L'Isle de *Matty* gît à-peu-près à 1ᵈ 45′ de latitude S., & au 143ᵈ 2′ de longitude E. La variation de l'aiguille étoit de 4ᵈ 40′ E., & nous y rencontrâmes un fort courant N. O. Nous avions alors des vents frais, des raffales & de la pluie; le vent souffla assez irrégulièrement de l'E. S. E., à l'E. N. E., jusqu'au 22, qu'il devint tout-à-fait variable. Nous étions à ce tems à 53′ de latitude S., & au 140ᵈ 5′ de longitude E.; la variation de l'aiguille étoit de 4ᵈ 40′ E.

LE 24, nous vîmes deux petites Isles au S. O.; comme il faisoit calme, avec de petites fraîcheurs & un fort courant Ouest, nous ne pûmes pas nous en approcher plus près que de quatre ou cinq lieues; elles avoient un aspect agréable, & elles étoient bien couvertes d'arbres; mais j'ignore si elles sont inhabitées: elles courent à-peu-près au N. O. ¼ O., & au S. E. ¼ E. L'une d'elles a environ trois milles de longueur,

& l'autre six ; le paſſage entre les deux paroît avoir deux milles de large. Elles giſent à 22′ de latitude S., & au 138ᵈ 39′ de longitude E., & je leur donnai le nom d'*Iſles de Stephens*. Nous continuâmes à gouverner N. O. ¼ O., avec un petit vent variable & un fort courant N. O.

Ann. 1767.
Septemb.

Le 25, nous découvrîmes à l'avant une terre, que nous reconnûmes par la ſuite être trois petites Iſles ; & avant la nuit nous en étions aſſez près. Pluſieurs pirogues, remplies de naturels du pays, partirent bientôt de la côte, & après nous avoir fait quelques ſignes de paix, ils vinrent à bord ſans la moindre apparence de défiance ou de crainte. Ils n'avoient rien qu'un petit nombre de noix de cocos, qu'ils nous vendirent avec beaucoup de joie pour quelques morceaux d'un cercle de fer. Nous vîmes qu'ils connoiſſoient ce métal qu'ils appelloient *Parram*, & ils nous firent entendre par ſignes, qu'un vaiſſeau comme le nôtre, avoit quelquefois touché ſur leur Iſle pour s'y rafraîchir. Je donnai à l'un d'eux trois morceaux de ce vieux cercle, dont chacun avoit environ quatre pouces de long, ce qui le jetta dans un raviſſement peu différent de l'extravagance. Je ne pus pas m'empêcher de prendre part à ſa joie, & j'obſervai avec grand plaiſir le changement de viſage & le déſordre de geſtes par leſquels il l'exprimoit. Ces peuples paroiſſent aimer le fer plus paſſionnément que tous ceux que nous avions vus juſqu'alors, & je ſuis ſûr que pour des inſtrumens de ce métal, nous aurions acheté tout ce qui eſt dans leur Iſle, & que nous aurions pu emporter. Ce ſont des Indiens couleur de cuivre, & les premiers de ce teint que nous ayons remarqué dans ces parages. Ils ont de beaux & grands cheveux noirs & peu de barbe; car nous remarquâmes qu'ils arrachent conſtamment les poils du menton & de la lèvre ſupérieure. Leurs traits font beaux & leurs dents d'une blancheur & d'un poli éclattans ; ils font d'un ſtature moyenne, mais extraordinairement alertes, vigoureux & actifs; ils montoient ſur la grande hune beaucoup plus promptement que nos propres matelots. Leur caractère eſt franc & ouvert, ils mangeoient & buvoient tout ce qu'on leur donnoit ; ils alloient ſans héſiter dans toutes les parties du vaiſſeau, & ils étoient auſſi familiers & auſſi gais avec l'équipage, que s'ils nous avoient connus depuis long-tems & d'une manière intime. Ils n'étoient pas entiérement nuds ainſi que les peuples de toutes les autres Iſles que nous avions viſités ; cependant ils n'avoient qu'une légère couverture autour des reins, & qui étoit compoſée d'une piéce étroite d'une belle natte. Leurs pirogues font très-bien travaillées & avec beaucoup d'adreſſe ; un arbre creuſé en forme le fond ; les côtés font de planches, & elles ont une voile d'une natte fine & un balancier. Leurs cordages & leurs filets ne font pas moins bons. Ils nous preſsèrent inſtamment d'aller à terre, en nous propoſant de laiſſer comme otages au vaiſſeau, un nombre de leurs gens égal à celui que nous voudrions y envoyer. J'y aurois conſenti volontiers, ſi je l'avois pu, mais un fort courant Oueſt nous entraîna à une ſi grande diſtance, que je n'eus pas occaſion de chercher un mouillage, & la nuit ſurvenant, nous continuâ-

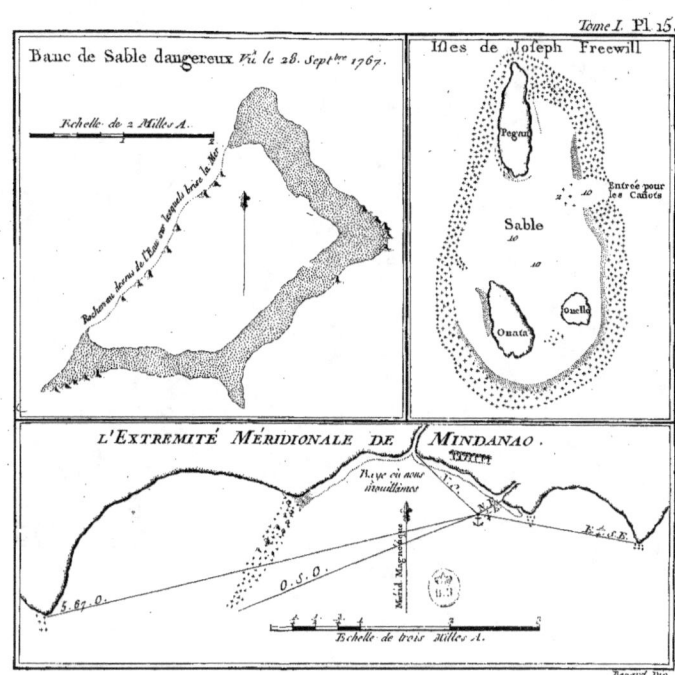

mes notre route. Lorsque les Indiens s'apperçurent que nous les quittions, un d'eux demanda ardemment de venir avec nous, & malgré tout ce que ses compatriotes & moi, pûmes lui dire ou lui faire, il refusa opiniâtrement de retourner à la côte. Comme je crus que cet homme pouvoit nous servir à faire quelques découvertes utiles, je ne le renvoyai pas à terre par force, & je lui accordai ce qu'il désiroit. Nous apprîmes de lui qu'il y a d'autres Isles au Nord, dont les habitans, à ce qu'il nous dit, ont du fer. Il ajouta qu'ils s'en servoient pour tuer ses compatriotes lorsqu'ils les attrapoient en mer. Je remarquai avec beaucoup de douleur que ce pauvre Indien, que j'appellai *Joseph Freewill* (*de bonne volonté*), à cause de son empressement à venir avec nous, tomboit malade de jour en jour, après qu'il eut séjourné quelque tems dans notre vaisseau; il vécut jusqu'à mon arrivée à l'Isle de *Celebes*, où il mourut. Comme les Isles d'où je l'avois emmené étoient très-petites & très-basses, la plus grande n'ayant pas plus de cinq milles de circonférence, je fus surpris de voir combien il connoissoit des productions qui sont aux *Celebes*: outre le cocotier & le palmier, il reconnut l'arbre qui porte le bétel & le citronier, & à l'instant qu'il cueillit un fruit à pain, il alla auprès du feu & le grilla dans les cendres. Il nous fit entendre aussi que dans son pays il y avoit du poisson en abondance & des tortues suivant la saison. Il est cependant très-probable, malgré le grand nombre d'habitans qui vivent sur ces Isles, qu'ils n'ont point d'eau-douce que celle de la pluie. Je n'ai pas eu occasion d'apprendre comment ils la reçoivent & la con-

ANN. 1767.
Septemb.

Isle de Free-will.

servent ; mais je n'ai jamais rencontré une source dans un terrein si petit & si bas, & je ne crois pas qu'on puisse y en trouver. La plus grande de ces Isles que les Naturels du pays appellent *Pegan*, & à laquelle je donnai le nom d'*Isle de Freewill*, est située à 50′ de latitude N. & au 137ᵈ 51′ de longitude E. Elles sont toutes environnées par un récif de rochers. J'ai dressé la Carte de ces Isles d'après la description des Indiens qui en firent l'esquisse avec de la craie sur le tillac, & qui déterminèrent la profondeur de l'eau en se servant de la longueur de leurs bras pour désigner une brasse.

Je gouvernai ensuite N. O. ¼ N. pour dépasser la ligne ; nous eûmes des petits vents de l'E. S. E. avec lesquels tout autre vaisseau que le *Swallow* auroit marché très-vîte, mais malgré tous les avantages que nous pouvions desirer, il avançoit très-lentement. Nous trouvâmes alors que la variation de l'aiguille commençoit encore à diminuer, ainsi qu'on le verra par la Table suivante.

Latitude.	Longitude mesurée depuis le Promontoire de la Reine Charlotte.	Variation de l'Aiguille.
0° 40′ S.	8° 36 O.	4° 40′ E.
Sous la Ligne.	9 40 O.	4 17 E.
— 30 N.	10 30 O.	3 10 E.
2 — N.	11 40 O.	2 30 E.
2 50 N.	12 10 O.	2 — E.

Le 28, étant au 2ᵈ 53′ de latitude N. & au 136ᵈ 10′ de longitude E., nous rencontrâmes un bas-fond très-dangereux, d'à-peu-près onze ou douze milles de circuit, & environné de petites roches qui se montrent justement au-dessus de l'eau. Nous y trouvâmes un fort courant Nord, mais je ne puis pas déterminer s'il portoit à l'Est ou à l'Ouest. Le soir, nous découvrîmes de la grande hune une autre Isle à notre Sud ; l'extrémité orientale de cette Isle sembloit s'élever en pic & avoit l'apparence d'une voile ; nous n'en approchâmes pas assez près pour y voir rien de plus de dessus le tillac. J'estime que sa latitude est d'environ 2ᵈ 50′ N. & sa longitude de 136ᵈ 10′ E. du méridien de Londres.

Ann. 1767.
Septemb.

Nous continuâmes d'avoir un courant au Nord jusqu'au 5 Octobre, jour, où étant au 4ᵈ 30′ de latitude N., je le trouvai venant du Sud & très-fort. Entr'autres choses qui nous manquoient, je n'avois pas un petit bateau à bord, de sorte que je ne pus point examiner les courants, malgré le grand desir que j'en avois. Je pense pourtant que lorsque le courant portoit au Sud, il inclinoit à l'Est, & que lorsqu'il portoit au Nord, il inclinoit à l'Ouest.

Octobre.

Le 12, nous apperçûmes une petite Isle où nous vîmes des arbres, quoiqu'elle ne fût guère plus large qu'un rocher, je l'appellai *Current Island* (*Isle du Courant*). Elle gît au 4ᵈ 40′ de latitude N. & au 14ᵈ 24′ de longitude O. du promontoire de la *Reine Charlotte*. Le lendemain, nous découvrîmes deux autres petites Isles auxquelles je donnai le nom d'*Isles de*

Isle du Courant.

Isles de Saint-André.

Saint-André : elles sont situées au 5ᵈ 18′ de latitude N. & au 14ᵈ 47′ de longitude O. du promontoire de la *Reine Charlotte*. J'appellai la petite Isle, *Isle du Courant*, parce que nous avions un courant Sud si fort qu'il nous faisoit dériver chaque jour de ving-quatre à trente milles vers le midi, sans parler de la variation qu'il occasionnoit dans notre longitude. Le vent étoit alors variable, soufflant par intervalles de chaque rumb de la boussole, avec beaucoup de pluie & de raffales violentes. Le 22, étant au 8ᵈ de latitude Nord, il souffla avec tant de force, que nous fûmes obligés de rester en panne l'espace de soixante-quatre heures. Je supposai que ce vent qui rendoit la mer très-grosse, étoit un des vents de la mousson, & malgré le courant Sud, il nous fit dériver pendant que nous étions en panne, jusqu'au 9ᵉ ᵈ au Nord.

CHAPITRE

CHAPITRE VIII.

Description de la Côte de Mindanao *& des Isles qui l'avoisinent. Erreurs de Dampierre corrigées.*

Nous découvrîmes encore terre le 26, mais étant hors d'état de faire des observations, nous ne pûmes déterminer notre latitude & notre longitude que par notre estime ; le lendemain, 27, fut cependant plus favorable, & je trouvai que l'effet du courant avoit été si grand, que je fus obligé d'ajouter à la mesure du lock 64 milles au S. O. ¼ S. pour les deux derniers jours. Nous reconnûmes alors que la terre que nous avions vue, étoit la partie N. E. de l'Isle de *Mindanao* ; comme j'avois plusieurs de mes gens malades & que j'étois dans un besoin très-pressant de rafraîchissemens, je résolus d'entreprendre de nous procurer quelques provisions dans une baie que Dampierre a décrit comme étant située à la partie S. E. de l'Isle, & qui, à ce qu'il raconte, lui fournit une grande quantité de bêtes fauves qu'il tua dans une savane. Je côtoyai donc cette partie de l'Isle, & afin de ne pas manquer la baie, j'envoyai mon Lieutenant en avant avec un bateau & un certain nombre d'hommes, pour qu'il se tînt au plus près de la côte. Ils ne trouvèrent point de baie, pareille à celle dont parle le Voyageur que nous

Ann. 1767. Octobre.

venons de citer; mais ils apperçurent à la pointe la plus méridionale de l'Ifle, un petit enfoncement au fond duquel étoient une Ville & un Fort. Dès que les gens qui étoient à terre virent notre bateau, ils tirèrent un coup de canon & détachèrent trois canots ou pirogues remplies d'Infulaires. Comme mon Lieutenant n'avoit pas affez de forces pour s'oppofer à cette attaque, il revint fur le champ au vaiffeau. Les pirogues lui donnèrent la chaffe jufqu'à ce qu'elles furent à la vue de notre bâtiment; intimidées alors par notre grand nombre, elles jugèrent à propos de s'en retourner. Les tentatives que je fis pour chercher la baie, & la prairie de Dampierre, ayant ainfi été fans fuccès, j'aurois mouillé à la hauteur de cette Ifle malgré l'attaque des habitans, fi je n'avois pas été obligé de tirer de la calle quelques piéces d'artillerie, & de faire quelques réparations néceffaires dans les agrès. Cette circonftance me fit porter un peu à l'Eft, où le 2 Novembre je mis à l'ancre par 7 braffes, fond de vafe molle, à une encablure de la côte. La pointe la plus occidentale de la baie nous reftoit O. S. O., à environ trois milles, & la pointe la plus orientale E. $\frac{1}{4}$ S. E., à-peu-près à un mille de diftance. Nous avions au N. O. une rivière qui a fon embouchure dans la baie & au S. 7 ^{d} E., à environ cinq lieues le pic d'une Ifle appellée *Hummock Ifland,* (*Ifle du Mondrain.*) Nos deux bateaux allèrent à la rivière avant la nuit du même jour, & ils s'en revinrent chargés d'eau; ils ne virent aucune trace d'habitans dans l'endroit où ils débarquèrent; mais nous remarquâmes une pirogue qui s'avançoit autour de la pointe la plus occidentale de la baie que nous suppofâmes avoir été dépêchée de la ville, pour apprendre qui nous étions, ou au moins pour reconnoître ce que nous faisions. Dès que j'apperçus cette pirogue, j'arborai pavillon Anglois. Je ne désespérois pas qu'elle vînt à bord; mais après nous avoir examiné quelque tems, elle s'en retourna. Comme nous n'avions vu aucuns vestiges d'habitans à l'endroit de l'aiguade, j'avois dessein d'y remplir de nouvelles futailles le lendemain, & de tâcher aussi d'y faire du bois ; mais sur les neuf heures du soir, nous fûmes surpris d'entendre toutà-coup un bruit fort sur cette partie de la côte qui étoit vis-à-vis le vaisseau. Ce bruit étoit produit par un grand nombre de voix d'hommes, & ressembloit beaucoup au cri de guerre que les Sauvages d'Amérique poussent au moment de leurs combats, & qui, au rapport de tous ceux qui l'ont entendu, a quelque chose de si terrible & de si affreux qu'on ne peut l'exprimer.

ANN. 1767.
Novemb.

JE fus alors de plus en plus convaincu qu'il étoit nécessaire d'employer le peu qui nous restoit de forces du mieux qu'il nous seroit possible. Nous continuâmes le lendemain, 3, à tirer les canons de la cale, & à raccommoder les agrès qui en avoient besoin. N'ayant apperçu aucun des Insulaires qui s'étoient efforcés de nous effrayer par leurs cris pendant la nuit, j'envoyai à onze heures la chaloupe à terre pour y faire encore de l'eau. Comme je pensois que probablement ils s'étoient cachés dans les bois, je tins le canot armé & équipé avec le Lieutenant à bord, tout prêt à donner du secours à nos gens s'ils étoient menacés de quelque danger. Il parut bientôt que mes conjectures étoient fondées ; car nos gens n'eurent pas plutôt quitté la chaloupe, qu'un grand nombre d'Insulaires armés sortirent du bois ; l'un d'eux portoit à la main quelque chose de blanc que je pris pour un signe de paix. Je ressentis de nouveau dans cette occasion ce que j'avois déja éprouvé plusieurs fois auparavant, combien le mauvais équipement du vaisseau étoit malheureux pour nous. Je n'avois point à bord de pavillon blanc, & pour suppléer à ce défaut du mieux qu'il m'étoit possible, j'ordonnai à mon Lieutenant, que j'envoyai à terre dans le canot, d'arborer une de mes nappes. Dès que l'Officier eut débarqué, le porte-étendard & un autre Insulaire s'approchèrent de lui sans armes & le reçurent avec de grandes démonstrations d'amitié. L'un d'eux lui adressa la parole en Hollandois, Langue qui n'étoit entendue d'aucun de nos gens. Il proféra ensuite quelques mots en langage Espagnol, qu'un des hommes de notre canot savoit fort bien. L'Indien cependant parloit si mal, que ce fut avec beaucoup de peine, & par le secours de plusieurs signes, qu'il se fit entendre. Peut-être que si quelqu'un de notre équipage avoit su l'Hollandois, il l'auroit trouvé aussi peu habile dans cette Langue que dans l'autre. Il s'informa du Capitaine qu'il appelloit *Skyper*, maître du navire, & il demanda si nous étions Hollandois, si notre bâtiment étoit un vaisseau de guerre ou un vaisseau marchand, combien il portoit d'hommes & de canons, & si nous allions à *Batavia*, ou bien si nous en revenions. Lorsque nous eûmes répondu à toutes ces questions, il nous dit que nous devions aller à la ville, & qu'il nous introduiroit chez le Gouverneur à qui il donnoit le titre de *Rajah*. Le Lieutenant lui répondit alors que nous étions dans le dessein d'y aller effectivement, mais que nous avions un grand besoin d'eau, & qu'il demandoit la permission d'en remplir quelques tonnes. Il le pria aussi de faire écarter à une plus grande distance les Insulaires qui étoient armés d'arcs & de flèches. L'Indien, qui sembloit être revêtu d'une autorité considérable, lui accorda ce qu'il desiroit ; & comme il paroissoit faire une attention particuliere à un mouchoir de soie que mon Lieutenant portoit autour de son col, celui-ci le lui présenta sur le champ. L'Indien, dont l'habillement ressembloit assez à celui des Hollandois, le pria d'accepter en retour une espèce de cravatte faite d'une toile de coton grossière qu'il portoit autour du sien. Après cette échange de cravates, il demanda à l'Officier si le vaisseau avoit à bord quelques marchandises pour commercer. Il lui répondit que nous n'en avions que pour acheter des provisions, sur quoi le chef lui répliqua que nous aurions tout ce dont nous avions besoin. Après cette conférence que je regardai comme un augure favorable des avantages que cette place pouvoit nous procurer, les bateaux revinrent à bord chargés d'eau, & nous reprîmes gaiement nos occupations dans le vaisseau. Cependant il s'étoit à peine écoulé deux heures, lorsque nous vîmes, avec autant de surprise que de douleur, plusieurs centaines d'hommes armés qui se plaçoient vis-à-vis de notre bâtiment en différens endroits du rivage, parmi les arbres. Ils

ANN. 1767. Novemb.

avoient pour armes des fusils, des arcs, des flèches, de grandes piques ou lances, de larges sabres, une espèce de poignard appellé *cri*, & des boucliers. Nous observâmes aussi qu'ils retirèrent dans les bois une pirogue qui étoit sur la côte sous un hangar. Ces apparences n'annonçoient pas des hommes pacifiques; elles furent suivies par d'autres qui nous firent connoître plus clairement leur mauvaise volonté; car ces Insulaires passèrent le reste du jour à entrer & sortir des bois, comme s'ils se fussent exercés à l'attaque d'un ennemi. Quelquefois ils jettoient leurs traits & lançoient leurs javelines dans la mer du côté du vaisseau; d'autrefois ils élevoient leurs boucliers & agitoient leurs sabres contre nous d'une manière menaçante. Pendant tout ce tems-là, nous n'étions pas oisifs à bord; nous montâmes nos canons, nous racommodâmes nos agrès; & nous mîmes tout en ordre avant le soir. Etant prêt alors à faire voile, je résolus, s'il étoit possible, d'avoir une autre entrevue avec les Insulaires de la côte, & d'apprendre la raison d'un changement à notre égard si subit & si extraordinaire. Je dépêchai donc mon Lieutenant, & comme un témoignage de nos intentions pacifiques, il arbora une seconde fois la nappe en signe de trêve. J'eus la précaution cependant d'envoyer le bateau vers une partie du rivage où il n'y avoit point de bois, afin que nos gens ne fussent pas exposés à être assaillis par des ennemis qu'ils ne verroient pas : j'ordonnai aussi que personne n'iroit à terre. Lorsque les Indiens s'apperçurent que le bateau approchoit de la côte, & que personne ne débarquoit, un d'eux sortit du bois avec un arc & des flèches, & lui fit signe d'aborder dans l'endroit où il étoit. L'Officier eut la prudence de n'y pas consentir, parce que nos gens auroient été à la portée du feu des Insulaires qui étoient peut-être placés en embuscade; il attendit quelque tems, & voyant qu'il ne pouvoit pas obtenir une conférence à d'autres conditions, il revint au vaisseau. Il dépendoit certainement de moi de détruire un grand nombre de ce peuple si peu hospitalier, en tirant nos grosses pièces d'artillerie dans le bois; mais cet expédient n'auroit pas eu d'heureuses suites. Nous n'aurions pas pu dans la suite nous procurer de l'eau & du bois, sans risquer la vie de nos gens : j'espérois toujours acheter des rafrîchissemens de bon accord à la ville, où j'étois résolu de me rendre, étant alors en état de me défendre contre une attaque subite.

ANN. 1767.
Novemb.

C'EST pour cela que le lendemain au matin 4, à la pointe du jour, je fis voile avec une petite brise de terre, de cet endroit que j'appellai *Deceitful Bay*, (*la baye Trompeuse*); & entre dix & onze heures nous sortîmes de la baie ou enfoncement, au fond duquel nos bateaux avoient découvert la Ville & le Fort. Il arriva que précisément à ce moment le tems devint sombre, avec une pluie forte, & la brise commença à souffler violemment d'un rumb qui mettoit la terre sous le vent. Je fus obligé de prendre le large, & n'ayant point de tems à perdre je portai à l'Ouest, afin de pouvoir gagner *Batavia* avant que la saison fût passée.

JE décrirai d'une maniere particuliere notre navigation sur la mer qui lave les côtes de cette Isle, d'autant plus que ce qu'en a dit Dampierre est en plusieurs points rempli d'erreurs.

AYANT vu la partie N. E. de l'Isle le 26 d'Octobre, sans savoir certainement si c'étoit *Mindanao* ou l'Isle de *S. Jean*, nous nous en approchâmes plus près le lendemain, & nous découvrîmes un endroit qui est la partie la plus S. E. de *Mindanao*, que nous connoissions sous le nom de *Saint-Augustin*, & qui s'élève en petits mondrains, qui se prolongent jusqu'à une pointe basse au bord de l'eau. Elle court N. 40^d E, à vingt-deux lieues de distance d'une petite Isle, qui est distinguée par une colline ou mondrain, des autres Isles situées à la hauteur de la pointe la plus méridionale de *Mindanao*, & que j'appellai pour cela *Isle du Mondrain*. Toute cette terre est fort élevée ; une chaîne de montagnes s'élève par derriere une autre, de maniere qu'à une grande distance elle n'a pas l'apparence d'une seule Isle, mais de plusieurs. Après que nous eûmes découvert l'Isle pour la premiere fois, nous tournâmes le côté oriental depuis le Nord jusqu'au Cap *Saint-Augustin*, à-peu-près S. $\frac{1}{4}$ S. O. $\frac{1}{2}$ O., & N. $\frac{1}{4}$ N. E. $\frac{1}{2}$ E., dans l'espace d'environ vingt lieues. Le vent souffloit du Sud le long de la côte, & comme nous approchions de la terre nous navigâmes vers une ouverture qui avoit l'apparence d'une bonne baie, dans laquelle nous avions dessein de mettre à l'ancre ; mais nous trouvâmes que l'eau y étoit trop profonde, & que quelques bas-fonds en rendoient l'entrée dangereuse. Je donnai le nom de *Disappointment Bay* à cette baie, qui gît à environ huit ou dix lieues N. $\frac{1}{4}$ N. E.

du

du Cap *Saint-Augustin*, extrémité S. E. de l'Isle. Pendant que nous étions au large portant vers cette baie, nous observâmes un grand mondrain qui sembloit être une Isle, mais que je regarde comme une péninsule jointe à la grande terre par un Isthme bas. Ce mondrain formoit la partie la plus septentrionale de l'entrée, & une autre monticule d'une surface égale qui lui est opposée, formoit la partie la plus méridionale. Entre ces deux pointes, il y a des bas-fonds, dont nous avons déjà parlé, & plusieurs petites Isles dont on n'apperçoit, qu'une seule & même lorsqu'on est très-près. Nous ne vîmes aucune trace d'habitans sur la Côte ; la terre est d'une hauteur prodigieuse avec des montagnes entassées les unes sur les autres, & dont les sommets sont cachés dans les nues : c'est pour cela que, lorsqu'on est au large, il est presqu'impossible d'estimer sa distance ; car ce qui paroît être de petites collines qui se montrent à peine au-dessus de la surface de l'eau, en comparaison des montagnes qu'on voit par-dessus, se grossit à mesure qu'on en approche ; & on trouve que l'éloignement est trois fois plus grand qu'on ne l'imaginoit. Ceci expliquera peut-être pourquoi la terre est si mal placée, & son gisement si différent dans toutes nos Cartes Angloises. Nous rencontrâmes un fort courant qui portoit au sud le long de la côte, suivant la direction de la terre : la terre haute qui est au Nord de *Saint-Augustin*, s'abaisse par degrés vers le Cap, pointe basse & plate qui en fait l'extrémité, & à la hauteur de laquelle deux grands rochers sont situés à très-peu de distance. Sa latitude est de 6ᵈ 15′ N. & sa longitude, suivant notre estime, de 127ᵈ 20′ E.

Tome I. Qq

ANN. 1767.
Novemb.

DEPUIS ce Cap la terre court O. & O. ¼ S. O. dans un espace de six ou sept lieues, ensuite elle remonte au N. O., en faisant une baie très-profonde, dont nous ne pûmes pas voir le fond, en la traversant du Cap *Saint-Augustin* jusqu'à la hauteur qui est de l'autre côté : ce trajet n'est pas moins de douze lieues. La côte, sur le côté le plus éloigné de la baie en quittant le fond, court d'abord au S. & au S. S. O. & ensuite au S. O. ¼ O., vers l'extrémité méridionale de l'Isle.

A la hauteur de cette extrémité méridionale que Dampierre appelle par erreur l'extrémité S. E., (la pointe S. E. étant le Cap *Saint-Augustin*) on trouve dix à douze Isles dans un espace de cinq, six & sept lieues, quoique le même Auteur dise qu'il n'y en a que deux, & que prises ensemble elles ont seulement environ cinq lieues de circonférence. Les Isles que j'apperçus ne pouvoient pas être renfermées dans un espace moindre de quinze lieues ; & par le nombre de pirogues que j'y vis, j'imagine qu'elles sont remplies d'habitants. La plus grande de ces Isles est située au S. O. des autres, & fait un pic remarquable, de sorte qu'on la découvre d'abord en approchant de la terre, & même elle est visible à une très-grande distance : je juge que sa latitude est de 5 ᵈ 24 ′ N. & sa longitude, suivant notre estime, de 126 ᵈ 37 ′ E. Cette

Isle du Mondrain.

Isle que j'appellai *Hummock Island*, Isle *du Mondrain*, porte à vingt ou vingt-deux lieues au S. ¼ O. O. de *Saint-Augustin*, & la partie la plus méridionale de l'Isle de *Mindanao* gît au S. O. ¾ O., à vingt-un ou vingt-trois lieues du même Cap. Cette extrémité la plus méridionale est composée de trois ou quatre pointes qui courent E. & O. l'une de l'autre, dans un espace d'environ sept milles : elles sont situées au 5 ^{d} 34′ de latitude N., & suivant mon estime, au 126 ^{d} 25′ de longitude. La variation de l'aiguille étoit d'une pointe E.

Je passai entre ces Isles & la grande terre, & je trouvai le passage bon, le courant ayant sa direction à l'Ouest. Dampierre a placé sa baie & sa prairie à quatre lieues au N. O. de l'Isle la plus orientale; je la cherchai dans ce parage, ainsi que sur toute la partie S. E. de l'Isle, jusqu'à ce que nous arrivâmes dans une petite crique qui se prolonge jusqu'à la Ville.

Toute la partie méridionale de *Mindanao* est extrêmement agréable, on y voit plusieurs cantons qui ont été défrichés pour des plantations, & de grandes plaines d'une belle verdure. Cette partie de l'Isle est bien peuplée, ainsi que les Isles voisines. Je ne donnerai pas une description de la Ville, parce que le tems fut si brumeux que je ne pus pas la voir ; je ne pus pas non plus distinguer suffisamment la terre pour en déterminer la situation, ce qui me fit beaucoup de peine.

Lorsque je découvris la terre à l'Ouest de la pointe la plus méridionale, je reconnus qu'elle couroit à l'O. N. O. & au N. O. ¼ O. de cette pointe, formant d'abord un Cap à la distance d'environ sept ou huit lieues, & ensuite une baie profonde qui se prolongeoit si loin au N. & au N. E., que je ne pus pas en appercevoir le fond. La pointe la plus occidentale de cette baie est basse, mais la terre se relève bientôt & s'étend au N. O. ¼ O. (ce qui semble être la direction de cette côte) de la pointe la plus méridionale de l'Isle, vers la Ville de *Mindanao*.

A l'Ouest de cette profonde baie la terre est toute plate, & elle est couverte de peu de bois en comparaison des autres parties de l'Isle. Sur ce terrain applati on apperçoit un pic d'une hauteur prodigieuse, & qui s'élève dans les nues comme une tour. Entre l'entrée de cette baie & la pointe Sud de l'Isle, il y a une autre montagne très-haute, dont le sommet a la forme de la bouche d'un volcan, mais je n'ai pas remarqué qu'elle vomit du feu ou de la fumée. Il est possible que cette baie profonde soit celle dont parle Dampierre, & qu'elle ait été mal placée par une faute d'impression ; car si au lieu de dire qu'elle court au N. O., à *quatre* lieues de la plus *orientale* des Isles, il avoit dit qu'elle couroit au N. O., à *quatorze* lieues de la plus *occidentale* des Isles ; ce narré seroit d'accord avec sa description, & les gisements se rencontreroient, puisque la terre est élevée sur le côté oriental & basse sur le côté Ouest. La latitude de ces Isles qu'il détermine au 5^d 10′ N. approche enfin beaucoup de la véritable ; car probablement quelques parties de la plus méridionale sont situées dans cette latitude, mais comme je ne suis pas allé au Sud de ces Isles, ce n'est qu'une conjecture.

ENTRE l'Isle *du Mondrain*, qui est la plus grande & la plus occidentale de toutes, & les Isles situées à

son Eſt, qui font toutes plates & unies, il y a un paſ-
fage qui porte N. & S., & qui ne paroît pas être embarraſſé. Celle de ces Iſles qui eſt fituée plus avant au
N. E., eſt petite, baſſe & plate, environnée d'une
grève de fable blanc, avec beaucoup de grands arbres
au milieu; à l'Eſt ou au N. E. de cette Iſle, il y a des
bas-fonds & des briſans : je n'ai pas découvert dans ce
parage d'autres apparences de danger. Je n'ai vu aucunes des Iſles dont parle Dampierre, & qui font placées
dans toutes les Cartes près de *Mindanao* au large;
elles font peut-être à une diſtance plus éloignée qu'on
ne le croit communément ; car la hauteur de la terre,
ainſi que je l'ai déja obſervé, fera tomber les Navigateurs dans de grandes erreurs fur cet article particulier, s'ils n'y font pas beaucoup d'attention. En côtoyant cette Iſle je trouvai que le courant portoit très-
fortement au Sud le long de la côte, juſqu'à ce que
j'arrivai à l'extrémité méridionale où je reconnus qu'il
couroit au N. O. & N. O. $\frac{1}{4}$ O., ce qui eſt à-peu-près
la direction du giſement de la terre. Nous avions communément les vents du S. O. au N. O. avec de petites
fraîcheurs, des pluies fréquentes & un tems variable.

Nous quittâmes alors *Mindanao*, très-mortifiés de
n'avoir pas obtenu les rafraîchiſſemens que les habitans nous promirent à la premiere entrevue avec tant
d'empreſſement : nous foupçonnâmes qu'il y avoit dans
la Ville des Hollandois ou au moins des partifans de
cette Nation ; & que lorſqu'ils eûrent découvert que
nous étions Anglois, afin de nous empêcher d'avoir
aucune communication avec les naturels du Pays, ils

ANN. 1767.
Novemb.

avoient envoyé un détachement armé, qui arriva environ deux heures après notre conférence amicale avec les premiers Insulaires, & dont les hommes qui nous défièrent de la côte faisoient partie.

CHAPITRE IX.

Passage de Mindanao *à l'Isle des* Celebes. *Description particulière du Détroit de* Macassar*, dans laquelle on corrige plusieurs erreurs.*

APRÈS avoir quitté *Mindanao*, je portai à l'Ouest pour trouver le passage appellé Détroit de *Macassar*, qui est entre les Isles de *Borneo* & des *Celebes*, & j'y entrai le 14. J'observai que pendant tout le tems de cette traversée, nous eûmes un fort courant N. O.; mais pendant que nous étions plus près de *Mindanao* que des *Celebes*, il avoit sa direction plutôt vers le Nord que vers l'Ouest, & au contraire lorsque nous fûmes plus près des *Celebes* que de *Mindanao*, il couroit plutôt à l'Ouest qu'au Nord. La terre des *Celebes* sur l'extrémité septentrionale de l'Isle qui se prolonge jusqu'à l'entrée du passage est très-élevée, & semble courir à-peu-près à l'O. ¼ S. O. jusqu'à une pointe remarquable dans le passage qui s'élève en mondrain & que nous prîmes d'abord pour une Isle. Je pense que c'est la même qui est appellée dans les Cartes françoises *Pointe de Stroomen*, mais je lui donnai le nom d'*Hummock-Point* (*Pointe du Mondrain*). Sa latitude, suivant mon estime, est d'un ^{d} 20′ N. & sa longitude de 121 ^{d} 39′ E. C'est une bonne balise dont peuvent se servir pour reconnoître le passage, ceux

ANN. 1767.
Novemb.

qui rencontrent la terre en venant de l'Eſt, & qui, s'il eſt poſſible, devroient toujours ranger ce côté du paſſage. Depuis la *Pointe du Mondrain*, la terre court plus au Sud, à-peu-près au S. O. ¼ O; il y a au Sud de cette pointe une baie profonde remplie d'Iſles & de rochers qui m'ont paru très-dangereux. Préciſément à la hauteur de la pointe, on trouve deux rochers, qui, quoiqu'ils ſoient au-deſſus de l'eau, ne peuvent pas être apperçus d'un vaiſſeau avant qu'il ſoit tout près de la terre. A l'Eſt de cette même pointe & près de la côte giſent deux Iſles, dont l'une eſt très-plate, longue & unie, & dont l'autre s'élève en collines. Ces deux Iſles, ainſi que le pays adjacent, ſont couvertes de beaucoup de bois. Je rangeai de près une autre petite Iſle qui eſt à l'Eſt de celle-ci, & je n'avois point de fond par 100 braſſes à un demi-mille de la côte qui, à ce que je crois, eſt pleine de rochers. Un peu à l'Oueſt de ces Iſles, nous ne vîmes pas moins de ſoixante pirogues qui pêchoient ſur quelques bas-fonds ſitués entre le lieu où elles étoient & la pointe du *Mondrain*. Cette partie de la côte me parut avoir un fond de roches, & je crois qu'on ne doit pas en approcher ſans de grandes précautions. Je trouvai dans cet endroit que les courants varioient, & n'avoient pas une direction déterminée ; quelquefois ils portoient au Sud, d'autrefois au Nord, & d'autrefois il n'y en avoit point du tout. Le tems auſſi étoit très-variable ainſi que le vent ; cependant il ſouffloit principalement du rumb S. & du S. O. ; mais nous avions quelquefois des raffales ſubites & violentes & des travades du N. O. avec du tonnerre, des éclairs

&

& de la pluie. Ces travades duroient ordinairement l'espace d'une heure, & elles étoient suivies par un calme tout plat ; un vent frais s'élevoit ensuite du S. O. ou du S. S. O. directement debout & souffloit fortement. Ces apparences me firent conjecturer que la saison variable avoit commencé, & que nous aurions bientôt la mousson d'Ouest. Le vaisseau marchoit si mal que nous faisions très-peu de chemin ; nous sondâmes souvent dans ce passage sans trouver de fond.

Ann. 1767.
Novemb.

Le 21, comme nous portions vers *Borneo*, nous rencontrâmes deux petites Isles que je jugeai être les mêmes que celles qu'on appelle Isles de *Taba* dans les Cartes françoises ; elles sont très-petites & couvertes d'arbres. Suivant mon estime, elles gisent à 1^d 44′ de latitude N. & au 7^d 32′ de longitude O. de l'extrémité méridionale de *Mindanao*, à environ cinquante-huit lieues de la pointe du *Mondrain* ou de la pointe de *Stroomen*. Le tems qui étoit alors brumeux, s'éclaircissant tout-à-coup, nous apperçûmes un banc avec des brisans qui couroient du S. au N. O. à la distance d'environ cinq ou six lieues. A la hauteur de l'extrémité septentrionale de ce banc, nous vîmes quatre mondrains joints ensemble, que nous prîmes pour des petites Isles : nous en découvrîmes sept autres du S. ½ O. à l'O. ½ S. Je ne peux pas décider si ce sont véritablement des Isles, ou quelques montagnes de l'Isle de *Borneo*. Ce banc est sûrement très-dangereux, mais on peut l'éviter en allant à l'Ouest des Isles de *Taba*, où le passage est large & sûr. On trouve deux bancs à l'Est & un peu au Nord de ces Isles, dans la

Carte françoise de M. d'Après de Mannevillette, publiée en 1745. L'un d'eux eſt appellé *Vanloorif*, & l'autre ſur lequel ſont placées deux Iſles, *Harigs*; mais ces bancs & ces Iſles n'exiſtent certainement point, puiſque j'ai tourné à travers cette partie du paſſage, depuis un côté juſqu'à l'autre, & que j'ai navigué dans l'endroit même où on ſuppoſe qu'eſt leur ſituation. On a auſſi placé dans la même Carte ſept petites Iſles, à $\frac{1}{2}$ d au Nord de la ligne, & exactement au milieu de la partie la plus étroite de ce paſſage; les unes & les autres de ces Iſles n'exiſtent point ailleurs que ſur le papier, quoique je croye qu'il peut y en avoir quelques petites près de la grande terre *de Borneo*. Nous penſâmes en avoir vu deux que nous prîmes pour celles qui ſont ſituées dans les Cartes à la hauteur de *Porto-Tubo*, mais je ne ſuis pas ſûr de ce fait. La partie la plus méridionale & la plus étroite de ce paſſage a environ dix-huit ou vingt lieues de largeur avec des hautes terres de chaque côté. Nous y reſtâmes embarraſſés juſqu'au 27, tems où nous paſsâmes la ligne, de ſorte que nous employâmes quinze jours à faire vingt-huit lieues, à compter depuis l'entrée ſeptentrionale du détroit dans lequel nous arrivâmes le 14. Lorſque nous fûmes au Sud de la ligne, nous trouvâmes un léger courant qui portoit contre nous au Nord & qui augmentoit journellement. Le tems étoit toujours variable avec beaucoup de pluie; les vents ſouffloient principalement du S. O. & de l'O. S. O., ils ſautoient rarement au Nord plus loin que l'O. N. O., excepté dans les travades qui devinrent plus fréquentes & plus violentes. Ils ne nous servirent de rien & nous donnèrent beaucoup de travail; ils nous obligèrent à ferler toutes nos voiles, ce que nous étions à peine en état de faire en employant toutes nos forces; notre foiblesse augmentant chaque jour par la chûte du peu de nos gens qui étoient bien portans & la mort de quelques-uns de nos malades. Dans ces circonstances, nous fîmes tous nos efforts pour gagner terre sur le côté de l'Isle de *Borneo*; mais nous ne pûmes pas en venir à bout; & nous continuâmes à combattre contre nos malheurs jusqu'au 3 Décembre, lorsque nous rencontrâmes les petites Isles & les bancs de sable appellés les petits *Pater noster*. Le plus méridional, suivant mon estime, est situé au 2^d 31' de latitude S., & le plus septentrional au 2^d 15' S.; je pense que la longitude de ce dernier est de 117^d 12' E. Ils courent à-peu-près au S. E. $\frac{1}{4}$ S. & au N.-O. $\frac{1}{4}$ N. l'un de l'autre à huit lieues de distance; entre ces deux, il y en a d'autres, & ils sont en tout au nombre de huit. Ils gisent très-près de l'Isle de *Celebes* du côté du détroit, & ne pouvant doubler ni l'un ni l'autre, ni gagner à leur Ouest, nous fûmes obligés de diriger notre route entre eux & l'Isle de *Celebes*. Nous eûmes un tems orageux, des vents contraires & des raffales subites & violentes; comme nous n'avions pas assez de bras pour ferler nos voiles, ces coups de vents mirent souvent en danger nos mâts & nos vergues & endommagèrent beaucoup nos voiles & nos agrès, sur-tout lorsque nous étions obligés de forcer de voiles pour ne pas tomber dans une profonde anse sur la côte des *Celebes*. Les

Ann. 1767.
Novemb.

Décemb.

R r ij

ravages du scorbut étoient alors universels, il n'y avoit pas un seul homme dans tout l'équipage qui fût exempt de cette maladie ; les vents & les courans qui nous étoient contraires avoient tant de force, que nous ne pouvions avancer ni à l'Ouest ni au Sud pour trouver un lieu de relâche. Notre esprit partageoit les peines du corps, tous les visages répandoient un découragement général, sur-tout parmi ceux qui n'étoient pas en état de venir sur le tillac. Nous restâmes jusqu'au 10 dans cette situation déplorable, & il n'est peut-être pas aisé à l'imagination la plus fertile, de concevoir un malheur & un danger plus grands que le nôtre. Cependant, étant malades, affoiblis, mourants, voyant des terres où nous ne pouvions pas arriver, exposés à des tempêtes qu'il nous étoit impossible de surmonter, nous fûmes attaqués par un pirate, & afin que cet accident inopiné nous accablât dans toute sa force, il survint à minuit, lorsque les ténèbres extraordinairement épaisses ne pouvoient pas manquer d'augmenter la confusion & la terreur. Cette attaque subite, loin de nous abattre, excita notre courage, & quoique notre ennemi entreprit de venir à l'abordage, avant que nous soupçonnassions sa proximité, nous fîmes avorter son projet. Il fit alors un feu très-vif sur nous avec des armes que nous supposâmes être des pierriers & des fusils ; quoiqu'il eut pris les devants, nous répondîmes bientôt à son attaque & si efficacement, que peu de tems après le bâtiment coula à fond, & tous les misérables qui étoient à bord périrent. C'étoit un petit vaisseau, mais il nous fut impossible de connoître de quel pays il venoit ou comment il étoit équipé. Le Lieutenant & un de mes hommes furent bleſſés, mais non pas dangereuſement; une partie de nos manœuvres courantes fut coupée & nous reçûmes quelques autres légers dommages. Nous ſavions que ce bâtiment étoit le même que nous avions apperçu à l'entrée de la nuit, & nous apprîmes enſuite qu'il appartenoit à un pirate qui avoit plus de trente bâtimens pareils ſous ſon commandement. La petiteſſe de notre vaiſſeau, qu'il regardoit d'ailleurs comme un vaiſſeau marchand, l'encouragea à nous attaquer; & nos forces ſupérieures à ce qu'elles paroiſſoient annoncer lui furent fatales.

ANN. 1767.
Décemb.

Le 12, nous rencontrâmes les dangereux bancs de ſable appellés les *Spera-Mondes*, & nous eûmes le chagrin de trouver que la mouſſon d'Oueſt avoit commencé, & que contre ces vents & le courant, il étoit impoſſible à tout vaiſſeau de gagner à l'Oueſt la hauteur de *Batavia*. Il étoit néceſſaire alors d'attendre juſqu'au retour de la mouſſon Eſt, & juſqu'à ce que le courant changeât de direction. Nous avions perdu treize perſonnes de notre équipage, & il n'y en avoit pas moins de trente qui étoient aux portes de la mort. Tous les Officiers ſubalternes étoient malades, & le Lieutenant & moi qui faiſions tous les ſervices, nous étions très-foibles. Dans ces conjonctures je ne pouvois pas tenir la mer, & il ne me reſtoit d'autres moyens pour conſerver la vie du reſte de l'équipage, que de relâcher à quelque endroit où nous puſſions trouver du repos & des rafraîchiſſemens. Comme nous étions fort avancés au Sud, je réſolus donc de profiter de cette circonstance, & de faire des efforts pour gagner *Macassar*, principal établissement des Hollandois, dans l'Isle de *Celebes*.

Le lendemain, 13, nous rencontrâmes quelques Isles qui ne sont pas éloignées de cet endroit, & nous vîmes ce que nous avions pris quelquefois pour des bancs de sable & d'autrefois pour des bateaux avec des hommes à bord, mais que nous reconnûmes ensuite être des arbres & d'autres matières flottantes sur l'eau, avec des oiseaux perchés dessus. Nous nous trouvâmes tout-à-coup vingt milles plus au Sud que nous ne l'attendions; car le courant, qui nous avoit porté quelque tems au Nord, nous avoit chassé au Sud pendant la nuit. Nous tirâmes ensuite à l'E. & E. $\frac{1}{2}$ N., dans le dessein d'aller au Nord d'un bas-fond qui n'a point de nom dans le *Pilote Anglois des Indes Orientales*, mais que les Hollandois appellent le *Thumb*. A midi, cependant nous étions dessus, & notre eau diminua tout-à-coup à 4 brasses fond de roches. Nous gouvernâmes au S. O., & tenant le bateau en avant pour sonder, nous fîmes le tour du côté occidental du bas-fond, par 10 & 12 brasses, notre eau devenant plus profonde lorsque nous portâmes à l'Ouest, & diminuant, au contraire, lorsque nous mîmes le Cap à l'Est.

Quand nous étions sur le bas-fond, notre latitude, par observation, étoit de 5^d 20′ S.; & la plus septentrionale des Isles appellées les *Trois-Frères*, nous restoit au S. 81^d. E., à cinq ou six lieues de distance. Cette Isle est appellée *Don Dinanga* dans le Pilote

Anglois; mais les Hollandois le nomment le *Frère Septentrional.*

ANN. 1767.
Décemb.

ENTRE les *Trois-Frères* & la terre des *Celebes*, il y a une autre Isle appellée Isle de *Tonikiky*, qui est beaucoup plus grande qu'aucune de celles-ci; elles ne sont point habitées, quoiqu'il y ait sur toutes un petit nombre de huttes appartenantes à des Pêcheurs. Le passage entre le bas-fond & cette Isle, est sûr & bon par 10 à 13 brasses fond de sable. Les sondes rapportent ordinairement sur le côté de l'Isle, 12 brasses, & jamais au-dessous de 10. Il est cependant très-difficile & très dangereux aux vaisseaux, de rencontrer la terre en prenant ce chemin sans avoir un Pilote à bord; car il y a un grand nombre de bancs de sables & de rochers au-dessus de l'eau. Je me suis servi, pour faire cette route, d'une Carte qui est dans le *Pilote Anglois des Indes Orientales*, & que j'ai trouvé généralement bonne, mais les noms des Isles, pointes & baies, y sont très-différents de ceux qu'on leur donne ordinairement. Quand nous approchâmes de la côte des *Celebes*, nous avions des brises de terre & de mer, ce qui nous obligea de tenir la côte, quoique nos forces fussent tellement diminuées, que nous avions toutes les peines imaginables de manier la petite ancre.

LE soir du 15, nous mouillâmes à environ quatre milles de la ville de *Macassar*, qui, suivant mon estime, est située au 5ᵈ 10′ ou 12′ de latitude S., & au 117ᵈ 28′ de longitude E. Nous n'avions pas passé moins de trente-cinq semaines pour y arriver depuis le détroit de *Magellan*.

J'ai fait une description très-détaillée de tout ce que j'ai apperçu depuis ce détroit, parce que toutes les Cartes Angloises & Françoises que j'ai consultées, sont extrémement défectueuses & remplies d'erreurs, & que d'ailleurs une connoissance exacte de ces parages, peut être d'une grande utilité à notre commerce de la Chine. Les vaisseaux qui font ce commerce, peuvent suivre cette route avec aussi peu de danger que la commune, qui est le long des bancs *prassels*; & lorsqu'ils manquent leur passage à la Chine dans la mousson S. E., & qu'ils perdent la saison, ils peuvent compter qu'ils trouveront ici un canal sûr & de bons vents de l'O. S. O., de l'O & des autres rumbs jusqu'à l'O. N. O., en Novembre & Décembre, & dans les quatre mois suivans. Je pense aussi que c'est un chemin plus court & meilleur d'aller au N. E., & à l'E. des Isles *Philippines*, que de traverser les *Moluques*, ou côtoyer la *Nouvelle-Guinée*, comme nos vaisseaux furent obligés de le faire, lorsque les François, pendant la dernière guerre, croisoient dans ces mers pour leur interdire le passage. Cette seconde route est remplie de bancs, de courants & d'une quantité innombrable d'autres dangers.

CHAPITRE

CHAPITRE X.

Ce qui nous arriva à la hauteur de Macaſſar, *& paſſage de-là à* Bonthain.

ANN. 1767.
Décemb.

LE ſoir même où nous avions mis à l'ancre, un Hollandois, dépêché par le Gouverneur, vint à bord ſur les onze heures, pour ſavoir qui nous étions. Lorſque je lui fis entendre que le *Swallow* étoit un vaiſſeau de guerre Anglois, il parut fort allarmé, parce qu'aucun vaiſſeau de Roi de la Grande-Bretagne, n'avoit été là auparavant. Je ne pouvois pas lui perſuader de quitter le tillac & de deſcendre dans ma chambre; nous nous ſéparâmes cependant ſuivant toute apparence bons amis.

LE lendemain au matin, 16, à la pointe du jour, j'envoyai mon Lieutenant à la ville avec une lettre pour le Gouverneur, dans laquelle je l'informois de la cauſe de mon arrivée, & lui demandois la liberté du port, afin d'acheter des rafraîchiſſemens pour mon équipage qui ſe mouroit; je le priai auſſi d'accorder à mon vaiſſeau un abri contre les tempêtes qui approchoient, & juſqu'au retour d'une ſaiſon convenable pour faire voile à l'Oueſt. J'ordonnai à mon Lieutenant de remettre cette lettre au Gouverneur lui-même, à moins qu'il n'eût de bonnes raiſons de faire le contraire; mais lorfque mon Officier arriva au quai de la ville, on ne lui permit pas de débarquer non plus qu'à qui que ce foit du bateau. Il refufa alors de délivrer fa lettre à un meffager; le Gouverneur en fut inftruit, & il envoya deux Officiers appellés le *Sabandar* & le *Fifcal* ; ils dirent à mon Lieutenant qu'il ne pouvoit pas remettre lui-même la lettre au Gouverneur, parce qu'il étoit malade & qu'ils venoient par fon ordre exprès la chercher. M. Gower la leur donna enfin, & ils s'en allèrent. Tandis qu'ils retournèrent à la ville, mon Officier & fes gens reftèrent à bord du bateau expofés à la chaleur brûlante du foleil, qui étoit prefque perpendiculaire à midi; & on ne fouffrit pas qu'aucun des bateaux du pays approchât d'eux pour leur vendre des rafraîchiffemens. Sur ces entrefaites nos hommes du bateau obfervèrent beaucoup de tumulte & de bruit fur la côte, & tous les floupes & bâtimens propres à être armés en guerre, furent équippés avec toute la promptitude poffible. Je crois pourtant que nous l'aurions emporté fur toutes leurs forces maritimes, fi l'équipage avoit été bien portant. Alors je formai le deffein de m'avancer & de mouiller tout près de la ville; mais le bateau étoit abfent, & avec tous nos efforts réunis, nous ne pûmes pas lever l'ancre, quoique ce fût une des petites. Après que mon Lieutenant eut attendu cinq heures dans fon bateau, on lui dit que le Gouverneur avoit dépêché deux Officiers vers moi, & qu'ils portoient réponfe à ma lettre. A peine fut-il de retour & nous eut-il fait ce rapport, que les deux envoyés arrivèrent à bord. Nous apprîmes enfuite que l'un d'eux, nommé M. le Cerf, étoit Enseigne de la garnison, & l'autre, M. Douglass, Ecrivain de la Compagnie Hollandoise. Ils me remirent la lettre du Gouverneur, mais elle se trouva écrite en Hollandois, Langue qui n'étoit entendue d'aucun des hommes de l'équipage. Les deux Officiers cependant qui me l'apportèrent, parloient François, & l'un d'eux la traduisit dans cette Langue. Elle contenoit en substance » que je devois partir à l'instant du port, sans appro-» cher plus près de la ville; que je ne devois point » mettre à l'ancre sur aucune partie de la côte, ni » permettre à nos gens de débarquer dans aucun en-» droit soumis à sa jurisdiction «. Avant de faire de réponse à cette lettre, je montrai aux Envoyés qui me l'avoient apportée, le nombre de nos malades; ils parurent fort affligés à la vue de tant d'hommes malheureux qui se mouroient de langueur & d'infirmité ; je leur représentai qu'ils étoient témoins de la nécessité pressante où nous étions de nous procurer des rafraîchissemens; qu'il seroit injuste & cruel de refuser de nous en vendre ; que puisque nous étions sur un vaisseau de Roi, on agiroit non-seulement contre les traités subsistans entre les deux Nations, mais encore contre les loix de la nature. Ils sembloient convenir de la force de ce raisonnement, mais ils avoient une réponse courte & décisive toute prête ; » ils disoient toujours que des ordres absolus & in-» dispensables de leurs Maîtres, auxquels ils devoient » obéir, ne leur permettoient pas de souffrir qu'aucun » vaisseau, de quelque nature qu'il fût, séjournât dans » ce port «. Je leur repliquai que des personnes qui étoient dans notre situation, n'avoient rien à craindre au-delà de ce qu'ils souffroient; que s'ils ne m'accordoient pas sur le champ la liberté du port pour acheter des rafraîchissemens & me procurer un abri, j'irois, dès que le vent le permettroit, affronter toutes leurs menaces & toutes leurs forces, & mouiller tout près de la ville; que si enfin je ne venois pas à bout de les intéresser à notre sort, je me ferois échouer sous leurs murailles, & qu'après avoir vendu nos vies aussi chèrement que nous pourrions, je les couvrirois d'infamie, pour avoir réduit un ami & un allié à une si terrible extrémité. Cette déclaration parut les allarmer d'autant plus, que notre situation suffisoit seule pour les convaincre que je tiendrois ma parole. Ils me presèrent avec beaucoup d'émotion de rester où j'étois jusqu'à ce que j'eusse au moins reçu une seconde lettre du Gouverneur. Après quelque altercation j'y consentis à condition que le Gouverneur me feroit part de sa résolution avant que la brise de mer commençât à souffler le lendemain.

Nous passâmes le reste du jour & toute la nuit, dans un état d'anxiété mêlée d'indignation, qui aggravoit encore l'horreur de notre état. Le lendemain, 7, dès le grand matin, nous eûmes la douleur de voir un sloupe monté de huit canons & un des bâtimens du pays équippé en guerre, & ayant à bord un grand nombre de soldats, venir de la ville & mettre à l'ancre aux deux côtés de notre vaisseau. Je détachai sur le champ mon bateau pour leur parler, mais ils ne voulurent rien répondre à tout ce qu'on leur difoit. Sur le midi la brife de mer fe leva, & n'ayant point reçu de nouvelles du Gouverneur, je mis à la voile & m'avançai vers la ville, très-réfolu de repouffer, autant qu'il me feroit poffible, la force par la force, fi nous étions attaqués par les bâtimens qui étoient venus mettre à l'ancre près de nous. Heureufement pour eux & pour nous, ces deux bâtimens fe contentèrent de lever l'ancre & de fuivre nos mouvemens.

Bientôt après que nous eûmes mis à la voile, un joli bâtiment qui portoit une bande de Muficiens & plufieurs Officiers, s'approchèrent de nous & nous dirent qu'ils étoient envoyés par le Gouverneur, mais qu'ils ne viendroient pas à bord fi nous ne jettions l'ancre une feconde fois. Nous remîmes donc à l'ancre fur le champ, & les Officiers vinrent à bord; c'étoient M. Blydenbrug le Fifcal, M. Voll le Sabandar, un troifième appellé *Licence-Mafter*, Maître du port, & M. Douglafs l'Ecrivain dont il a déja été fait mention. Ils témoignèrent quelque furprife de ce que j'avois appareillé, & ils me demandèrent ce que je prétendois faire. Je leur répondis que mon unique deffein étoit de tenir la parole que je leur avois donnée la veille; que juftifié par les droits communs du genre humain, qui l'emportent fur toutes les autres loix, je voulois, plutôt que de remettre en mer, où notre deftruction par un naufrage, par la maladie ou par la famine étoit inévitable, venir fous leurs murailles, & les forcer à nous fournir ce dont nous avions befoin, ou faire échouer le vaiffeau fur le rivage, puisqu'il valoit mieux périr tout d'un coup dans un juste combat, que de souffrir d'avance les douleurs accablantes de prévoir tous les jours une mort que nous ne pouvions pas éviter. Je leur fis remarquer aussi qu'aucun peuple civilisé n'avoit jamais laissé périr les prisonniers de guerre, faute de leur accorder les nécessités de la vie, & beaucoup moins les sujets des alliés qui demandoient seulement la permission d'acheter des alimens pour leur argent. Ils convinrent volontiers de la vérité de tout ce que je leur disois, mais ils sembloient penser que je m'étois trop pressé ; mais quand je leur dis que j'avois attendu tout le tems que j'avois fixé, ils me firent quelques excuses de n'être pas venus plutôt, & ils ajoutèrent que pour me prouver qu'on avoit accordé ce que je désirois, ils apportoient les provisions que fournit leur pays. Nous les prîmes sur le champ à bord ; elles consistoient en deux moutons, un élan fraîchement tué, un petit nombre de volailles & quelques fruits ou végétaux. Ces provisions qui nous arrivoient fort à propos, furent partagées entre les gens de l'équipage, & on en fit un bouillon fort agréable & très-salutaire pour les malades. Ils me montrèrent ensuite une autre lettre du Gouverneur, qui, à mon grand étonnement, m'enjoignoit de nouveau de quitter le port, & qui afin de justifier cet ordre, alléguoit qu'il ne pouvoit pas souffrir qu'aucun vaisseau de quelque nation qu'il fût, séjournât ou commerçât dans le port, sans manquer à la convention qui a été faite par la Compagnie Hollandoise avec les Rois originaires & les Gouverneurs du pays, qui avoient déja témoigné quelque mécontentement à l'occasion de notre arrivée ; pour plus amples détails, il me renvoyoit aux Officiers porteurs de sa lettre, qu'il appelloit ses Commissaires. J'observai à ces Messieurs qu'aucune stipulation, relativement au commerce, ne pouvoit nous concerner, puisque nous étions un vaisseau de roi ; je leur produisis en même-tems ma commission, en leur disant qu'on ne pouvoit pas sans abuser du langage & blesser le sens commun, appeller commerce la vente qu'on nous feroit des alimens & des rafraîchissemens que nous demandions pour notre argent. Ils me firent ensuite plusieurs propositions que je rejettai, parce qu'elles comprenoient toutes mon départ de cet endroit avant le retour de la saison. Je leur réitérai ma première déclaration, & afin de lui donner plus de force, je leur fis voir le cadavre d'un de mes hommes qui étoit mort le matin & dont la vie auroit probablement été sauvée, s'ils nous avoient vendu des rafraîchissemens lorsque nous mîmes à l'ancre pour la première fois sur leur côte. Ce spectacle les déconcerta : après avoir gardé quelque tems le silence, ils s'informèrent avec empressement si j'avois été dans les Isles à épiceries ; je leur répondis que non, & ils parurent convaincus que je disois vrai. Nous en vînmes à une espèce d'arrangement, ils me dirent que quoiqu'ils ne pussent pas sans désobéir aux ordres les plus positifs & les plus exprès de la Compagnie, nous permettre de rester là, cependant j'étois le maître d'aller dans une petite baie peu éloignée, où je trouverois un abri sûr contre la mousson dangereuse & où je pourrois dresser un hôpital pour mes malades ; ils m'assurèrent en même-tems que les provisions & les rafraîchissemens y seroient plus abondans qu'à *Macassar*, d'où l'on m'enverroit d'ailleurs tout ce dont j'aurois besoin : ils m'offrirent un bon pilote pour me conduire à ce mouillage. Je consentis volontiers à cette proposition, à condition que les offres qu'ils m'avoient faites seroient confirmées par le Gouverneur & le Conseil de *Macassar*, afin qu'on me regardât comme étant sous la protection de la Nation Hollandoise & qu'on ne fît aucune violence aux gens de notre équipage. Les Commissaires engagèrent leurs paroles d'honneur que je serois content du Gouverneur & du Conseil ; ils promirent que le lendemain j'obtiendrois la ratification que je désirois, & ils me prièrent en attendant de rester où j'étois. Je leur demandai pourquoi on avoit fait mouiller en cet endroit les bâtimens qui étoient à l'ancre à nos côtés ; ils répondirent que c'étoit uniquement pour empêcher les Naturels du pays de nous faire des insultes. Lorsque nos affaires furent ainsi arrangées, je témoignai du regret de ne pouvoir leur offrir qu'un verre de vin, de mauvaise viande salée & du pain moisi ; sur quoi, ils me prièrent poliment de permettre que leurs domestiques apportassent à notre bord les alimens qui avoient été apprêtés dans leur vaisseau. J'y consentis de bon cœur, & on nous servit bientôt un dîner très-agréable, composé de poissons, de viandes, de légumes & de fruit. C'est avec le plus grand plaisir que je saisis cette occasion de reconnoître les obligations que j'ai à ces Officiers pour l'humanité & la politesse qu'ils exercèrent à notre égard comme particuliers, & sur-tout à M. Douglass, qui sachant la Langue françoise devint notre interprète, & prit cette peine avec une honnêteté & une complaisance qui donnoient un nouveau prix au service qu'il nous rendoit. Nous nous séparâmes ensuite, & lorsqu'ils quittèrent le vaisseau, je les saluai de neuf coups.

LE lendemain au matin, 18, le Sabandar vint m'avertir que le Gouverneur & le Conseil avoient confirmé l'engagement de la veille, ainsi qu'on me l'avoit promis. J'étois très-content de l'arrangement, excepté seulement qu'il me falloit trouver de l'argent pour mes billets sur le gouvernement de la Grande-Bretagne; le Sabandar dit qu'il tâcheroit de faire cette affaire. A huit heures du soir il revint à bord pour m'apprendre que personne de la ville n'avoit des remises à faire en Europe, & qu'il n'y avoit pas une rixdale dans la caisse de la Compagnie. Je répondis que puisqu'on ne me permettoit pas d'aller à terre pour négocier mes billets, j'espérois qu'on me feroit crédit en donnant des billets sur l'Angleterre pour toutes les dettes que je contracterois, ou des reconnoissances payables à *Batavia*. Le Sabandar répliqua que le Résident de *Bonthain*, place où j'allois, recevroit des ordres pour me fournir tout ce dont j'aurois besoin ; qu'il seroit charmé de prendre mes billets en retour, parce qu'il avoit des remises à faire, & qu'il alloit lui-même en Europe dans la saison suivante. Il me dit aussi que ce Résident avoit des biens considérables en Angleterre où il s'étoit fait naturaliser. » J'ai dans mes » mains, ajouta le Sabandar, de l'argent qui lui appar-» tient, je vous en acheterai à *Macassar* les marchan-

„ difes dont vous aurez befoin, & je les ferai partir
„ après vous ". Après lui avoir fpécifié tous les articles & la quantité & le prix, nous nous quittâmes.

Le lendemain, 19, dans l'après midi, je reçus une lettre fignée par le Gouverneur & le Confeil de *Macaffar*, qui contenoit les raifons pourquoi j'étois envoyé à *Bonthain*, & confirmoit la convention verbale qui fubfiftoit entre nous.

Bientôt après, l'Enfeigne, M. le Cerf, le Secrétaire du Confeil & un Pilote, vinrent à bord pour nous accompagner à *Bonthain*. Le Cerf devoit commander les foldats qui étoient dans les bateaux de garde, & le Secrétaire, comme nous l'avons découvert dans la fuite, étoit chargé de contrôler les opérations du Réfident qui s'appelloit Swellingrabel. Le père de ce dernier Officier mourut Vice-Gouverneur du Cap de *Bonne-Espérance*, où il époufa une Dame Angloife nommée Fothergill. M. Swellingrabel, Réfident de *Bonthain*, avoit époufé la fille de Cornélius Sinkclaar, qui avoit été Gouverneur de *Macaffar*, & qui mourut il y a environ deux ans en Angleterre, où il étoit venu voir quelques parents de fa mere.

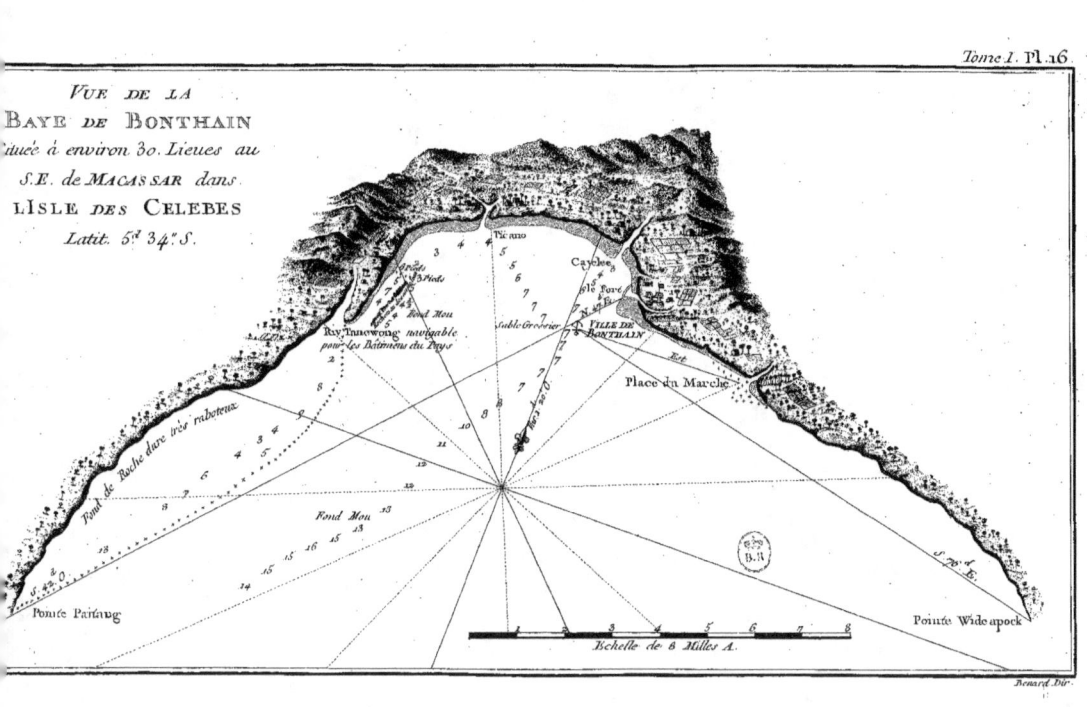

CHAPITRE XI.

Ce que nous fîmes à Bonthain *tandis que le vaisseau attendoit un vent favorable pour gagner* Batavia. *Description de* Bonthain, *de la Ville de* Macassar *& du Pays adjacent.*

L E lendemain, 20, à la pointe du jour, nous fîmes voile, & l'après midi du jour suivant nous mîmes à l'ancre dans la rade de *Bonthain* avec nos deux bataux de garde qui avancèrent tout près de la côte, pour empêcher les bâtimens du pays & les nôtres d'avoir aucune communication entr'eux. Des que j'arrivai dans cet endroit je changeai notre estime. J'avois perdu environ dix-huit heures en venant à *Bonthain* par l'Ouest; les Européens que nous y trouvâmes y étant arrivés par l'Est, en avoient gagné environ six, de sorte que la différence étoit justement d'un jour.

ANN. 1767.
Décemb.

J'ALLAI tout de suite rendre visite au Résident M. Swellingrabel qui parloit très-mal Anglois; & après avoir arrangé avec lui toutes nos affaires relativement à l'argent & aux provisions, il m'accorda une maison près des bords de la mer & d'un petit Fort pallissadé garni de huit canons. C'étoit la seule qu'il y eût dans le canton, j'en fis un hôpital sous la direction du Chirurgien. J'y envoyai tous ceux de nos malades que nous jugeâmes ne pouvoir pas fe rétablir à bord, & je retins le refte pour la garde du vaiffeau. Dès que nos gens furent à terre, on les mit fous une garde de trente-fix hommes, de deux fergens & de deux Caporaux commandés par M. le Cerf. On ne permit à aucun de nos malades de s'éloigner de plus de trente verges de l'hôpital, & on ne fouffrit point que les Naturels du pays s'approchaffent de plus près d'eux pour leur vendre quoique ce fût ; de forte qu'ils n'achetoient rien que par l'entremife des foldats Hollandois qui abufoient honteufement de leur pouvoir. Lorfqu'ils voyoient les habitans du pays apporter des provifions qu'ils penfoient devoir convenir à nos infirmes, ils les faififfoient d'abord & demandoient enfuite le prix. Le foldat ne faifoit guères attention au prix du vendeur, il les payoit ce qu'il jugeoit à propos, c'eft-à-dire une fomme qui étoit à peine le quart de leur valeur. Si le pauvre campagnard s'avifoit de témoigner quelque mécontentement, il le fatisfaifoit bientôt en tirant fon grand fabre & en efpadonnant par-deffus fa tête. Cet expédient fuffifoit toujours pour appaifer les plaintes & renvoyer tranquillement l'offenfé : enfuite le foldat vendoit ce qu'il avoit ainfi acquis quelquefois à plus de mille pour *cent* de profit. Ces procédés étoient fi cruels envers les Naturels du pays, & fi injurieux à notre égard, que j'en fis des plaintes au Réfident, à le Cerf & au Secrétaire. Le Réfident reprimanda les foldats d'une manière convenable ; mais fa harangue produifit fi peu d'effet, que je ne pus m'empêcher de foupçonner que le Cerf connivoit à ces pratiques & en partageoit les avantages. Je le foupçonnois auffi de vendre de l'arrack à mes gens ; je m'en plaignis fans obtenir de réparation. Je favois d'ailleurs que fes efclaves étoient occupés à acheter au marché des chofes que fa femme nous vendoit enfuite deux fois plus qu'elles ne lui avoient coûté. Les foldats fe rendirent coupables de plufieurs autres délits : chacun d'eux, à fon tour, devoit procurer des provifions pour toute la garde, & il s'acquittoit ordinairement de cette fonction en allant dans la campagne avec fon fufil & un fac. L'honnête pourvoyeur n'étoit pas toujours content de remplir fon fac ; un d'eux prit, fans autre cérémonie, un jeune buffle qui appartenoit à des payfans ; fes camarades n'ayant pas du bois tout prêt pour le faire cuire, ils abattirent pour cela quelques-unes des paliffades du Fort. Lorfqu'on me rapporta cette nouvelle, je la regardai comme fi extraordinaire, que j'allai à terre pour voir la brèche, & je trouvai les pauvres Noirs occupés à la réparer.

Ann. 1767.
Décemb.

Le 26, un floupe chargé de riz fut envoyé de *Bonthain* à *Macaffar* pour y débarquer fa cargaifon ; mais après avoir tenté le paffage inutilement pendant trois jours, il fut obligé de s'en revenir. Le tems étoit alors extrêmement orageux, & toute efpèce de navigation de l'Eft à l'Ouest fut impoffible jufqu'au retour de la mouffon d'Eft. Le même jour deux grands floupes qui faifoient voile à l'Eft, mouillèrent ici, & le lendemain au matin, 27, un gros vaiffeau, venant de *Batavia*, & qui avoit à bord des troupes pour les Ifles de *Banda*, y mit auffi à l'ancre ; mais on ne permit à aucun des hommes de ces équipages de parler à nos gens : la garde nous empêcha de nous aborder mutuellement. Comme cette défense étoit très-dure, nous priâmes M. Swellingrabel de nous acheter du grand vaisseau quelques viandes salées, & il eut la bonté de nous procurer quatre tonneaux de viandes d'Europe, deux de porc & deux de bœuf.

Le 28, une flotte de plus de cent petits bateaux du pays, appellés *Pros*, mouillèrent dans cette rade. Leur port est de douze à dix-huit & vingt tonneaux, & ils ont de seize à vingt hommes à bord. On me dit qu'ils faisoient une expédition autour de l'Isle pour la pêche ; qu'ils partoient avec une mousson & s'en revenoient avec l'autre de manière à se tenir toujours sous le vent de terre. Ils envoyoient leur poisson au marché Chinois, & j'observai que tous ces Pros portoient pavillon Hollandois.

Il ne nous arriva rien jusqu'au 18 de Janvier qui soit digne d'être rapporté. J'appris alors par une lettre de *Macassar* que le *Dauphin* avoit été à *Batavia*. Le 28, le Secrétaire du Conseil, qui avoit été envoyé ici avec le Cerf, & que nous supposâmes être chargé de contrôler les opérations du Résident, fut rappellé à *Macassar*. Notre charpentier ayant à ce tems recouvré une partie de sa santé, examina l'état de notre vaisseau, & à notre grand regret il vit qu'il avoit un grand nombre de voies d'eau ; il trouva en outre que notre grande vergue étoit fendue, pourrie & hors de service. Nous l'abattîmes & la racommodâmes aussi-bien que nous pûmes, sans avoir ni forge ni fer. Nous espérions qu'elle nous serviroit jusqu'à *Batavia*, car nous ne pouvions pas nous procurer ici du bois pour en faire une nouvelle. On ne put arrêter que très-peu de nos voies d'eau, & nous fûmes par conséquent réduits à compter entièrement sur nos pompes.

ANN. 1768.
Janvier.

LE 19 Févier, le Cerf, Officier militaire, commandant les soldats qui avoient débarqué avec nous, fut rappellé afin d'entreprendre, à ce qu'on disoit, une expédition pour l'Isle de Bally. Le sept Mars le plus grand de nos bateaux de garde, un sloupe d'environ quarante-cinq tonneaux, reçut ordre de retourner à *Macassar* avec une partie des soldats, & le 9 M. Swellingrabel le Résident, reçut une lettre du Gouverneur de cette place, qui s'informoit quand je mettrois à la voile pour *Batavia*. Je dois avouer que je fus surpris du rappel de l'Officier & du bateau de garde; mais je le fus bien davantage en apprenant ce que contenoit la lettre du Gouverneur, puisqu'il savoit que la mousson d'Est ne commençant qu'au mois de Mai, il m'étoit impossible d'appareiller avant ce tems. Toutes les affaires restèrent cependant dans le même état jusque vers la fin du mois, quand quelques-uns de nos gens remarquèrent que depuis peu un petit canot étoit venu rôder plusieurs fois autour de nous à différentes heures de la nuit, & qu'il s'étoit enfui dès que les gens qu'il portoit à bord s'appercevoient que quelqu'un remuoit dans notre vaisseau. Le 29, tandis que cette matière étoit l'objet de nos spéculations, un de nos Officiers me rapporta de terre une lettre, qui, à ce qu'il me dit, lui avoit été remise par

Février.

Mars.

un Noir. Elle étoit adreſſée « au Commandant du vaiſ- « ſeau Anglois à *Bonthain* «. Afin que le lecteur puiſſe entendre le ſens de cette lettre, il eſt néceſſaire de lui apprendre que l'Iſle de *Celebes* eſt partagée en pluſieurs diſtricts qui ſont autant de Souverainetés ſéparées appartenantes aux Princes naturels du pays. La ville de *Macaſſar* eſt ſituée dans un diſtrict qui porte le même nom ou celui de *Bony*. Le Roi de ce canton eſt allié des Hollandois qui ont été repouſſés pluſieurs fois dans leurs entrepriſes pour ſubjuguer les autres parties de l'Iſle, dont l'une eſt habitée par un peuple appellé *Bugguefes*, & dont une autre ſe nomme *Waggs* ou *Toſora*. La ville de *Toſora* eſt fortifiée avec du canon, car les Naturels avoient des armes à feu d'Europe, long-tems avant que les Hollandois s'établiſſent à *Macaſſar* en place des Portugais.

La lettre m'avertiſſoit que les Hollandois, conjointement avec le Roi de *Bony*, avoient formé le projet de nous maſſacrer; que les Hollandois cependant ne paroîtroient point dans l'attaque; que le complot ſeroit exécuté par un fils du Roi de *Bony*, qui, outre une ſomme qu'il recevroit d'eux, devoit avoir le pillage de notre vaiſſeau pour ſa récompenſe; qu'il étoit alors à *Bonthain* avec huit cents hommes pour cette entrepriſe. La lettre ajoutoit que la liaiſon que j'avois formée avec les *Bugguefes* & les autres peuples du pays qui étoient ennemis des Hollandois, & qui s'efforçoient de les chaſſer de l'Iſle, avoit excité la jalouſie & attiré ſur moi ce danger; qu'on craignoit d'ailleurs qu'arrivé en Angleterre, mes compatriotes

conçuſſent

conçussent quelque projet contre la Compagnie, d'après les instructions que je devois leur donner, puisqu'on ne connoissoit, ainsi que je l'ai déja dit plus haut, aucun vaisseau de guerre Anglois qui eût visité l'Isle auparavant.

CETTE lettre fut pour nous un nouveau sujet de surprise & de réflexion. Elle étoit extrémement mal écrite par rapport au style & à la forme épistolaire; cependant elle n'en méritoit pas moins d'attention. Je ne pouvois pas décider absolument jusqu'où l'avis qu'elle me donnoit étoit vrai ou faux. Il étoit possible que l'Ecrivain se fût trompé; peut-être aussi vouloit-il me tromper moi-même. Le mensonge pouvoit lui procurer quelque petite récompense pour l'amitié & le zèle avec lesquels il me l'annonçoit, ou enfin lui donner une importance qui satisferoit du moins sa vanité. Il convenoit que je prisse les mêmes mesures que si j'avois été sûr de la réalité du projet. Je dois avouer que je n'étois pas trop tranquille lorsque je considérois qu'on avoit rappellé le Secrétaire du Grand Conseil, le Cerf, le Grand Sloupe & une partie des soldats, qui, à ce qu'on disoit, n'avoient été envoyés à *Bonthain* que pour nous mettre à l'abri des insultes des Naturels du pays. Mon inquiétude augmenta quand je pensai aux troupes qui s'assembloient à *Macassar* pour une expédition à *Bally*, au petit canot qu'on avoit vu rôder autour de nous pendant la nuit, & enfin à la lettre du Gouverneur qui s'informoit du tems où je quitterois l'Isle. Soit que la nouvelle & nos conjectures fussent véritables ou fausses, nous nous mîmes sur le champ à l'ouvrage, nous funâmes le vaisseau, nous changeâmes les voiles, nous démarrâmes, nous mîmes des croupières sur nos cables, nous chargeâmes tous nos canons & nous bastinguâmes le pont. Chacun passa la nuit sous les armes, & le lendemain nous fîmes touer le vaisseau vers la côte orientale, en nous éloignant un peu du fond de la baie, afin d'avoir plus de place; nous portâmes six pierriers sur l'avant du tillac, & nous prîmes toutes les autres mesures nécessaires pour nous défendre.

Le Résident, M. Swellingrabel, étoit alors à vingt milles dans l'intérieur du pays pour les affaires de la Compagnie; mais il m'avoit dit qu'il viendroit sûrement le premier d'Avril. J'attendois ce jour avec d'autant plus d'impatience, qu'un vieil ivrogne de sergent étoit la personne la plus respectable du Fort. Le soir du 31, il arriva un paquet de lettres pour lui, ce que je regardois comme un bon augure, & un gage de son retour au tems fixé. Je conçus des sentimens bien différents, lorsque j'appris qu'on les lui avoit envoyées. Je ne soupçonnois point qu'il fût complice du projet qu'on m'avoit annoncé dans la lettre; mais je ne pouvois m'empêcher de douter si on ne le retenoit point dans la campagne, afin qu'il fût absent lors de l'exécution du complot. Dans cet état d'incertitude & de soupçon, j'envoyai un message au Fort afin de faire partir un exprès auprès de M. le Résident, pour l'avertir que je desirois le voir promptement & lui communiquer une affaire de grande importance & qui n'admettoit point de délai. Je ne puis pas dire s'il reçut ou non mon meſſage ; mais après avoir attendu juſqu'au 4 Avril ſans le voir & ſans recevoir aucune réponſe, je lui écrivis une lettre, par laquelle je lui demandois dans les termes les plus preſſans une conférence, & le lendemain il vint à bord. Quelques minutes de converſation me perſuadèrent qu'il ignoroit entièrement le projet dont on m'avoit fait redouter les effets ; & même il penſoit que ce complot étoit une fable. Il dit, il eſt vrai, qu'un *Tomilaly*, un Conſeiller ou Miniſtre du Roi de *Bony*, lui avoit dernièrement rendu viſite & ne lui avoit pas trop bien expliqué pourquoi il étoit dans cette partie de l'Iſle ; & à ma prière, il entreprit de bon cœur de faire de nouvelles recherches ſur le *Tomilaly* & ſur ſes gens. Le Réſident & les perſonnes de ſa ſuite remarquèrent que le vaiſſeau étoit dans un état de défenſe, & que tout étoit prêt en cas d'attaque ; il nous dit que les hommes qui étoient à terre l'avoient inſtruit avant qu'il vînt à bord de notre vigilance & de notre activité, & en particulier de l'exercice aux petites armes que nous avions fait faire chaque jour à l'équipage. Je l'informai qu'à tout évènement nous continuerions de nous tenir ſur nos gardes, ce qu'il parut fort approuver, & nous nous quittâmes avec des proteſtations mutuelles d'amitié & de bonne-foi. Quelques jours après, il m'écrivit qu'ayant recherché avec beaucoup de ſoin ſi quelques autres perſonnes dépendantes du Roi de *Bony* étoient venues à *Bonthain*, il avoit appris, à ne pouvoir en douter, qu'un des Princes de ce royaume y étoit arrivé ſous un déguiſement ; mais qu'il n'avoit rien découvert ſur les huit cens hommes qu'on difoit être avec lui. J'étois donc sûr qu'ils ne pouvoient pas être dans ce canton, à moins qu'ils ne formaffent une armée déguifée comme les troupes du Roi de *Brentford*.

LE 16 au matin, le Réfident me fit dire, que M. le Cerf étoit revenu de *Macaffar* avec un autre Officier; qu'ils viendroient à bord & qu'ils dineroient avec moi. Lorfque le dîner fut fini, je demandai à M. le Cerf, en parlant de chofes & d'autres, ce qu'étoit devenue fon expédition à *Bally*; il me répondit feulement qu'on l'avoit abandonnée, fans rien dire de plus. Le 23, il retourna par mer à *Macaffar*, & l'autre Officier qui étoit auffi un Enfeigne, refta pour prendre le commandement des Soldats qu'on laiffoit toujours à *Bonthain*.

LA faifon de naviguer à l'Oueft approchoit alors, ce qui nous fit beaucoup de plaifir; d'autant plus que les maladies putrides commençoient à fe déclarer parmi nous & qu'une fièvre putride avoit enlevé un de nos hommes.

Mai.

LE 7 Mai, le Réfident me remit une longue lettre du Gouverneur de *Macaffar*, écrite en Hollandois, & qu'il me traduifit le mieux qu'il put. Elle contenoit en fubftance, qu'il avoit entendu parler d'une lettre que j'avois reçu, qui l'accufoit, conjointement avec le Roi de *Bony*, d'avoir formé le complot de nous maffacrer; il fe récrioit fur la fauffeté de cette imputation, & fe difculpoit lui-même avec les proteftations les plus folemnelles; il me prioit de lui délivrer la lettre, afin de punir comme il le méritoit celui qui l'avoit écrite. Il n'est pas nécessaire de dire que je ne la lâchai point, parce que l'auteur auroit été puni avec une égale sévérité, soit qu'il m'eût mandé des choses véritables ou fausses. Je fis au Gouverneur une réponse polie, par laquelle je justifiois les mesures que j'avois prises, sans le charger ni lui ni ses alliés d'aucun mauvais dessein contre nous; & certainement j'ai les plus grandes raisons de croire que l'accusation énoncée dans la lettre n'étoit pas assez fondée, quoiqu'il ne soit pas aussi probable que l'auteur fût convaincu de la fausseté du complot en me l'annonçant.

Le 22, à la pointe du jour, je fis voile de *Bonthain*; je dirai peu de chose de cette place, ainsi que de la ville de *Macassar* & du pays adjacent, parce qu'il y a déja plusieurs descriptions de l'Isle des *Celebes* & de ses habitans. La ville est bâtie sur une espèce de pointe de terre & elle est arrosée par une rivière ou deux qui la traversent ou qui coulent dans son voisinage. Cette rivière paroît être grande, & un vaisseau peut la remonter jusqu'à une demi-portée de canon des murailles de la ville. Le terrain dans les environs est uni & d'une très-belle apparence; il y a beaucoup de plantations & de bois de cocotiers, entremêlés d'un grand nombre de maisons qui font juger que le pays est bien peuplé. Le terrain en s'éloignant de la côte, s'élève en collines fort hautes & devient hérissé & montueux. La ville est située au 5^d 10' ou 12' de latitude S., & suivant notre estime au 117^d 28' de longitude E. de Londres.

BONTHAIN est une grande baie où les vaisseaux peuvent mouiller en toute sûreté pendant les deux moussons ; les sondes y sont bonnes & régulières & le fond de vase molle ; en entrant, il n'y a d'autre danger à craindre qu'une bande de rochers qu'on voit au-dessus de l'eau, & qui sont une excellente balise pour mettre à l'ancre. La plus haute terre qu'on apperçoive, est appellée la Montagne *Bonthain*, & lorsqu'un vaisseau est au large à deux ou trois milles de distance de la terre, il doit porter jusqu'à ce que cette colline lui reste N. ou N. $\frac{1}{2}$ O, & ensuite courir dans la baie & mouiller. Nous mîmes à l'ancre au-dessous de cette colline, à environ un mille de distance de la côte. Il y a dans cette baie plusieurs petites villes, celle qu'on nomme *Bonthain* est située dans la partie N. E., & c'est-là que se trouve le Fort palissadé dont nous avons déja fait mention, & sur lequel sont montés huit canons de huit. Cette forteresse suffit seulement pour contenir dans la soumission le peuple du pays, elle n'a pas été construite à d'autre dessein ; elle est bâtie sur le côté oriental d'une petite rivière dans laquelle un vaisseau peut naviguer jusqu'au pied du Fort. Le Résident Hollandois a le commandement de la place, ainsi que de *Bullocomba*, autre ville située à environ vingt milles plus loin à l'Est, & où il y a aussi un Fort & un petit nombre de Soldats, qui dans la saison sont occupés à recueillir le riz, que le peuple paye aux Hollandois en forme d'impôt.

On peut s'y procurer de l'eau & du bois en grande

abondance ; nous coupâmes notre bois près de la rivière, au-deſſous de la montagne *Bonthain* ; nous tirâmes notre eau en partie de cette rivière & en partie d'une autre ; lorſque cette dernière nous ſervoit d'aiguade, notre bateau alloit au-deſſus du Fort avec les futailles qui devoient être remplies, & où il y a un bon chemin pour les décharger ; mais comme la rivière eſt petite & qu'elle a une barre, le bateau chargé ne pouvoit s'en revenir qu'à la marée haute. Il y a dans la baie pluſieurs autres petites rivières, qui peuvent au beſoin fournir de l'eau douce.

Ann. 1768.
Mai.

Pendant tout le tems que nous fûmes à *Bonthain*, nous y achetâmes, à un prix raiſonnable, une grande quantité de proviſions fraîches ; le bœuf eſt excellent, mais il feroit difficile d'y en trouver aſſez pour une eſcadre. On peut s'y procurer autant de riz, de volaille & de fruits qu'on le déſirera ; il y a auſſi dans les bois une grande abondance de cochons ſauvages, qu'il eſt facile d'avoir à bon marché, parce que les Naturels du pays qui ſont Mahométans n'en mangent jamais. On peut y prendre du poiſſon à la ſeine, & les habitans de l'Iſle nous fournirent des tortues dans la ſaiſon ; car la tortue, ainſi que le porc, eſt pour eux un aliment qu'ils ne mangent dans aucun tems.

Celebes eſt la clef des *Moluques* ou des Iſles à épiceries, qui ſont néceſſairement ſous la domination du peuple qui eſt maître de cette Iſle ; la plupart des vaiſſeaux qui ſont voile aux *Moluques* ou à *Banda* y touchent, & dirigent toujours leur route entre cette Iſle & celle de *Solayer*. Les petits bœufs de *Celebes* font de la race de ceux qui ont une bosse sur le dos, & outre ces animaux, l'Isle produit des chevaux, des buffles, des chèvres, des moutons & des daims. L'arrack & le sucre qu'on y consomme sont apportés de *Batavia*.

La montagne de *Bonthain* est située au 5^d 30' de latitude S., & suivant notre estime, au 117^d 53' de longitude E. La variation de l'aiguille pendant que nous y séjournâmes, étoit de 1^d 16' O. Les marées sont très-irrégulières; ordinairement la marée ne monte & baisse qu'une fois dans vingt-quatre heures, & il est rare qu'il y ait six pieds de différence de l'une à l'autre.

CHAPITRE

CHAPITRE XII.

Traversée de la Baie de Bonthain *dans l'Isle de* Celebes, *à* Batavia. *Ce que nous fîmes à* Batavia. *Passage de cette Ville en Angleterre, en faisant le tour du Cap de* Bonne-Espérance.

Lorsque nous quittâmes la baie de *Bonthain*, nous nous tînmes le long de la côte, jusqu'au soir, à la distance de deux ou trois milles ; & alors nous jettâmes l'ancre pendant la nuit, par sept brasses & demie, fond de vase molle, dans le passage qui est entre les deux Isles de *Celebes* & de *Tonikaky*. Le lendemain au matin, 23, nous remîmes à la voile & nous partîmes de *Tonikaky*, qui, suivant mon estime, est situé au 5ᵈ 31′ de latitude S. & au 117ᵈ 17′ de longitude E. La variation de l'aiguille étoit d'1ᵈ O. Nous allâmes ensuite au Sud de *Tonikaky*, & nous portâmes à l'Ouest. Sur les trois heures de l'après-midi, nous étions en travers de la plus orientale des Isles appellées *Isles de Tonyn* dans les Cartes Hollandoises. Cette Isle nous restoit à-peu-près au N. ¼ N. O. à quatre milles de distance, & nous appercevions les deux qui sont les plus occidentales. Ces trois Isles forment entr'elles une espèce de triangle rectangle ; la plus orientale est éloignée de la plus occidentale d'environ onze milles ; & elles gisent presque à l'Est

Ann. 1768.
Mai.

& à l'Oueſt l'une de l'autre. La diſtance entre les deux plus occidentales eſt également d'environ onze milles ; & leur giſement relatif eſt S. ¼ S. E. & N. ¼ N. O. Sur les ſix heures, en retirant la ſonde ſans rencontrer de fond, nous nous trouvâmes tout-à-coup ſur un banc de ſable fin où il n'y avoit pas 3 braſſes de profondeur ; & l'eau étant claire & lympide, nous appercevions à notre fond de grandes pointes de rocher de corail. Sur le champ nous coeffâmes toutes les voiles, & heureuſement nous gagnâmes le large ſans être endommagés. Nous avions paſſé juſtement ſur le bord le plus oriental de ce rocher qui eſt auſſi eſcarpé qu'une muraille, car nous avions à peine reculé de deux encablures, que la ſonde ne rapporta plus de fond. Les deux plus occidentales des Iſles de *Tonyn*, nous reſtoient alors au N. ¼ N. O. à la diſtance d'un peu plus de quatre milles de celle qui étoit la plus proche de nous. Ce bas-fond eſt très-dangereux, & il n'eſt point marqué dans aucune des Cartes que j'ai vues ; il ſemble s'étendre au Sud & à l'Oueſt tout autour des deux plus occidentales de ces trois Iſles dans un eſpace d'environ ſix milles ; mais il ne paroît pas y avoir de danger autour de l'Iſle la plus orientale ; il y a auſſi un paſſage ſûr entre cette Iſle & les deux autres. La latitude de la plus orientale & de la plus occidentale de ces Iſles eſt de 5ᵈ 31′ S. La plus orientale eſt éloignée de trente-quatre milles préciſément à l'Oueſt de *Tonikaky*, & la plus occidentale gît dix milles plus loin.

L'APRÈS-MIDI du 25, nous nous apperçûmes que

l'eau changeoit beaucoup de couleur ; sur quoi nous sondâmes & nous eumes 35 brasses, fond de vase molle. Bientôt après nous passâmes sur la partie la plus septentrionale d'un bas-fond, & nous ne trouvâmes plus que 10 brasses même fond. L'eau étoit très-sale dans cet endroit où nous découvrîmes qu'elle avoit moins de profondeur ; elle sembloit être plus basse au Sud, mais à notre nord elle paroissoit claire. Nous ne fîmes point à ce jour d'observation pour déterminer la latitude ; mais je crois que nous étions sur la partie la plus septentrionale des bas-fonds qui gîsent à l'Est de l'Isle de *Madura*, & qui sont appellés dans le *Pilote Anglois des Indes Orientales*, Bancs de *Bralleron*, les mêmes que ceux qu'on nomme *Kalcain's Eylandens* dans les Cartes Hollandoises. Suivant mon estime, la partie sur laquelle nous naviguâmes, gît au 5^d 50' ou 52' S., & 3^d 36' à l'Ouest de l'Isle de *Tonikaky*, ou S. 84^d 27' O., à la distance de soixante-neuf lieues. A onze heures du soir, du même jour, nous apperçûmes au Nord la plus méridionale des Isles *Salombo*. J'estime qu'elle est située au 5^d 33' de latitude S., & au 4^d 4' de longitude O. de *Tonikaky*, à la distance d'environ quatre-vingt-deux ou quatre-vingt-trois lieues. Elle gît au N. O. $\frac{1}{4}$ O. $\frac{3}{4}$ O. du dernier bas-fond, à-peu-près à quatorze lieues. Il faut remarquer qu'aux environs de la hauteur de l'Isle de *Madura*, les vents des moussons commencent ordinairement à souffler un mois plus tard qu'à *Celebes*. La variation de l'aiguille n'étoit pas de plus d'un demi degré à l'Ouest, & nous trouvâmes que le courant, qui portoit auparavant au Sud, avoit alors sa direction au N. O.

Dans l'après midi du 26, nous découvrîmes de la grande hune l'Isle de *Luback*, & nous avions des fondes de 35 à 40 brasses, fond d'argile bleuâtre. Cette Isle est située au 5^d 43' de latitude S., & au 5^d 36' de longitude O. de *Tonikaky*, dont elle est éloignée d'environ cent & douze lieues. Sa distance à l'Ouest des Isles de *Salombo*, est de trente & une lieues. Nous allâmes au Nord de cette Isle, & nous trouvâmes un courant qui portoit à l'O. N. O.

Le soir du 29, nous vîmes le grouppe de petites Isles appellées *Carimon-Java*. La plus orientale, qui est aussi la plus grande, gît au 5^d 48' de latitude S., & au 7^d 52' de longitude O. de *Tonikaky*. Elle est éloignée de cette Isle d'environ 158 lieues, & de 45 de celle de *Luback*.

Le 2 Juin, nous rencontrâmes la terre de *Java*; nous reconnûmes ensuite que c'étoit la partie de l'Isle qui forme la pointe la plus orientale de la baie de *Batavia*, appellée Pointe de *Carawawang*. Lorsque nous apperçûmes la terre pour la première fois, nos fondes avoient diminué par degrés de 40 à 28 brasses, fond de vase bleuâtre. Comme nous gouvernions le long de la côte vers *Batavia*, elles diminuèrent encore davantage jusqu'à 13 brasses. La nuit survenant, nous mîmes à l'ancre par cette profondeur, près des deux petites Isles appellées *Leyden* & *Alkmar* à la vue de *Batavia* ; & l'après-midi du lendemain, 3, nous mouillâmes dans la rade qui eſt ſi bonne, qu'on peut la regarder comme un havre. Nous avions alors de grandes raiſons de nous féliciter ſur notre état ; car pendant toute notre traverſée depuis les *Celebes*, le vaiſſeau faiſoit tant d'eau par ſes voies, que nous eumes beaucoup de peine de l'empêcher de couler à fond en employent continuellement deux pompes.

Nous trouvâmes à *Batavia* onze grands vaiſſeaux Hollandois, outre pluſieurs petits, un bâtiment Eſpagnol, un ſenaut Portugais & pluſieurs jonques Chinoiſes. Le lendemain au matin, 4, nous ſaluâmes la ville d'onze coups, & on nous répondit par un égal nombre. Comme c'étoit le jour de la naiſſance de Sa Majeſté Britannique notre Souverain, nous tirâmes enſuite vingt & une pièces de canon pour célébrer cette fête. Nous reconnûmes que la variation de l'aiguille étoit de moins d'un demi-degré à l'Oueſt.

L'APRÈS-MIDI, je rendis viſite au Gouverneur, & l'informai de l'état du *Swallow*, en le priant de m'accorder la liberté de le radouber, à quoi il me répliqua que je devois pour cet article m'adreſſer au Conſeil.

LE 6, qui étoit jour d'aſſemblée, j'écrivis donc au Gouverneur & au Conſeil. J'expoſois plus en détail la ſituation du vaiſſeau, & après avoir demandé permiſſion de faire les réparations dont il avoit beſoin, j'ajoutai que j'eſpérois qu'ils m'accorderoient l'uſage des chantiers & magaſins qui ſeroient nécessaires pour cela. L'après-midi du lendemain, 7, le Sabandar, accompagné de M. Garrison Marchand de la ville, qui lui servoit d'Interprète, & d'une autre personne, vint chez moi. Après les premiers complimens, le Sabandar me dit qu'il étoit envoyé vers moi par le Gouverneur & le Conseil, au sujet d'une lettre que j'avois reçu lorsque j'étois à *Bonthain*, & qui m'avertissoit d'un complot formé pour massacrer notre équipage ; que l'auteur de cette lettre m'avoit insulté, ainsi que sa Nation, dans la personne du Gouverneur de la place, & qu'il devoit être puni. J'avouai franchement que j'avois reçu cette nouvelle, mais je répondis que je n'avois dit à qui que ce soit que ce fût par une lettre. Le Sabandar me demanda alors si je voulois affirmer par serment que je n'avois point reçu la lettre sur laquelle il étoit chargé de prendre des informations. Je lui repliquai que cette question me surprenoit, & que si le Conseil avoit à me faire des réquisitions si extraordinaires, je souhaitois qu'elles me fussent adressées par écrit, & qu'alors j'y donnerois la réponse que je jugerois la plus convenable. Après une mûre délibération, je le priai ensuite de me dire ce qu'il avoit à répondre à ma lettre concernant le radoub de notre vaisseau. Sur quoi il m'apprit que le Conseil étoit choqué de ce que j'avois employé le mot d'*espérer*, & de ce qu'elle n'étoit pas écrite en style de requête employé par tous les Marchands dans de pareilles occasions. Je lui répondis que je n'avois pas eu dessein de l'offenser, & que je m'étois servi des premiers mots qui s'étoient présentés à moi pour exprimer mon idée. Nous nous séparâmes ainsi & je n'entendis plus parler de rien jufqu'au 9 dans l'après-midi, lorfque le Sabandar, fuivi des mêmes perfonnes, vint me voir une feconde fois. Il me dit qu'il étoit chargé de la part du Confeil de demander un écrit figné de ma main, déclarant que je croyois le rapport d'un projet formé dans l'Ifle de *Celebes*, de maffacrer notre équipage, faux & malicieufement controuvé : il fe flattoit, ajouta-t-il, que j'avois trop bonne opinion de la Nation Hollandoife, pour fuppofer qu'elle fût capable de fouffrir fous fon gouvernement un forfait fi exécrable. M. Garrifon me lut alors un certificat qui avoit été dreffé par ordre du Confeil afin que je le fignaffe. Quel que fût mon fentiment fur cette matière, je ne crus pas devoir figner cet acte, d'autant plus qu'on paroiffoit l'exiger comme une condition fans laquelle on différeroit de m'accorder ce que je demandois. Je dis au Sabandar de me donner des marques de l'autorité en vertu de laquelle il m'adreffoit cette requête. Il me répliqua qu'il ne pouvoit alléguer d'autre preuve que fon titre connu d'Officier public, & l'affertion des deux perfonnes de fa fuite qui confirmoient qu'il agiffoit en ceci par ordre exprès du Confeil. Je lui répétai alors que le Confeil me fît remettre par écrit ce qu'il demandoit de moi, afin que le fens en fût déterminé & certain, & que je puffe avoir du tems pour examiner la réponfe que j'aurois à y faire ; mais il me fit entendre qu'il ne pouvoit pas foufcrire à ma demande fans un ordre du Confeil. Je refufai alors abfolument de figner le certificat ; en même-tems je lui demandai encore une fois une réponfe à ma lettre, & comme il n'étoit pas

Ann. 1768.
Juin.

préparé à me la donner, nous nous séparâmes assez mécontens l'un de l'autre.

J'ATTENDIS inutilement leur résolution jusqu'au 15, quand les mêmes personnes revinrent pour la troisième fois, & me dirent qu'elles étoient envoyées pour m'informer que le Conseil avoit protesté contre ma conduite à *Macassar*, & contre le refus de signer le certificat qu'on m'avoit présenté, ce qu'il regardoit comme une insulte que je lui faisois, & un acte d'injustice envers sa Nation. Je repliquai que je me rendois le témoignage de n'avoir agi dans aucun cas contre les traités qui subsistent entre les deux Puissances, & que je n'avois manqué en rien à mon caractère d'Officier honoré d'une commission de Sa Majesté Britannique, ni à la confiance qu'on attendoit de moi, quoique je ne pensasse pas avoir été traité par le Gouverneur de *Macassar*, comme le sujet d'une Nation alliée & amie; que s'ils avoient quelque chose à alléguer contre moi, ils devoient le faire par écrit devant le Roi mon Maître, à qui seul je me croyois responsable de mes actions. Ils partirent avec cette réponse, & le lendemain, 16, n'ayant point reçu celle de ma lettre, j'en écrivis une seconde de la même teneur que la première, & dans laquelle je représentois que les voies d'eau du vaisseau augmentoient chaque jour. Je priois encore le Conseil, dans les termes les plus forts, de permettre que je pus radouber mon bâtiment, & de me servir des formes & des magasins de *Batavia* dont j'aurois besoin.

LE 18, le Sabandar vint me revoir, & m'avertit que

que le Conseil avoit donné des ordres pour le radoub du *Swallow* à *Onrust*, & comme il n'y avoit point de magasin vuide, qu'il avoit nommé un des vaisseaux de la Compagnie pour m'accompagner & prendre à bord mon équippement. Je lui demandai s'il n'y avoit point de réponse par écrit à ma lettre; il me dit que non, en ajoutant que ce n'étoit pas l'usage, & qu'on avoit toujours regardé comme suffisant un message fait par lui ou par quelqu'autre Officier.

Ann. 1768.
Juin.

On me fournit ensuite pour mon argent, sans aucune nouvelle difficulté, celles des provisions de la Compagnie que je pouvois desirer.

On chargea un Pilote de me conduire, & le 22, nous mîmes à l'ancre à *Onrust*, où après avoir déchargé le *Swallow* & mis son équippement à bord du vaisseau de la Compagnie, nous trouvâmes que son mât de beaupré & son chouquet, ainsi que la grande vergue, étoient pourris & entiérement incapables de servir. Le doublage étoit par-tout rongé des vers, & les planches de la fausse quille étoient si endommagées & si usées, qu'il étoit nécessaire de mettre le bâtiment à la bande avant qu'on pût le radouber suffisamment pour faire voile en Europe; mais comme il y avoit déja d'autres vaisseaux en carène à *Onrust*, & que les formes étoient occupées, les charpentiers ne purent commencer leur travail que le 24 Juillet.

Juillet.

Le *Swallow* resta entre les mains de ces ouvriers jusqu'au 16 Août. Lorsqu'ils examinèrent sa quille, ils virent qu'elle étoit si mauvaise, qu'ils pensèrent

Août.

unanimement qu'il falloit en faire une nouvelle. Je m'y oppofai fortement; je favois que c'étoit un vieux bâtiment, & je craignois qu'en ouvrant la cale, on ne la trouvât plus mauvaife encore qu'on ne le croyoit, peut-être même qu'il ne fût fi gâté, qu'on le condamnât ainfi que le *Falmouth*. Je demandai donc qu'on lui fît feulement un nouveau doublage par-deffus l'ancien; mais le *Bawfe* ou maître charpentier ne voulut pas y confentir, à moins que je ne certifiaffe par écrit que le radoub du *Swallow*, tel que je le propofois, avoit été exécuté fuivant ma volonté & non pas la fienne. Il dit que cela étoit néceffaire pour fa juftification, fi après l'avoir caréné de la manière que je le defirois, il étoit hors d'état d'arriver à fa deftination. Je crus que cette propofition étoit raifonnable & j'y foufcrivis volontiers; mais comme je répondois alors du fort du vaiffeau, je le vifitai foigneufement avec mon charpentier, fon aide & les Officiers de l'équipage. Les abouts des planches qui font jointes à la poupe étoient fi larguées, que la main d'un homme pouvoit y paffer; fept cadenes de haut-bans étoient rompues & ufées; la ferrure en général étoit dans un très-mauvais état; plufieurs des courbes étoient relâchées & quelques-unes brifées.

PENDANT mon fejour à *Onruft*, deux vaiffeaux de notre Compagnie des Indes abordèrent dans ce port, & nous y trouvâmes entr'autres vaiffeaux particuliers de l'Inde, un du *Bengale* appellé le *Dudly*, fi rempli de voies d'eau, qu'il étoit impoffible de le remettre à la mer. On s'étoit adreffé au Gouverneur & au

Conseil pour demander permission de le caréner, & ils l'avoient accordée; mais les formes avoient toujours été remplies, & il s'étoit écoulé plus de quatre mois sans qu'il lui eût été possible d'entrer dans le chantier. Le Capitaine appréhendoit avec raison qu'on ne le retînt jusqu'à ce que les vers eussent rongé la quille de son bâtiment; & sachant que j'avois reçu des politesses particulières de l'Amiral Houting, il me pria d'intercéder en sa faveur, ce que j'eus le bonheur de faire avec tant de succès, qu'on lui accorda sur le champ l'usage d'une forme. M. Houting est un vieillard, Amiral au service des Etats-Généraux, avec le titre de Commandant en Chef de la Marine & des vaisseaux appartenant à la Compagnie Hollandoise des Indes Orientales. Il a puisé ses premières connoissances de la Marine, à bord d'un vaisseau de guerre Anglois. Il parle parfaitement bien Anglois & François, & il fait honneur au service par ses talens & sa politesse. Il eut la bonté de m'offrir sa table tous les jours; en conséquence je fus souvent avec lui, & c'est avec plaisir que je saisis cette occasion de lui faire publiquement mes remerciemens, & de rendre ce témoignage à son mérite, tant comme homme en place que comme homme privé. Il est vrai que c'est le seul Officier de la Compagnie dont j'ai reçu quelque honnêteté, ou avec qui j'ai eu la moindre communication; car j'ai trouvé les Hollandois de ce pays, une espèce d'hommes graves & réservés. Le Gouverneur, quoique au service d'une République, a un état plus imposant à certains égards, qu'un Souverain de l'Europe. Lorsqu'il sort il est suivi par un détachement de gardes à cheval, & son carrosse est précédé par deux Noirs qui lui servent de coureurs, & qui portent chacun à la main un grand bâton avec lequel ils n'ouvrent pas seulement un passage, mais frappent encore durement tous les Naturels du pays & les Etrangers qui ne rendent pas à son Excellence l'hommage qu'on attend des personnes de tous les rangs. Presque tous les habitans de *Batavia* entretiennent une voiture ressemblante à nos carrosses, mais ouverte par-devant, traînée par deux chevaux & conduite par un homme assis sur un siège; quiconque se trouvant en voiture, rencontre le Gouverneur à la ville ou sur une route, doit se tirer de côté, descendre & faire un très-profond salut pendant que celle de son Excellence passe; toutes les voitures qui le suivent ne peuvent jamais dans aucun cas dépasser la sienne, elles sont obligées de se tenir par derrière quelques pressées qu'elles soient d'ailleurs. Les Membres du Conseil, appellés *Edele Heeren*, exigent aussi un autre hommage de la même espèce très-mortifiant : quiconque rencontre leur carrosse est forcé d'arrêter le sien, & quoiqu'il n'en descende pas, il doit s'y tenir debout & faire la révérence. Ces Edele Heeren sont précédés par un Noir avec un bâton, & personne ne peut passer devant leur voiture, non plus que devant celle du Gouverneur. Les Capitaines des vaisseaux de l'Inde & des autres bâtimens marchands sont soumis à ces cérémonies ; mais comme j'étois honoré d'une commission de Sa Majesté, je ne crus pas être le maître de rendre à un Gouverneur Hollandois un hommage qu'on ne rend pas à mon propre Souverain. Cependant on l'exige constamment des

Officiers du Roi ; & deux ou trois jours après mon arrivée à *Batavia*, le propriétaire de l'hôtel où j'étois logé me dit que le Sabandar lui avoit ordonné de me faire savoir que ma voiture, ainsi que les autres, devoit s'arrêter si je rencontrois le Gouverneur ou quelque Membre du Conseil. Je le priai d'avertir le Sabandar que je ne m'assujettirois point à une soumission pareille. Il m'insinua alors quelques mots sur les Noirs & leurs bâtons, mais je lui répondis que si l'on me faisoit des insultes, je savois me défendre, & que j'aurois soin de me tenir sur mes gardes ; je lui montrai en même-tems mes pistolets qui étoient alors par hasard sur la table ; sur quoi il s'en alla, & il revint environ trois heures après me dire qu'il avoit ordre du Gouverneur de m'avertir que je pouvois faire ce qui me plairoit. L'hôtel où je fis ma résidence est autorisé par le Gouverneur & le Conseil, & tous les Etrangers sont obligés d'y prendre leur demeure ; il faut en excepter les Officiers au service de Sa Majesté, à qui on accorde des logemens particuliers, dont cependant je ne voulus pas profiter.

ANN. 1768.
Août.

Je demeurai à *Batavia* trois ou quatre mois, & pendant tout ce tems, je n'ai eu que deux fois l'honneur de voir le Gouverneur ; la première lors de mon arrivée, quand je lui rendis visite à une de ses maisons, située un peu dans l'intérieur du pays, & la seconde à la ville, où se promenant un jour devant son hôtel, je m'adressai à lui dans une circonstance particulière. Bientôt après, les nouvelles du mariage du Prince d'Orange étant arrivées, il donna une fête publique à laquelle j'eus l'honneur d'être invité ; mais j'appris que le Commodore Tinker dans une occasion pareille, trouvant qu'il devoit être placé au-dessous des Membres du Conseil Hollandois, quitta brusquement l'assemblée & qu'il fut suivi par tous les Capitaines de son escadre. Comme je voulois éviter l'alternative désagréable de m'asseoir au-dessous du Conseil, ou de suivre l'exemple du Commodore, je m'adressai au Gouverneur avant d'accepter son invitation, pour connoître la place qui m'étoit destinée, & voyant qu'on ne vouloit pas me permettre de prendre celle des Conseillers, je refusai d'assister à la fête. Dans ces deux occasions, je parlai à son Excellence par un marchand Anglois qui me servit d'interprète. La première fois il n'eut pas la politesse de m'offrir le moindre rafraîchissement, & la seconde, il ne m'invita pas même d'aller dans son hôtel.

Le *Swallow* fut enfin radoubé à ma grande satisfaction, & je crus qu'il pouvoit en sûreté retourner en Europe, quoique les charpentiers Hollandois fussent d'un sentiment différent. La saison de mettre à la voile n'étoit pas encore arrivée, & mon digne ami, l'Amiral Houting, me représenta que si je m'embarquois avant le tems convenable, je trouverois à la hauteur du Cap de *Bonne-Espérance* d'assez mauvais tems pour m'en faire repentir. Mais ma santé étant très-mauvaise & l'équipage malade, je pensai qu'il valoit mieux courir les risques de quelques gros vents à la hauteur du Cap, que de rester plus long-tems dans cette place malsaine, d'autant mieux que la mousson d'Ouest commençoit, & que pendant qu'elle dure, la mortalité y est plus grande que dans les autres mois de l'année.

Le 15 de Septembre, nous fîmes voile d'*Onrust*, où le vaisseau avoit été radoubé, sans retourner, comme il est d'usage, dans la rade de *Batavia* ; & comme je n'étois pas bien portant, j'envoyai mon Lieutenant prendre congé du Gouverneur, & lui offrir mes services s'il avoit quelques dépêches pour l'Europe. Heureusement pour moi, je me procurai un supplément de matelots Anglois, autrement je n'aurois pas pu reconduire le *Swallow* dans la Grande-Bretagne ; car j'en avois perdu vingt-quatre de ceux que j'avois amené d'Europe, & vingt-quatre autres étoient si malades que sept de ces derniers moururent dans notre passage au Cap.

Le 20, nous mîmes à l'ancre sur le côté S. E. de l'Isle du *Prince* dans le détroit de *la Sonde* ; & le lendemain au matin, j'envoyai les bateaux faire de l'eau & du bois. Nous ne pûmes pas cependant trouver une quantité d'eau suffisante pour compléter notre provision ; car il n'avoit point encore assez plu pour remplir les fontaines, la mousson pluvieuse ne faisant que commencer. Nous eûmes alors une brise S. E. qui mit cette partie de l'Isle sous le vent, & qui fut si fraîche que nous ne pûmes pas faire voile avant le 25, jour où devenant plus modérée, nous levâmes l'ancre & portâmes vers la côte de *Java*. Le soir, nous mouillâmes dans une baie, appellée par quelques-uns *Nouvelle-Baie*, par d'autres baie de *Canty*, & qui est formée

par une Isle de même nom. Nous avions quatorze brasses d'eau, fond de sable fin. Le pic de l'Isle *du Prince* nous restoit N. 13ᵈ O., & la pointe la plus occidentale de *New-Island* S. 82ᵈ O., & nous avions au N. E. la pointe la plus orientale de *Java* que nous appercevions. Nous étions éloignés de la côte de *Java* d'environ un mille & un quart, & d'un mille & demi du lieu de l'aiguade. La nouvelle baie est le meilleur endroit de ces parages pour y faire du bois & de l'eau. L'eau est si pure, & si bonne, que pour y former notre provision, je fis vuider toute celle que nous avions prise à *Batavia* & à l'Isle *du Prince*. On la trouve sur la côte de *Java* dans un gros courant qui coule de la terre dans la mer. Au moyen d'un manche-à-eau, on peut en charger les bateaux & remplir les futailles sans les débarquer, ce qui rend le travail prompt & facile. Il y a un petit récif de rochers en-dedans duquel les bateaux naviguent, & où ils sont dans une eau aussi tranquille & aussi-bien à l'abri de la houle que s'ils étoient dans l'étang d'un moulin. Le récif ne s'étend pas assez loin pour être dangereux aux Navigateurs, quoiqu'on assure le contraire dans „ le Directoire d'Herbert «. Si un vent qui souffle sur la côte faisoit chasser un vaisseau sur ses ancres pendant qu'il mouille ici, il pourroit très-aisément remonter le passage entre *New - Island* & *Java*, où l'eau est assez profonde pour offrir un ancrage au plus gros bâtiment, & où il y a un havre qui, enfermé par la terre, est parfaitement sûr. On peut faire du bois par-tout, ou sur la côte de *Java*
ou

ou fur *New-Ifland*; ces deux Ifles ne font pas habitées dans ces parties.

ANN. 1768.
Septemb.

APRÈS avoir completé dans peu de jours nos provifions d'eau & de bois, nous levâmes l'ancre & fortîmes du détroit de *la Sonde* avec une belle brife fraîche du S. E. qui ne nous quitta pas jufqu'à ce que l'Ifle de *Java* nous reftât par-derrière à fept cens lieues.

LE 23 Novembre, nous découvrîmes la côte d'Afrique; & le 28, à la pointe du jour, nous apperçûmes la baie de *la Table* au Cap de *Bonne-Espérance*, & le même foir nous mîmes à l'ancre. Nous n'y trouvâmes qu'un vaiffeau Hollandois d'Europe, & un fénaut appartenant à la Colonie, qui étoit pourtant au fervice de la Compagnie, car on ne permet pas aux habitans d'avoir aucun vaiffeau.

Novemb.

LA baie de *la Table* eft un bon havre dans l'été, mais non pas dans l'hiver; de manière que les Hollandois ne fouffrent point que leurs vaiffeaux y reftent au-delà du 15 Mai qui répond à notre mois de Novembre. Après ce tems, tous les bâtimens vont à *Falfe-Baye* qui eft bien à l'abri des vents N. O. qui y foufflent avec beaucoup de violence.

NOUS refpirâmes en cet endroit un air pur, nous eûmes une nourriture faine, & nous allâmes librement dans la campagne qui eft très-agréable, de façon que je me crus déja en Europe. Les habitans furent à notre égard francs, hofpitaliers & polis. J'ai reçu quelques honnêtetés de prefque tous les Officiers

& les riches habitans de la Place, & je mériterois mal les bontés qu'ils ont eu pour moi, si je ne faisois pas ici une mention particulière du Gouverneur, du Vice-Gouverneur & du Fiscal.

AFIN de laisser aux gens de mon équipage le tems de recouvrer leur santé, je fus obligé d'y rester jusqu'au 6 Janvier 1769; le soir de ce jour je mis à la voile, & avant la nuit nous depassâmes la terre.

LE 20, après un bon passage, nous arrivâmes à l'Isle *Sainte-Helene*, & nous remîmes à la voile le matin du 24. Le 30, à minuit, nous étions près de la partie N. E. de l'Isle de l'*Ascension* & nous mîmes à la cape jusqu'à la pointe du jour, quand nous courûmes dessus la côte. J'envoyai un bateau pour découvrir le mouillage appellé baie de *Crofs-Hill*, tandis que nous nous tînmes le long du côté N. E. & N. de l'Isle, jusqu'à ce que nous fûmes arrivés à son extrémité N. O.; & l'après-midi, nous mîmes à l'ancre dans la baie que nous cherchions. Pour trouver d'abord cette baie, il faut arriver de façon que la plus grande & la plus remarquable des montagnes de l'Isle reste au S. E.; lorsque le vaisseau est dans cette position, la baie s'ouvre au milieu de deux autres montagnes, dont la plus occidentale est appellée *Crofs-Hill* & donne le nom à la baie. Sur cette montagne, il y a un bâton de pavillon; si le vaisseau amène de manière que ce bâton reste S. S. E. $\frac{1}{2}$ E. ou S. E. $\frac{1}{4}$ E. & qu'ensuite il entre dans la baie jusqu'à ce qu'il aie dix brasses d'eau, il sera alors dans le meilleur endroit pour mouiller. En longeant le côté N. E. de l'Isle, je remarquai plusieurs autres petites baies sablonneuses, dans quelques-unes desquelles mon bateau vit une grande quantité de tortues & trouva un bon ancrage, quoiqu'il ne fût pas aussi convenable que celui où nous étions & où il y avoit aussi beaucoup de tortues. Le rivage est d'un fin sable blanc ; le lieu du débarquement se rencontre au pied de quelques rochers qui gisent vers le milieu de la baie, & qu'on peut reconnoître au moyen d'une échelle de cordes qui pend depuis le sommet en-bas & qui sert à monter au-dessus. Le soir, je fis débarquer un petit nombre d'hommes pour retourner les tortues qui viendroient sur la côte pendant la nuit, & le matin ils n'en avoient pas pris moins de dix-huit, qui pesant quatre à six cens livres chacune, remplissoient toute l'étendue du tillac. Comme cette Isle n'est point habitée, les vaisseaux qui y touchent ont coutume de laisser dans une bouteille une lettre qui renferme leur nom, leur destination, la date de leur arrivée & quelques autres détails. Nous nous conformâmes à cet usage, & le soir, premier Février, nous levâmes l'ancre & mîmes à la voile.

Le 19, nous découvrîmes à une distance considérable, sous le vent dans le rumb S. O., un vaisseau qui portoit pavillon François ; nous le vîmes pendant tout le jour, & le lendemain au matin nous nous apperçûmes qu'il nous avoit devancé de beaucoup pendant la nuit. Il fit cependant une bordée afin de gagner plus loin au-dessus du vent ; & comme les vaisseaux n'ont pas coutume de tourner au-dessus du vent dans ces passages, il étoit évident qu'il avoit viré de bord afin de nous parler. A midi il étoit assez près de nous pour nous saluer, & à ma grande surprise il prononça mon nom & celui de mon bâtiment, en s'informant de ma santé, & me disant qu'après le retour du *Dauphin* en Angleterre, on avoit cru que nous avions fait naufrage dans le détroit de *Magellan*, & qu'on avoit envoyé deux vaisseaux nous chercher. Je demandai à mon tour quel étoit le bâtiment qui me connoissoit si bien ainsi que mon vaisseau, & qui étoit instruit des idées qu'on avoit formées en Europe sur notre compte, après le retour de notre compagnon de voyage, & comment il avoit acquis ces instructions. On répondit que le vaisseau qui nous heloit étoit au service de la Compagnie Françoise des Indes Orientales & commandé par M. de Bougainville; qu'il retournoit en Europe depuis l'Isle de France ; qu'il avoit appris par la gazette de France au Cap de *Bonne-Espérance*, ce qu'on pensoit du *Swallow* en Angleterre, & qu'il nous reconnoissoit pour ce vaisseau par la lettre qui avoit été trouvée dans la bouteille à l'Isle de l'*Ascension*, peu de jours après notre départ de cette place. M. de Bougainville m'offrit ensuite des rafraîchissemens si j'en avois besoin, & de porter nos lettres en Europe si nous voulions y en envoyer quelques-unes. Je lui fis mes remerciemens pour l'offre de ses rafraîchissemens qui n'étoit pourtant qu'une politesse verbale, puisqu'il savoit que depuis peu j'avois mis à la voile de l'endroit où il s'en étoit fourni lui-même ; mais j'ajoutai que quelques François m'avoient donné au Cap des lettres pour leur patrie, & que s'il vouloit envoyer son bateau à bord, je les remettrois à son meſſager. J'avois des raiſons de croire que M. de Bougainville, en nous parlant, avoit pour principal objet de venir à bord; je lui en fournis ainſi l'occaſion, & il envoya ſur le champ un bateau monté par un jeune Officier habillé en matelot. Je ne déciderai pas s'il étoit ainſi vêtu à deſſein; mais je m'apperçus bientôt que ſon rang étoit fort ſupérieur à ſon habillement. Il monta dans ma chambre, & après les complimens ordinaires, je lui demandai comment il arrivoit que le vaiſſeau François retournât en France lorſque la ſaiſon étoit ſi peu avancée. Il me répondit qu'il y avoit eu quelque démêlé entre le Gouverneur & les habitans de l'Iſle de *France*, & qu'on l'envoyoit en hâte dans ſa patrie avec des dépêches. Cette hiſtoire étoit d'autant plus plauſible que j'avois entendu parler de la diſpute ſurvenue entre le Gouverneur & les habitans de l'Iſle de *France*, par un François qui étoit arrivé de-là au Cap. Cependant je n'étois pas parfaitement ſatisfait; car en ſuppoſant que M. de Bougainville fût envoyé à la hâte avec des dépêches, je ne pouvois pas expliquer pourquoi il perdoit ſon tems à me parler. J'obſervai donc à l'Officier que quoiqu'il m'eût donné la raiſon de ſon départ de l'*Iſle de France* avant le tems accoutumé, il ne m'avoit pas fait voir pourquoi il revenoit de l'Inde dans une ſaiſon différente de celles que choiſiſſent les autres Navigateurs. Il me répondit ſans héſiter qu'ils n'avoient fait qu'un voyage de commerce très-court ſur la côte occidentale de *Sumatra*. Je lui demandai alors quelles marchandiſes ils en rapportoient; il me répondit de l'huile de noix de cocos & des *rattans*.

Ann. 1769.
Février.

Je lui fis remarquer qu'on n'a pas coutume de porter ces marchandises en Europe, il répondit : cette observation est vraie, mais nous avons laissé ces marchandises à l'*Isle de France*, l'huile pour l'usage de l'Isle, & les *rattans* pour les vaisseaux qui y toucheront dans leur voyage pour la Chine, & nous avons pris une autre cargaison pour l'Europe. Je pensai que la cargaison dont il me parloit étoit composée de poivre, & tout son conte étant au moins possible, je ne lui fis plus de questions. Il me dit alors qu'il avoit appris au Cap que j'avois été avec le Commodore Byron aux Isles *Falklands*, &, ajouta-t-il, j'étois à bord du vaisseau François que vous rencontrâtes dans le détroit de *Magellan*. Ce fait doit être vrai, car il rapporta plusieurs circonstances, que, suivant toute apparence, il n'auroit pas pu apprendre autrement : il fit mention en particulier de la *Flûte* qui échoua, & de plusieurs des obstacles que nous essuyâmes dans cette partie du détroit que nous passâmes ensemble. Il trouva moyen pendant cette conversation de me faire plusieurs questions sur la partie occidentale du détroit ; le tems qu'il me fallut pour la traverser, & les difficultés de la navigation ; mais s'appercevant que j'éludois de lui expliquer toutes ces particularités, il changea de sujet. Il dit avoir appris que nous avions perdu un Officier & quelques soldats dans un combat avec les Indiens, & remarquant que mon vaisseau étoit petit & mauvais voilier, il insinua que nous devions avoir beaucoup souffert dans un si long voyage. On croit cependant, continua-t-il, qu'il est plus sûr & plus agréable de faire voile dans la mer du Sud que par tout ailleurs. Comme je m'apperçus qu'il attendoit une réponse, je lui dis que le grand Océan appellé la *Mer du Sud*, s'étendoit presque d'un pole à l'autre ; que quoique la partie de cette mer, située entre les tropiques, puisse justement être appellée pacifique, à cause des vents alisés qui y soufflent toute l'année, cependant hors des tropiques de l'un & de l'autre côté, les vents sont variables & la mer très-grosse. Il souscrivit à tout ce que je lui disois, & trouvant qu'il ne pouvoit pas adroitement dans la conversation rien tirer de moi pour satisfaire sa curiosité, il commença à me proposer ses questions en termes plus directs, & il desira savoir de quel côté de l'équateur j'avois traversé les mers du Sud. Comme je ne jugeois pas à propos de répondre à cette question, & que je voulois en prévenir d'autres de la même espèce, je me levai assez brusquement, & à ce que je pense avec quelques marques de déplaisir. Il parut alors un peu déconcerté, & je crois qu'il se préparoit à faire l'apologie de sa curiosité ; mais je le prévins en le priant de faire mes complimens à son Capitaine, à qui j'envoyois, en retour de ses obligeantes civilités, une des flèches qui avoit blessé mes gens, & sur le champ je l'allai chercher dans ma chambre à coucher. Il me suivit en regardant autour de lui avec beaucoup d'attention, comme il avoit fait depuis le moment de son arrivée à bord, & après avoir reçu la flèche, il prit congé de moi.

Ann. 1769.
Février.

APRÈS qu'il fut parti, & que nous eûmes fait voile, j'allai sur le tillac où mon Lieutenant me demanda si l'Officier, qui venoit de me rendre visite, m'avoit raconté l'histoire de son voyage. Ceci me conduisit à lui faire un exposé général de notre conversation, sur quoi il m'assura que le conte que j'avois entendu étoit une fable; car ajoutoit-il, l'équipage du bateau n'a pas pu garder le secret aussi bien que l'Officier. Après avoir parlé quelque tems à un de nos gens qui étoit né à Québec, & qui parloit François, il me dit que M. de Bougainville avoit fait le voyage autour du monde aussi-bien que nous. Cette nouvelle excita dans notre équipage une curiosité générale, & nous apprîmes avec très-peu de peine, qu'ils avoient fait voile d'Europe accompagnés d'un autre vaisseau qui, ayant besoin de quelque radoub, avoit été laissé à l'*Isle de France*; qu'ils avoient entrepris de passer le détroit de *Magellan* le premier été, mais que ne pouvant pas en venir à bout, ils avoient reculé en arrière, & qu'ils avoient passé l'hiver sur la rivière de la *Plata*, & que l'été suivant ils avoient été plus heureux & avoient traversé le détroit, & qu'ils restèrent ensuite deux mois à *Juan-Fernandès*. Mon Lieutenant ajouta enfin qu'un mousse du bateau François, dit avoir été deux ans dans cette Isle, & que pendant ce tems une frégate Angloise étoit entrée dans la rade sans mettre à l'ancre; qu'il fit mention de l'époque autant qu'il put s'en souvenir, d'où il paroît que cette frégate étoit le *Swallow*. Lorsqu'on demanda au mousse comment il avoit resté si long-tems sur l'Isle de *Juan-Fernandès*, il répondit qu'il avoit été pris dans un vaisseau interlope, sur les côtes de l'Espagne, dans les Isles de l'*Amérique*, & que les

Espagnols

Espagnols l'avoient envoyé là; mais que le bâtiment François, dans le bateau duquel il étoit à bord, ayant touché à *Juan-Fernandès*, il avoit recouvré sa liberté. Après que mon Lieutenant m'eut instruit de tous ces faits, il me fut facile d'expliquer pourquoi M. de Bougainville avoit attendu pour me parler, ainsi que la conversation & la conduite de l'Officier qui me rendit visite; mais alors les questions que ce dernier m'avoit faites, me causèrent encore plus de déplaisir qu'auparavant, car s'il ne croyoit pas devoir me raconter l'histoire de son voyage, j'avois également des raisons pour ne lui pas faire l'histoire du mien, & je pensai qu'il étoit contre l'honnêteté & la justice, d'employer de l'artifice pour m'arracher des aveux qui m'auroient fait transgresser l'obligation où j'étois de garder le secret, tandis qu'il m'en imposoit pour ne pas violer le sien. Comme ce que raconta l'équipage du bateau à mes gens, diffère en plusieurs points de la relation imprimée du Voyage de M. de Bougainville, je ne prétends pas déterminer jusqu'où les faits qu'il anonce sont vrais; je fus très-fâché que mon Lieutenant ne m'eût pas communiqué ces particularités pendant que l'Officier François étoit à bord; j'avois grande envie de lui parler une seconde fois, mais cela étoit impossible: car malgré que le vaisseau François fût fatigué des suites d'un long voyage, & que nous vinssions d'être réparés, il marchoit beaucoup plus vîte que nous, quoique nous eussions un bon vent frais & que nous forçassions de voiles.

Ann. 1769.
Février.

Le 7 de Mars nous arrivâmes aux Isles *Hebrides*, Mars.

& nous passâmes entre *Saint-Michel* & *Tercère* ; nous trouvâmes alors que la variation de l'aiguille étoit de 16ᵈ 36′ O., & les vents commencèrent à souffler du S. O. Le vent augmenta à mesure que nous avançions à l'Ouest, & le 11 ayant gagné l'O. N. O., il souffla très-fort avec une mer grosse. Nous marchâmes devant lui avec la misaine seulement, dont la ralingue s'étant rompue tout-à-coup, la voile fut déchirée en pièces avant que nous puissions abattre la vergue, quoique nous fîmes cette opération dans un instant. Cet évènement nous obligea de mettre à la cape ; mais après avoir envergué une nouvelle misaine & redressé la vergue, nous continuâmes notre route ; ce fut le dernier accident qui nous arriva pendant le voyage. Le 16, étant au 49ᵈ 15′ de latitude N., nous trouvâmes fond. Le 18, je connus par la profondeur de l'eau que nous étions dans le canal ; mais le vent étant au Nord, nous ne pûmes pas arriver à terre avant le lendemain, quand nous vîmes la pointe de *Start* ; & le 20, à notre grande joie, nous mîmes à l'ancre à *Spithead* après un très-bon passage & un bon vent pendant toute la traversée depuis le Cap de *Bonne-Espérance*.

TABLE

De la variation de l'Aiguille ainsi qu'elle a été observée à bord du Swallow, *dans son Voyage autour du Monde, dans les années* 1766, 1767, 1768 & 1769.

N. B. Les jours du mois ne sont pas énoncés dans cette Table suivant le calcul des Marins comme c'est la coutume; mais on les a réduit au calcul ordinaire pour la commodité de ceux qui n'entendent pas le premier. A. M. (*Ante meridiem*) dénote que l'observation a été faite dans la matinée, & P. M. (*Post meridiem*) dans l'aprés-dîner de ce jour, au midi duquel on a pris la latitude & la longitude du vaisseau.

Tems.	Latitude.	Longitude.	Variat. de l'aiguille.	
	Nord.	Ouest.	West.	
1766 Août.	Canal de la Manche.		22° 30′	
30 P. M.	45° 22′	13° 17′	20 25	
Sept. 3 P. M.	38 36	13 40	19 4	} Des Dunes à l'Isle de Madère
4 A. M.	37 27	14 12	20 17	
Isle de Madère.	32 34	16 35	16 0	
17 A. M.	24 33	19 22	13 0	
21 A. M.	17 19	22 19	11 14	L'Isle de Sall en vue au S. ¼ S. O. à dix lieues.

Aaa ij

Tems.	Latitude.	Longitude.	Variat. de l'aiguille.	Remarques.
1766.	Nord.	Ouest.	Ouest.	
22 P. M.	16° 34′	22° 29′	8° 20′	Nous étions alors entre l'Isle de *Sall* & l'Isle de *May*.
Porto-Praya.	15 0	23 0	8 0	Isle de *Saint-Jago*.
Octobre 10 P. M.	6 34	21 41	5 36	
11 P. M.	6 40	21 35	6 0	
	Sud.			
22 A. M.	0 6	25 3	6 23	Dans le passage de l'Isle *Saint-Jago* aux détroits de *Magellan*.
25 P. M.	4 14	27 23	4 30	
27 A. M.	7 3	28 49	3 52	
28 P. M.	8 46	29 14	1 50	
30 P. M.	10 57	30 9	0 30	
31 A. M.	12 30	30 30	Point de variation.	
			Est.	
31 P. M.	12 56	30 46	1 24	
Novemb. 2 P. M.	17 22	32 9	1 40	
7 A. M.	23 54	38 10	4 56	
P. M.	— —	— —	5 56	
8 P. M.	25 49	39 21	6 45	Côte des *Patagons*.
11 A M.	29 57	42 27	8 50	
15 A. M.	34 12	46 41	12 0	
16 A. M.	34 38	47 58	12 36	
17 A. M.	34 46	48 28	13 3	
P. M.	— —	— —	14 20	

Tems.	Latitude.	Longitude.	Variat. de l'aiguille.	Remarques.
1766.	Sud.	Ouest.	Est.	
18 A. M.	35° 37'	49° 49'	14° 30'	Les sondes donnoient 54 brasses d'eau, fond de beau sable noir & un peu vaseux.
P. M.	— —	— —	15 45	Même profondeur & même fond.
20 P. M.	36 57	51 48	15 33	Même profondeur, fond de beau sable, mais pas si noir & de petites coquilles.
21 A. M.	37 40	51 5	15 52	Nous n'avions point de fond par 80 brasses.
	38 53	53 12	— —	Sondes de 70 brasses.
	40 34	53 47	— —	Point de fond à 90 brasses.
	41 34	55 39	— —	45 brasses, fond de sable brun foncé.
	41 57	56 6	— —	42 brasses, fond de sable fin gris.
	41 6	57 18	— —	46 brasses, fond de beau sable brun foncé.
28 A. M.	41 14	56 48	19 0	39 brasses même fond, nous prîmes ici de très-bons poissons à l'hameçon & à la ligne.
29 A. M.	42 8	58 41	19 2	32 brasses même fond.
P. M.	— —	— —	19 45	33 brasses.
	43 18	58 56	— —	45 brasses même fond. Nous eûmes ici calme & nous pêchâmes du bon poisson.
	44 4	58 53	— —	52 brasses même fond.

Tems.	Latitude.	Longitude.	Variat. de l'aiguille.	Remarques.
1766.	Sud.	Oueſt.	Eſt.	
	45° 0'	59° 34'	— —	53 braſſes, fond de ſable fin d'un brun léger.
Décembre 4 P. M.	47 0	60 51	20° 20'	60 braſſes, ſable fin brun.
	47 15	61 10	— —	
5 A. M.	48 1	61 28	20 40	56 braſſes même fond, & mêlé de grains de ſable brillant.
6 A. M.	47 35	62 50	20 34	
	47 30	63 8	— —	45 braſſes d'eau, fond de ſable noir & de petites pierres; en allant à l'oueſt à environ dix milles, nous eûmes 52 braſſes, fond de vaſe molle.
7 A. M.	47 14	63 37	19 40	54 braſſes, fond de vaſe molle & de petites pierres. A ce tems nous voyions terre depuis la grande hune aux environs du *Cap Blanc*.
8 P. M.	48 54	64 14	20 30	
9 A. M.	49 12	65 31	20 35	
	51 15	66 2	— —	53 braſſes, fond de ſable gris-brun & de petites pierres.
17	Cap *de la Vierge Marie*, Entrée la plus orientale du détroit.			
Magellan.	52 23	68 2	22 50	Dans le détroit de *Magellan*.
	Iſle *d'Elizabeth*.		22 36	
	Port *Famine*.		22 22	

DU CAPITAINE CARTERET.

Tems.	Latitude.	Longitude.	Variat. de l'aiguille.	Remarques.
1766.	Sud.	Ouest.	Est.	
A la hauteur du Cap *Froward*.			22° 10′	
Rade d'*York*.			même var.	
Havre du *Swallow*.				Dans le détroit de *Magellan*.
A la hauteur du Cap *Notch*.			22 0	
A la hauteur du Cap *Upright*.				
1767.				
A la hauteur du Cap *Pillar*.	52° 45′	75° 10′	21 50	Entrée la plus occidentale du détroit.
Avril 18 P. M.	49 18	79 6	17 36	
20 A. M.	48 4	80 56	17 20	Côte du *Chili* dans la mer du Sud.
26 P. M.	45 57	81 22	16 17	
28 P. M.	44 27	81 24	15 10	
Mai. . .	33 40	78 52	11 0	Extrémité orientale de *Juan-Fernandès*.
	33 45	80 46	10 24	Isle de *Masafuero*.
28 P. M.	29 45	79 50	9 40	
31 P. M.	26 26	82 15	8 10	
Juin 1 P. M.	25 51	84 23	8 8	
7 P. M.	27 23	97 16	5 45	En traversant la mer du Sud.
8 A. M.	27 20	97 51	5 45	
10 A. M.	26 30	98 25	5 40	
12 P. M.	26 53	100 21	4 13	
16 P. M.	28 11	111 15	2 0	

Tems.	Latitude.	Longitude.	Variat. de l'aiguille.	Remarques.
1767.	Sud.	Ouest.	Est.	
17 A. M.	28° 4'	112° 37'	1° 51'	⎫
18 P. M.	28 7	113 55	2 0	⎬ En traversant la mer du Sud.
20 A. M.	28 4	116 29	2 9	⎪
30 P. M.	26 0	130 55	2 32	⎭
Juillet 2 P. M.	25 2	133 38	2 46	A la hauteur de l'Isle de *Pitcairn*.
3 . .	25 0	136 16	2 30	
4 A. M.	25 24	137 18	3 43	
5 A. M.	24 56	137 23	5 24	
6 A. M.	24 32	138 31	4 16	
7 A. M.	24 10	139 55	5 12	
P. M.	— —	— —	4 2	
8 A. M.	23 46	139 55	5 56	
10 P. M.	21 38	141 36	4 20	Traversant la mer du Sud.
12 A. M.	20 36	145 39	4 40	
	20 38	146 0	5 0	
13 P. M.	21 7	147 44	5 46	
15 A. M.	21 46	150 50	6 23	
16 P. M.	22 2	151 9	6 34	
19 P. M.	19 50	153 59	6 8	
20 P. M.	19 8	156 15	7 9	
21 P. M.	18 43	158 27	7 38	
23 P. M.	16 22	162 32	6 5	

Tems.	Latitude.	Longitude.	Variat. de l'aiguille.	Remarques.
1767.	Sud.	Ouest.	Est.	
24 P. M.	14° 19′	163° 34′	6° 29′	
25 A. M.	12 13	164 50	9 30	
P. M.	— —	— —	9 40	
26 A. M.	10 1	166 52	9 0	
28 A. M.	9 50	171 26	9 4	
30 A. M.	9 50	175 38	9 32	
P. M.	— —	— —	9 0	Traversant la mer du Sud.
Août 1 A. M.	9 53	179 33	10 4	
		Est.		
2 A. M.	10 9	178 58	10 30	
4 A. M.	10 22	177 10	10 54	
5 A. M.	10 35	175 50	11 14	
P. M.	— —	— —	10 52	
7 P. M.	10 52	172 23	11 17	
8 P. M.	11 2	171 15	10 27	
9 A. M.	10 56	171 0	10 2	
11 P. M.	10 49	167 0	10 38	
Cap Byron. . . .	10 40	164 49	11 0	Extrémité N. E. de l'Isle d'Egmont, une des Isles de la Reine Charlotte.
18 P. M.	9 58	162 57	8 30	
19 P. M.	8 52	160 41	8 30	
20 A. M.	7 53	158 56	8 31	A la hauteur des Isles de Carteret & de Gower.
	7 56	158 56	8 20	

Tome I.   Bbb

Tems.	Latitude.	Longitude.	Variat. de l'aiguille.	Remarques.
1767.	Sud.	Ouest.	Est.	
22 P. M.	6° 24'	157° 32'	7° 42'	
24 P. M.	5 7	155 8	6 25	
26 P. M.	4 46	153 17	7 14	
A la vue, & au côté Ouest de la Nouvelle-Bretagne.			6 30	
Cap Saint-George.	5 0	152 19	5 20	Nouvelle-Irlande.
Dans le canal Saint-George.			4 40	Nouvelle-Bretagne. Ici la terre parut affecter l'aiguille de la boussole.
Septembre 16 A. M.	2 19	145 31	6 30	A la hauteur des Isles de l'Amirauté.
19 A. M.	1 57	143 28	5 26	
	1 45	143 2	4 40	
20 P. M.	1 33	142 22	4 40	
21 A. M.	1 20	141 29	4 54	
22 P. M.	0 52	139 56	4 30	
23 P. M.	0 5	138 56	4 17	Des Isles de l'Amirauté à l'Isle de Mindanao.
	Nord.			
24 P. M.	0 5	138 41	3 8	
27 A. M.	2 13	136 41	2 30	
P. M.	—	—	2 9	
	2 50	136 17	2 0	
30 A. M.	4 25	134 37	1 41	
Octobre 3 A. M.	4 41	132 51	3 9	

Tems.	Latitude.		Longitude.		Variat. de l'aiguille.		
1767.	Nord.		Eſt.		Eſt.		
P. M.	—		—		3	14	
5. P. M.	4	31	132	39	3	10	
6 A. M.	4	21	132	45	3	33	
8 A. M.	3	53	134	13	3	38	Des Iſles de l'*Amirauté* à l'Iſle de *Mindanao*.
9 A. M.	4	3	134	4	3	11	
12 P. M.	4	49	133	42	2	19	
13 P. M.	5	12	133	27	2	20	
16 A. M.	5	54	133	10	2	34	
27 P. M.	6	35	127	56	2	10	
Cap *Saint-Auguſtin*.	6	15	127	20	1	45	Iſle de *Mindanao*.
Extrémité mérid.	5	34	126	25	1	20	A la hauteur de l'Iſle de *Mindanao*.
Novemb. 6 A. M.	5	34	125	40	0	48	
P. M.	—		—		0	49	
7 P. M.	5	37	125	23	0	39	
8 P. M.	5	30	124	41	0	50	
14 A. M.	1	57	122	4	0	6 Oueſt.	De l'Iſle de *Mindanao* au détroit de *Macaſſar*.
26 P. M.	0 Sud.	4	118	15	0	19	
27 A. M.	0	14	117	45	0	12	
Décembre 7 . .	3	26	116	45	0	27	
Bonthain. . . .	5	30	117	53	1	16	A l'Iſle de *Celebes*.

Bbb ij

Tems.	Latitude.	Longitude.	Variat. de l'aiguille.	Remarques.
1767.	Sud.	Est.	Ouest.	
Isle de *Tonikaky*.	5° 31′	117° 17′	1.° 0′	A la hauteur de l'extrémité S. E. de l'Isle de *Celebes*.
1768 Mai 29 P. M.	5 29	110 23	0 56	
	A la hauteur de *Madura*.		0 30	Sur la partie N. E. de l'Isle de *Java*.
	Batavia.		0 25	
Septembre 30 P. M.	7 41	101 36	0 51	
Octobre 2 P. M.	10 37	97 19	2 6	
4 P. M.	12 13	93 56	3 12	
12 P. M.	19 50	76 40	3 30	
14 P. M.	21 47	72 47	6 26	Du détroit de *la Sonde* au Cap de *Bonne-Espérance*.
15 P. M.	22 53	70 47	8 9	
17 A. M.	24 23	68 2	9 36	
P. M.	— —	— —	11 20	
18 P. M.	25 8	67 21	11 50	
19 P. M.	25 8	67 8	12 49	
20 A. M.	24 59	66 35	12 54	
P. M.	— —	— —	11 48	
24 A. M.	23 21	64 31	12 54	
25 P. M.	23 23	63 35	12 39	
26 A. M.	23 32	62 43	13 42	
28 P. M.	24 52	60 14	16 10	
30 P. M.	25 40	56 50	18 18	
31 P. M.	26 31	54 49	18 24	

DU CAPITAINE CARTERET.

Tems.	Latitude.	Longitude.	Variat. de l'aiguille.		Remarques.
1768.	Sud.	Eſt.	Oueſt.		
Novemb. 1 A. M.	27° 5'	52° 57'	20° 12'		
P. M.	— —	— —	20 20		
3 A. M.	27 40	50 55	20 58		
P. M.	— —	— —	21 23		
4 P. M.	27 42	50 10	21 15		
5 P. M.	27 44	49 1	21 9		
6 P. M.	28 58	46 23	22 38		
7 A. M.	29 59	43 55	24 40		
P. M.	— —	— —	24 55		
8 P. M.	30 12	42 51	25 39		
9 A. M.	30 19	41 37	25 50	}	Du détroit de *la Sonde* au Cap de *Bonne-Eſpérance*.
10 P. M.	30 37	40 48	25 32		
11 A. M.	32 2	38 47	25 8		
12 P. M.	32 39	37 17	25 2		
13 P. M.	33 21	35 27	25 5		
19 A. M.	35 17	28 38	22 32		
20 P. M.	35 42	27 22	22 46		
21 P. M.	35 46	27 0	22 18		
22 P. M.	35 4	26 29	22 50		
23 P. M.	34 57	25 46	21 39		
24 P. M.	34 52	25	21 44		
Cap de *Bonne-Eſpérance*.	34 24	18 30	19 30		

Tems.	Latitude.	Longitude.	Variat. de l'aiguille.	Remarques.
1769.	Sud.	Ouest.	Ouest.	
Janvier 9 P. M.	30° 37′	13° 8′	19° 20′	
14 P. M.	22 16	4 52	16 19	
15 P. M.	21 4	3 54	16 31	Du Cap à l'Isle *Sainte-Hélene*.
18 P. M.	17 5	0 10	14 38	
		Ouest.		
19 P. M.	16 6	1 38	13 46	
25 P. M.	14 22	7 4	12 30	
26 P. M.	12 54	8 5	11 47	De l'Isle *Sainte-Hélene* à l'Isle de l'*Ascension*.
27 P. M.	11 36	9 25	11 40	
28 P. M.	10 26	10 36	10 46	
Février 2 P. M.	6 45	14 42	9 34	
3 P. M.	5 4	15 45	9 4	
4 A M.	3 26	16 49	9 10	
5 P. M.	2 1	17 34	8 58	
6 P. M.	0 20	18 27	8 32	
	Nord.			
7 P. M.	0 58	19 24	8 37	
8 A. M.	1 56	20 16	8 25	
10 P. M.	2 59	28 58	7 2	
15 P. M.	6 38	32 40	4 35	
16 P. M.	8 3	24 18	6 9	De l'Isle de l'*Ascension* en *Angleterre*.
19 P. M.	12 6	24 34	6 48	
21 P. M.	14 39	27 15	6 12	

Tems.	Latitude.	Longitude.	Variat. de l'aiguille.	Remarques.
1769.	Nord.	Ouest.	Ouest.	
26 A. M.	23° 54'	28° 15'	6° 0'	
Mars 3 P. M.	32 33	23 35	13 26	De l'Isle de l'Ascension en Angleterre.
4 A. M.	34 2	22 32	13 43	
5 P. M.	35 30	21 56	14 53	
6 A. M.	36 46	21 23	15 15	
P. M.	— —	— —	14 58	
Entre les Isles Tercère & Saint-Michel.			13 36	
28 P. M.	39 9	19 2	16 46	Depuis ce jour jusqu'à mon arrivée en Angleterre, le tems fut si mauvais, que nous n'avons pas eu occasion de faire aucune observation sur la variation de l'aiguille.

N. B. *Le* Swallow *étoit si mauvais voilier que je n'ai pas pu me procurer un nombre suffisant de sondes pour en faire une Table séparée.*

Fin du Voyage du Capitaine Carteret & du premier Volume.

TABLE
DES CHAPITRES

Contenus dans ce premier Volume.

VOYAGE DU CAPITAINE BYRON.

CHAP. I. *NAVIGATION des Dunes à* Rio-Janéiro.   1

CHAP. II. *Départ de* Rio-Janéiro. *Navigation jusqu'au Port* Desiré. *Description de ce lieu.*   8

CHAP. III. *Départ du Port* Desiré. *Recherche de l'Isle* Pepys. *Navigation jusqu'à la Côte des Patagons. Description des Habitans.*   29

CHAP. IV *Entrée dans le Détroit de* Magellan. *Navigation jusqu'au Port* Famine. *Description de ce Havre & de la Côte adjacente.*   43

CHAP. V. *Navigation depuis le Port* Famine *jusqu'aux Isles* Falkland. *Description de ces Isles.*   55

CHAP.

TABLE DES CHAPITRES.

CHAP. VI. *Relâche au Port* Desiré. *Seconde entrée dans le Détroit de* Magellan. *Navigation jusqu'au Cap* Monday. *Description des Baies & Ports qui se trouvent dans le Détroit.* 77

CHAP. VII. *Navigation depuis le Cap* Monday *jusqu'à la sortie du Détroit de* Magellan. *Observations générales sur la Navigation de ce Détroit.* 101

CHAP. VIII. *Navigation depuis le Détroit de* Magellan *jusqu'aux Isles de* Disappointment. *Détails nautiques sur cette navigation.* 115

CHAP. IX. *Découverte des Isles du* Roi George. *Description de ces Isles. Détail de ce qui s'y est passé.* 129

CHAP. X. *Navigation depuis les Isles du* Roi George *jusqu'aux Isles de* Saypan, Tinian *& d'*Aguigan. *Description de plusieurs Isles découvertes dans cette navigation.* 142

CHAP. XI. *Arrivée du* Dauphin *& de la* Tamar *à* Tinian. *Description de l'état de cette Isle. Détail de ce qui s'y est passé.* 153

CHAP. XII. *Navigation depuis* Tinian *jusqu'à* Pulo-Timoan. *Description de cette Isle, de ses Habitans & de ses productions. Route depuis* Pulo-Timoan *jusqu'à* Batavia. 163

Tome I.   Ccc

CHAP. XIII. *Séjour à* Batavia *& départ de ce Port.* 174

CHAP. XIV. *Arrivée au Cap de* Bonne-Espérance. *Retour en Angleterre.* 179

VOYAGE DU CAPITAINE CARTERET.

CHAP. I. *Traversée de* Plymouth *à l'Isle de* Madère *; & Passage du Détroit de* Magellan. 187

CHAP. II. *Passage du Cap* Pillar *situé à l'entrée Ouest du Détroit de* Magellan *, à* Masafuero. *Description de cette Isle.* 202

CHAP. III. *Passage de* Masafuero *aux Isles de la* Reine Charlotte. *Plusieurs erreurs corrigées sur le gisement de la Terre de* Davis. *Description de quelques petites Isles que nous supposons être celles qui furent vues par* Quiros. 227

CHAP. IV. *Histoire de la Découverte des Isles de la* Reine Charlotte. *Description de ces Isles & de leurs Habitans. Ce qui nous arriva à l'Isle d'*Egmont. 241

CHAP. V. *Départ de l'Isle d'*Egmont *& Passage à la* Nouvelle-Bretagne. *Description de plusieurs autres Isles & de leurs Habitans.* 261

Chap. VI. *Découverte d'un Détroit qui partage en deux Isles la Terre appellée* Nouvelle-Bretagne. *Description de la Terre des deux côtés & de plusieurs Isles situées sur la route. Détails sur leurs Habitans.* 275

Chap. VII. *Traversée du Canal* Saint-George *à l'Isle de* Mindanao. *Description de plusieurs Isles. Ce qui nous arriva dans la route.* 284

Chap. VIII. *Description de la Côte de* Mindanao *& des Isles qui l'avoisinent. Erreurs de Dampierre corrigées.* 297

Chap. IX. *Passage de* Mindanao *à l'Isle des* Celebes. *Description particulière du Détroit de* Macassar, *dans laquelle on corrige plusieurs erreurs.* 311

Chap. X. *Ce qui nous arriva à la hauteur de* Macassar, *& passage de-là à* Bonthain. 321

Chap. XI. *Ce que nous fîmes à* Bonthain *tandis que le vaisseau attendoit un vent favorable pour gagner* Batavia. *Description de* Bonthain, *de la Ville de* Macassar *& du Pays adjacent.* 331

Chap. XII. *Traversée de la Baie de* Bonthain *dans*

TABLE DES CHAPITRES.

l'Isle de Celebes, *à* Batavia. *Ce que nous fîmes à* Batavia. *Passage de cette Ville en Angleterre, en faisant le tour du Cap de* Bonne-Espérance. 345

Fin de la Table des Chapitres.

De l'Imprimerie de J. G. CLOUSIER, rue Saint-Jacques, 1774.

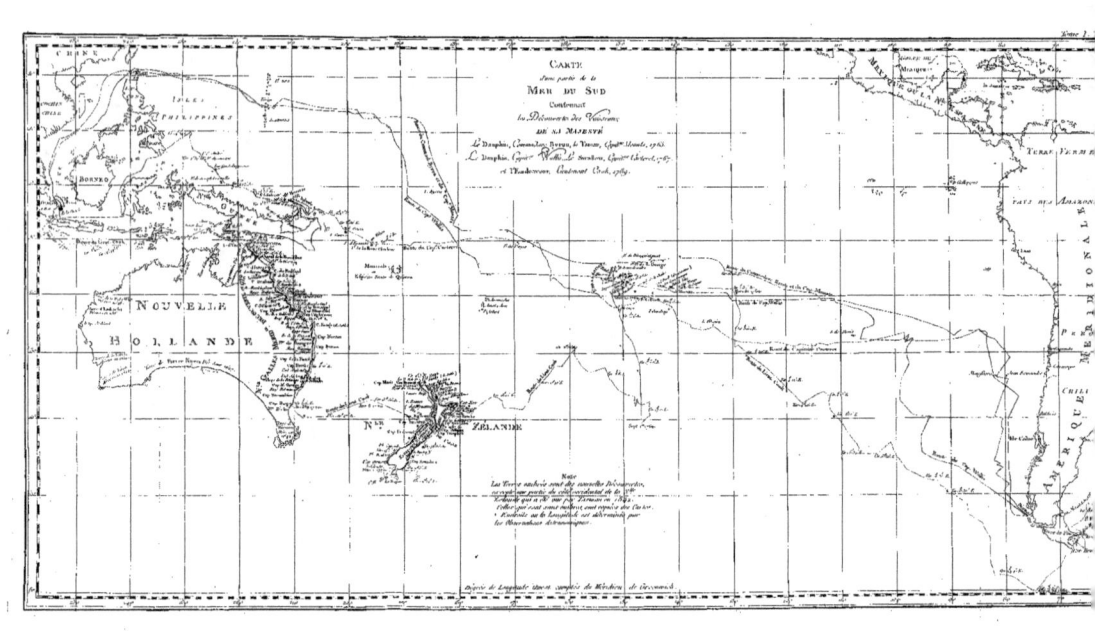

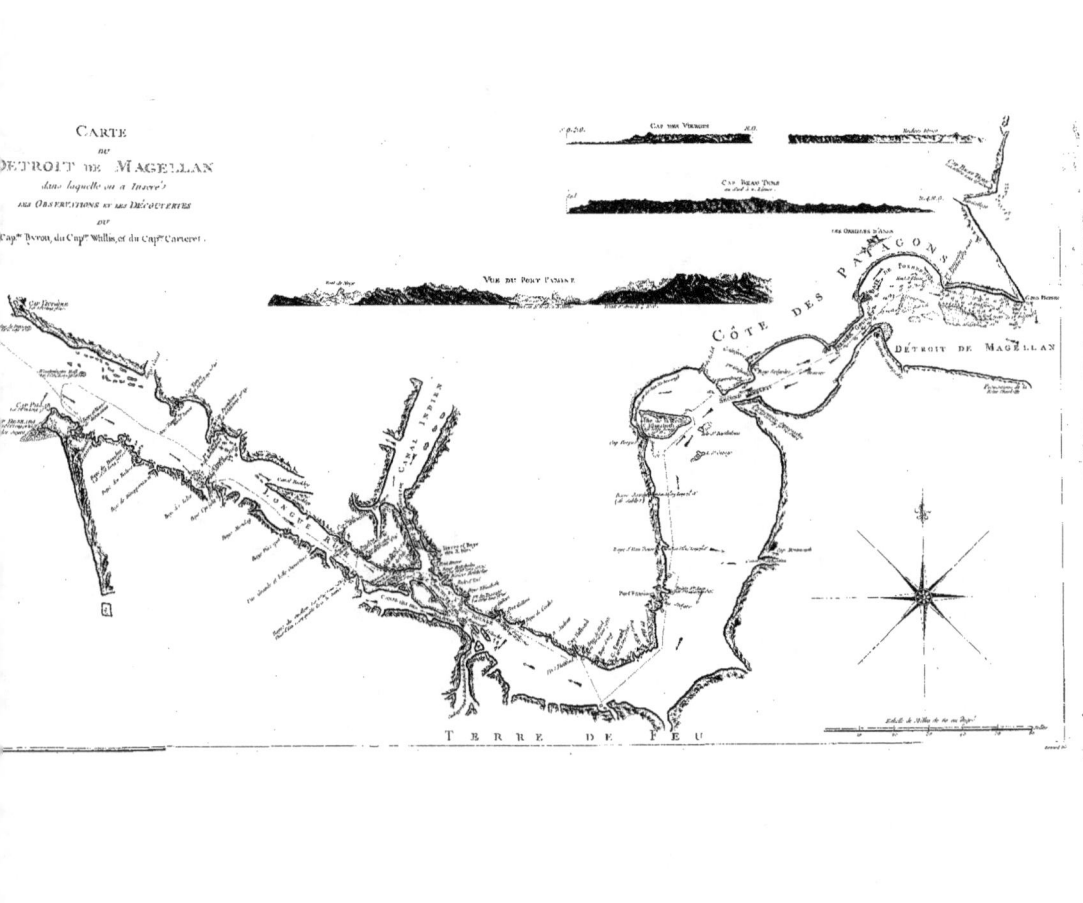

www.ingramcontent.com/pod-product-compliance
Lightning Source LLC
Chambersburg PA
CBHW072105220426
43664CB00013B/2007